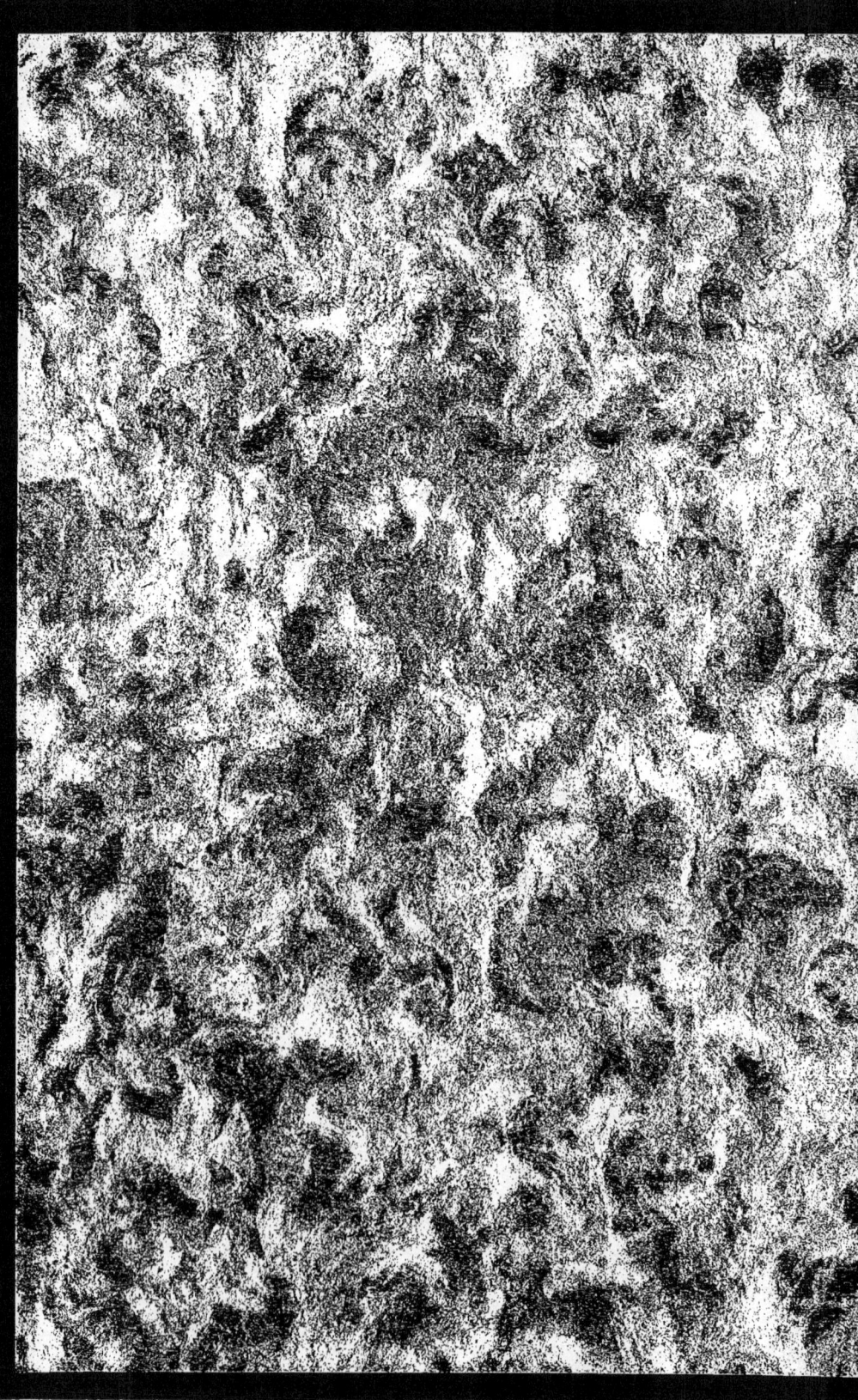

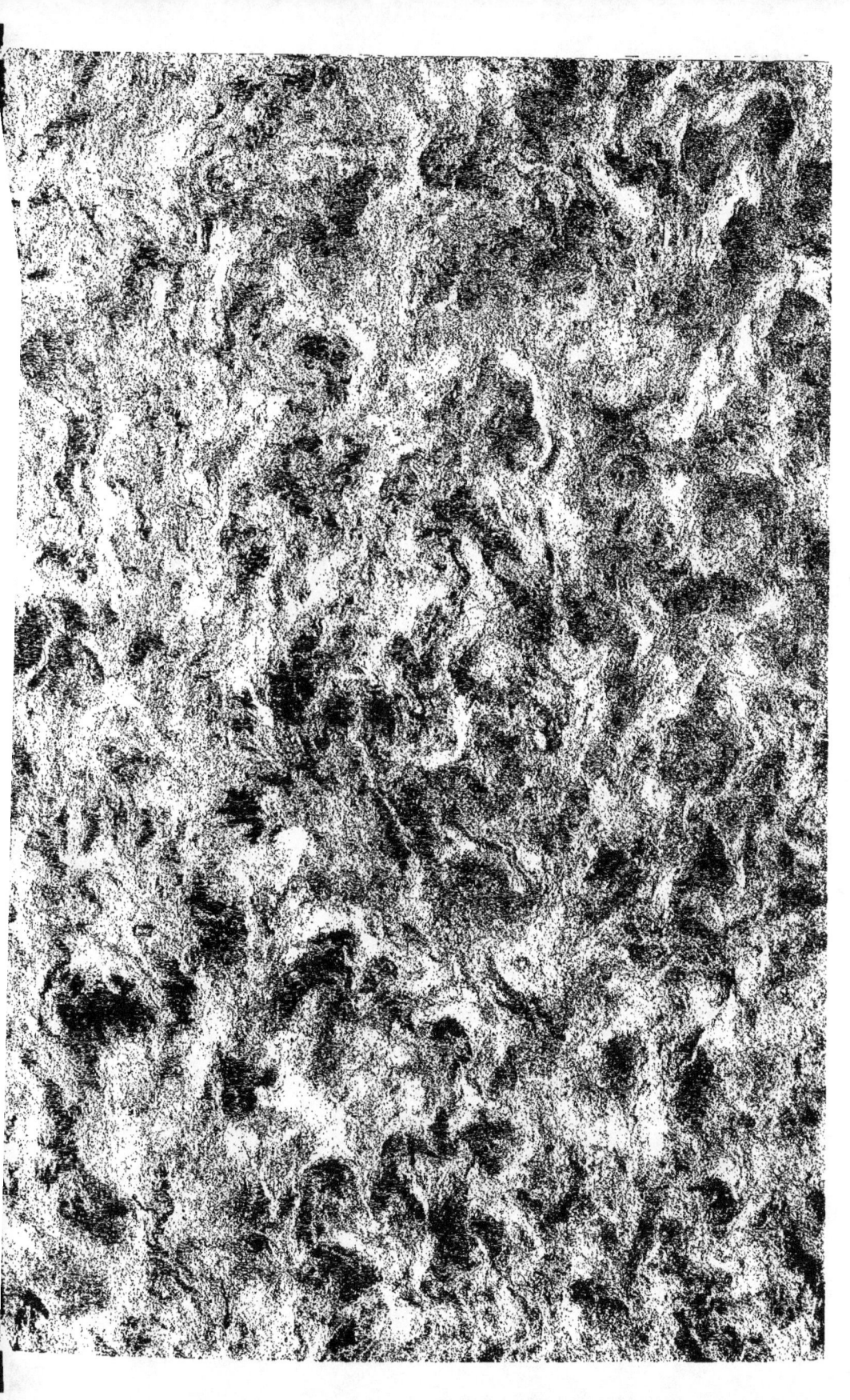

MERVEILLES

BIOGRAPHIQUES ET HISTORIQUES

OU

CHRONIQUES

DU

CHEIKH 'ABD-EL-RAHMAN EL DJABARTI

TRADUITES DE L'ARABE

PAR

[illegible names]

TOME III

LE CAIRE
IMPRIMERIE NATIONALE
1889

SEULS DÉPOSITAIRES

FRANCE | ITALIE
ERNEST LEROUX | LOESCHER & C.
PARIS, 28, Rue Bonaparte | ROME, 307, Via del Corso

ALLEMAGNE ET AUTRICHE-HONGRIE
BROCKHAUS, À LEIPZIG

MERVEILLES

BIOGRAPHIQUES ET HISTORIQUES

1938

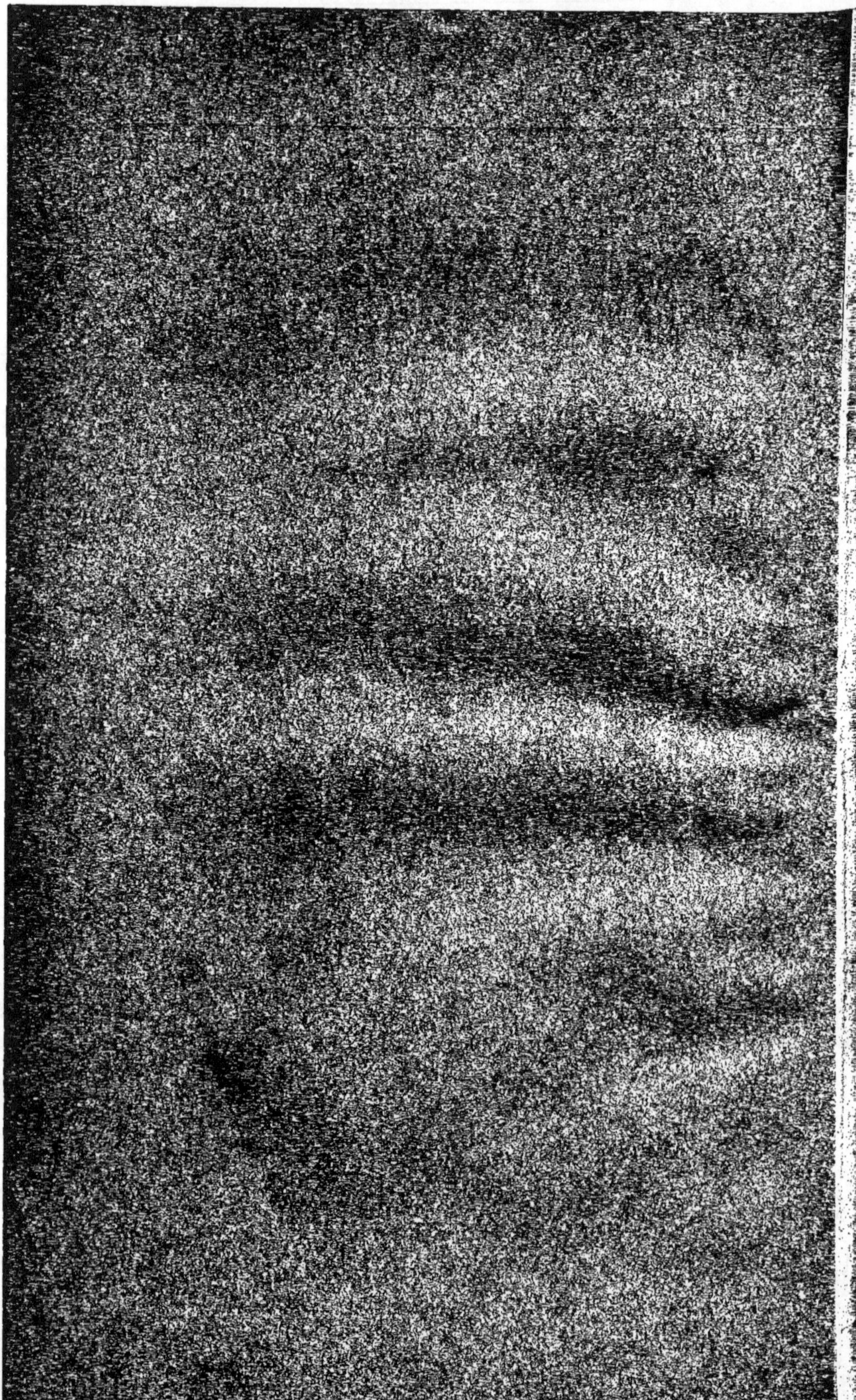

MERVEILLES

BIOGRAPHIQUES ET HISTORIQUES

Droits de traduction et de reproduction réservés.

MERVEILLES

BIOGRAPHIQUES ET HISTORIQUES

OU

CHRONIQUES

DU

CHEIKH ABD-EL-RAHMAN EL DJABARTI

TRADUITES DE L'ARABE

PAR

CHEFIK MANSOUR BEY − ABDULAZIZ KAHIL BEY − GABRIEL NICOLAS KAHIL BEY
ET ISKENDER AMMOUN EFFENDI

Ouvrage publié sous les auspices du Ministère de l'instruction publique

TOME III

LE CAIRE
IMPRIMERIE NATIONALE
1889

SEULS DÉPOSITAIRES:

FRANCE — **ITALIE**
ERNEST LEROUX | LOESCHER & Cⁱᵉ
PARIS, 28, Rue Bonaparte. | Rome, 307, Via del Corso.

ALLEMAGNE ET AUTRICHE-HONGRIE
BROCKHAUS, à LEIPZIG

EVÉNEMENTS DE L'HISTOIRE D'ÉGYPTE

ANNÉE
MIL CENT QUATRE-VINGT-DEUX.

Le premier jour du mois de Moharram de l'année 1182 était un mercredi.

Le 2 de ce mois, l'armée levée pour être dirigée contre Hussein bey, Khalil bey et leurs partisans se mit en marche. Aly bey avait fait tout son possible pour que cette expédition partît au plus tôt. Elle se mit donc en marche le jeudi, sous le commandant de Mohammed bey Abou el Zahab.

A son arrivée au village de Dedjwa, Mohammed bey constata que Hussein bey et Khalil bey avaient gagné Masdjad el Hodr, et aussitôt il les y poursuivit; mais Hussein bey et ses partisans s'étaient rendus à Tantah et s'y étaient fortifiés. Mohammed bey Abou el Zahab les y suivit; il cerna la ville de tous les côtés et un combat acharné eut lieu entre les deux armées ennemies vers le milieu du mois de Moharram.

La lutte dura jusqu'au moment où Hussein bey et les siens eurent épuisé toutes leurs munitions. Ils envoyèrent alors à Mohammed bey un messager chargé de demander *l'aman*. Mohammed bey l'accorda et la lutte prit fin.

Mohammed bey s'engagea vis-à-vis des ennemis à les réconcilier avec son patron Aly bey. Ils ajoutèrent foi à cette promesse et ceci eut pour résultat de diminuer leurs forces et d'introduire le désaccord parmi eux.

Le lendemain, Mohammed bey envoya inviter Hussein bey à venir le trouver pour délibérer avec lui. Hussein bey se rendit à cette invitation, sans aucune défiance et accompagné seulement d'un seul suivant, Khalil bey el Sakran. Mohammed bey ne se trouvait pas dans la salle de réception au moment où ces deux personnages y pénétrèrent. Ils l'attendaient lorsque quelques individus envahirent cette pièce et les massacrèrent.

A cet instant même arriva Hussein bey Chabakah, qui faisait partie de la suite de Hussein bey. Il ignorait ce qui était arrivé à son patron, mais un triste pressentiment s'était emparé de lui au moment où il s'approchait du théâtre de l'assassinat, et il avait voulu retourner sur ses pas. Un palefrenier, nommé Marzouk, ne lui en avait pas laissé le temps; d'un coup de bâton il le renversa à terre et quelques soldats qui accoururent lui tranchèrent la tête.

Lorsque Khalil bey el Kébir et les siens apprirent la nouvelle de l'assassinat de leur camarade, une frayeur indescriptible se saisit d'eux et ils se réfugièrent dans la mosquée de Sidi Ahmed el Badaoui, convaincus qu'ils allaient éprouver le même sort que Hussein bey. Mais Mohammed bey ne voulut pas qu'il fussent arrêtés dans la mosquée même et il envoya demander des instructions à son patron. Celui-ci ordonna que Khalil bey fut exilé à Alexandrie. Khalil partit pour cette ville, où il fut étranglé dans la suite.

N'ayant plus rien à faire à Tantah, Mohammed bey, Saleh bey et l'armée qu'ils conduisaient revinrent au Caire. Ils y pénétrèrent par Bab el Nasr, au milieu d'un cortège immense et précédés de domestiques portant les têtes des victimes sur des plateaux d'argent et invitant la foule à invoquer les bénédictions de Dieu sur Mohammed. Ces têtes étaient au nombre de six, savoir: celle de Hussein bey, de Khalil bey el Sakran, de Hassam bey Chabakah, de Hamzah bey, de Ismaïl bey Abou Madfàh et de Soliman Aga el Waly. On remarqua que

Saleh bey avait, ce jour-là, la mine renfrognée et affligée. Cette entrée eut lieu le vendredi 17 Moharram.

Le mardi 14 Saffar, un courrier arriva annonçant le prochain retour des pèlerins. Le public fut alors soulagé des préoccupations qu'il avait eues concernant le sort de ces hommes.

Le vendredi 17 du même mois, les pèlerins arrivèrent en effet au Caire en bonne santé, sous le commandement de Khalil bey Bulgiah. La population se réjouit de cet heureux retour, car on craignait pour les pèlerins le contre-coup des événements qui venaient d'ensanglanter l'Égypte.

Le 18 du même mois, Aly bey exila dans des localités différentes, au Hedjaz, dans la Haute-Égypte et au Fayoum, plusieurs émirs, entre autres Mohammed Katkhoda, suivant de Abdallah Katkhoda, Kara Hassan Katkhoda; Abdallah Katkhoda, suivant de Moustapha, le premier ancien du corps des Moustahfezan, Soliman Chawiche, Mohammed Katkhoda el Djeredli, Hassan effendi el Bakerdji ; quelques maréchaux de logis, Aly Chorbadji, Aly effendi el Cherif du corps des Djamaliah.

Le même jour également, Aly bey paya la solde des troupes. Il fit aussi saisir les enfants de Saad, le desservant du mausolée de Sidi Ahmed el Badaoui ; il fit régler leurs comptes et il leur extorqua des sommes considérables. Il les chassa ensuite de Tantah, en leur défendant d'y habiter jamais. Il les priva en outre des fonctions qu'ils occupaient au tombeau de Sayed Ahmed el Badaoui et confia ces fonctions à El Hadj Hassan Abd-el-Mohti.

Aly bey fit procéder en même temps à la construction de la mosquée, de la coupole, du sébil et du grand marché appelé *El Kissariah*. Il abolit bon nombre de pratiques répréhensibles en vogue alors à Tantah, et il mit à la raison les filous, les voleurs, les souteneurs de filles et autres.

Le 9 Rabi el Awal, un chambellan du Sultan débarqua à Alexandrie et vint au Caire. Il apportait une lettre, un caftan et un sabre pour Aly bey.

Le même jour on apprit que Khalil bey el Kébir était mort étranglé à Alexandrie.

Le samedi 12 du même mois, le Pacha déjeûna dans la maison de Aly bey, qui l'avait invité, et qui, à cette occasion, lui fit des cadeaux et lui offrit des présents.

Le dimanche 18 Rabi el Akher, les émirs se réunirent, comme d'habitude, dans la maison de Aly bey. Saleh bey était avec eux. Or, Aly bey s'était entendu avec quelques gens de sa suite au sujet de l'assassinat de Saleh bey et il ne restait plus qu'à exécuter l'accord convenu. A la fin du conseil, Saleh bey monta à cheval et voulut s'en aller. Mohammed bey, Ayoub bey, Radouan bey, Ahmed bey Bouchnak, dit El Djazzar, Hassan bey el Djeddaoui et Aly bey el Tantaoui s'étaient levés en même temps que Saleh bey. Ils étaient montés à cheval et étaient sortis de la maison de Aly bey avec cet émir, mais ils avaient manœuvré de telle façon que lorsqu'ils se mirent en marche Saleh bey se trouva entouré de tous côtés par eux. Derrière Saleh bey et les autres émirs venaient des soldats, des mamlouks et des gens de service. Arrivés à Soueiket Asfour, dans un endroit où la route était trop étroite pour livrer passage de front à plusieurs cavaliers, Mohammed bey et les autres conjurés ralentirent leur marche de telle manière que Saleh bey se trouva être en tête de la troupe. Profitant de cette situation, Mohammed bey lui porta un coup de sabre. Les autres conjurés, à l'exception de Ahmed bey Bouchnak, en firent autant et Saleh bey tomba de cheval. Il était mort.

Les assassins et leurs gens se rendirent alors en toute hâte à la citadelle, et, quand ils y furent en sûreté, ils reprochèrent à Ahmed bey de n'avoir pas trempé dans la mort de Saleh bey.

« Pourquoi ne l'as-tu pas frappé de ton sabre? lui dirent-ils.

— Je l'ai frappé, répliqua-t-il.

— Tu en as menti, lui fut-il répondu. Et quelques-uns d'entre eux l'invitèrent à leur montrer la lame de son sabre.

— Lorsque la lame de mon sabre quitte son fourreau, ce n'est pas seulement pour être montrée, répondit Ahmed bey.

Les émirs se turent alors et Ahmed bey comprit qu'ils allaient aviser Aly bey de ce qui s'était passé et qu'il devait se garder d'Aly bey et se garer de ses coups.

Lorsqu'il fut de retour chez lui, il essaya de se dissimuler la gravité du danger qui le menaçait, mais plus il voulait échapper aux soucis qui le torturaient, plus ces soucis devenaient dévorants. De guerre lasse, il quitta le Caire, la nuit même, et se rendit à Alexandrie, après avoir recommandé à ses femmes de garder le plus longtemps possible le secret de sa fuite.

Voyant qu'Ahmed bey ne venait plus chez lui et qu'il ne se joignait plus à son cortège, Aly bey s'informa de lui et il lui fut répondu qu'il était malade. Le lendemain, Mohammed bey se rendit dans la maison d'Ahmed bey et demanda à être introduit auprès de celui-ci. Force fut d'accéder à sa demande et le visiteur fut introduit dans la chambre à coucher d'Ahmed bey. Ne l'ayant pas trouvé, il demanda à ses femmes où il était. Celles-ci répondirent qu'elles ne le savaient pas et elles ajoutèrent qu'Ahmed bey s'était enfermé dans cette pièce et qu'il avait défendu, d'une manière formelle, qu'on entra chez lui.

Aussitôt qu'il apprit la nouvelle de la disparition d'Ahmed bey, Aly bey donna l'ordre de le chercher partout et de le mettre à mort. Abdel-el-Rahman aga, à qui incombait l'exécution de cet ordre, cerna la maison d'Ahmed bey et la fouilla entièrement ; mais ce fut en vain. Des recherches faites dans tout le quartier où cette maison était située ne donnèrent pas un meilleur résultat.

Ainsi que nous l'avons dit, Ahmed bey avait pris la fuite la nuit même du jour de la mort de Saleh bey. Il quitta le Caire sous un costume moghrabin et après s'être fait couper la barbe. Il se rendit dans la Basse-Égypte, et de là à Alexandrie. Dans cette ville il fut reconnu par des espions qui vinrent informer Aly bey de sa présence. L'ordre fut aussitôt donné d'arrêter Ahmed bey, mais à l'arrivée de cet ordre celui-ci s'était déjà réfugié à El Kabtanah. C'est ce même Ahmed bey qui devint, dans la suite, le célèbre Ahmed pacha el Djazzar qui gouverna Saint-Jean d'Acre et la Syrie, qui commanda la caravane du pèlerinage de la Syrie, et dont la renommée remplit le monde.

Ahmed bey el Djazzar n'était pas mamlouk de Aly bey. Originaire de Bosnie, il était venu au Caire pour la première fois en 1169 avec Aly pacha Hakim Ogli, alors Waly d'Égypte, à la suite duquel il était attaché. Il figura parmi le personnel de la maison de ce pacha jusqu'en 1171, date à laquelle Saleh bey, ayant été nommé commandant de la caravane du pèlerinage, Ahmed demanda au pacha l'autorisation de faire partie de cette caravane. Le Waly accorda l'autorisation demandée et Ahmed se rendit en pèlerinage avec Saleh bey. Cet émir eut pour lui beaucoup d'égards, il le traita avec bonté et lui fit porter le costume des émirs. Ahmed revint des Lieux Saints avec Saleh bey, et c'est depuis lors que sa situation changea. Il entra au service de Abdallah bey Aly et ensuite à celui de Aly bey. Cet émir ne tarda pas à remarquer la bravoure et le courage de Ahmed, et il en fut content. Pour l'en récompenser, il le poussa à de hautes positions et, en fin de compte, il le nomma sandjak.

Ahmed occupa, depuis ce jour, une grande place parmi les émirs les plus considérés et, dans cette position, il ne cessait de témoigner à Saleh bey de la reconnaissance pour les bontés qu'il avait eues à son égard.

Sur ces entrefaites, Aly bey voulut se débarrasser de Saleh bey, et Ahmed bey fut du nombre de ceux auxquels il s'ouvrit de ce projet. Il lui recommanda de lui porter le premier coup et de prouver par ce meurtre qu'il avait pour lui un réel attachement. Quelque temps après, des personnes dirent à Aly bey que Ahmed avait conseillé à Saleh bey de se tenir sur ses gardes, en l'avertissant du complot qui avait été tramé contre lui, mais que, confiant dans la foi jurée, Saleh avait refusé de croire à ces paroles. « Je n'ai rien fait contre Aly bey qui puisse m'attirer un pareil sort », aurait-il ajouté. Saleh bey lui-même ne cacha pas à Aly bey qu'il avait été prévenu d'un complot qui se tramait contre sa vie. Aly jura que c'était là un mensonge inventé par celui qui lui avait donné cet avis.

Quand enfin Saleh bey fut tué, Ahmed bey vit à la manière dont les conjurés se conduisaient à son égard qu'il avait à craindre une vengeance de la part de Aly bey. Il s'enfuit à Alexandrie et se réfugia à El Kabtanah.

A la date du 18 Rabi el Akhar, également, Aly bey donna l'ordre que deux expéditions fussent organisées. Elles devaient opérer contre les bédouins de El Djezirah et contre Soueïlem, fils de Habib. Mohammed bey partit à la tête de celle qui était dirigée contre les bédouins et Ayoub bey marcha contre Soueïlem.

A son arrivée à Dedjwa, Ayoub bey n'y trouva pas Soueïlem. Celui-ci avait passé la nuit à Sandanhour et le reste des Habibites s'était dispersé dans les villages. Lorsqu'il apprit l'arrivée de Ayoub bey, Soueïlem quitta Sandanhour, avec ses gens, et se réfugia chez les bédouins de la tribu Hanadi, au Béhéra. L'armée qui était venue pour le combattre se contenta donc de piller ses bagages et ses biens et de rentrer au Caire avec ce butin.

En traitant Soueïlem d'ennemi, Aly bey s'appuyait sur le fait que, à l'arrivée de Hussein bey et de Khalil bey à Dedjwa, après les combats de El Deiress et de El Djerah, ce chef bédouin leur avait fait des présents et leur avait fourni des provisions et des bestiaux. La cause réelle de l'expédition n'était pourtant pas celle-ci, mais bien le désir de Aly bey de supprimer tous les individus jouissant de quelque influence, sans en excepter un seul.

Le lundi 19 du même mois, Aly bey fit condamner à l'exil Aly katkhoda el Kharbotli, Youssouf katkhoda, mamlouk de ce dernier, Hassan effendi Darb-el-Chamsi, ainsi que ses frères Soliman kathkoda el Djelfi et Osman katkhoda el Manfoukh de l'odjak des Azab.

Khalil bey el Assiouti se trouvait à Charkiah lorsqu'il apprit l'assassinat de Saleh bey. Il s'enfuit en Syrie et se réfugia chez les bédouins de Ghazza.

Hassan effendi Darb-el-Chamsi et ses frères furent conduits à Suez, pour être de là envoyés au Hedjaz, lieu de leur exil.

Le dimanche 5 Djamad el Awal, Aly bey se rendit à la citadelle. Il éleva à la dignité de sandjak trois de ses suivants, ainsi que quelques-uns des officiers supérieurs des odjaks. A Ayoub bey, son suivant, il confia le gouvernement de Djerdja. Il nomma Hassan bey Radouan aux fonctions de commandant de la caravane du pèlerinage et il désigna un gouverneur pour la ville du Caire.

Dans le courant de Djamad el Akhar, Aly bey nomma Ismaïl bey aux fonctions de defterdar et il ordonna que la solde des troupes fut payée le jour même; ce qui fut fait.

Vers le milieu du mois de Radjab, un aga arriva de Constantinople, porteur d'un rescrit ordonnant le départ de quelques troupes. Les émirs se réunirent en conseil et le rescrit fut lu. Le mardi, il se rendirent à la citadelle et, après délibération, il fut décidé que Soliman bey el Chabouri conduirait les troupes demandées. Ce dernier, qui venait à peine d'être rappelé par Aly bey de l'exil où il se trouvait depuis 1172, fut nommé commandant des troupes en question, et les préparatifs du départ furent poussés avec activité.

Dans l'intervalle, Mohammed bey Aboul Zahab s'était mis en marche à la tête de plusieurs Sandjaks et de troupes considérables contre Houmam, le chef des bédouins. Quand il fut arrivé à une certaine distance des possessions de ce chef arabe, des négociateurs se mêlèrent de l'affaire et il fut entendu entre eux et Mohammed bey que l'autorité de Houmam ne s'exercerait plus à l'avenir sur les territoires situés en-deçà de Berdis. Houmam ayant appris dans la suite que Mohammed bey venait d'avoir un enfant, lui envoya dire qu'il se désistait de son pouvoir sur Berdis en faveur de ce nouveau-né. A la suite de l'arrangement intervenu, Mohammed bey rentra au Caire avec l'armée.

Le mardi, Aly bey fit saisir Cheikh Akmed, dit El Sokt, et il lui fit administrer une forte bastonnade ; après quoi il le condamna à l'exil en lui désignant l'île de Chypre pour résidence. Au lieu d'aller à Chypre, Cheikh Ahmed se rendit à Constantinople, où il devint dans la suite le gendre du devin Hassan effendi Cotta Meskin. Il passa le reste de sa vie dans cette capitale.

Cheikh Ahmed était un homme très-insinuant ; il se mêlait aux procès et, par la persuasion de son langage, il réussissait souvent à faire triompher l'injustice.

Le 17 du même mois, une grande agitation eut lieu au Caire. Le Waly, Mohammed pacha, avait voulu susciter des troubles dans la ville. Abdallah bey, son lieutenant, ayant pénétré ses desseins, en avertit Aly bey. Le lendemain matin, les émirs se rendirent à la citadelle, et, après s'être assurés de la place d'El Roumeilah et des abords des portes de cette forteresse, ils ordonnèrent au Pacha de se démettre. Le Waly sortit de la citadelle par Bab el Midan et se rendit dans la maison de Ahmed bey Kouchouk. Des gardes furent placés près de sa personne.

Le dimanche, premier jour du mois de Chaban, Aly bey fut nommé kaïmakam, en attendant la nomination d'un nouveau Waly.

Le jeudi, Aly bey donna l'ordre à Abd-el-Rahman, aga des Moustahfezan, de mettre à mort un militaire nommé Ismaïl aga, qui avait été exilé dans la Basse-Egypte et était rentré depuis quelque temps au Caire, où il habitait une maison située à Saliba. Ismaïl aga était un homme reconnu par sa bravoure et célèbre par son courage. Lorsque, arrivé devant sa porte, Abd-el-Rahman aga lui eût envoyé dire de venir le voir, il refusa de se rendre à cette invitation et ferma la porte de sa maison. Il avait vu Abd-el-Rahman aga, entouré de ses hommes, se tenir devant sa maison, et il savait bien qu'il ne le faisait appeler que pour le tuer. Voyant le refus d'Ismaïl aga de se rendre à son appel, Abd-el-Rahman eut recours à la force, et des coups de feu furent échangés entre eux. Ismaïl aga n'avait avec lui que sa femme, une turque, et pour toutes armes qu'un fusil et une carabine. Sa femme chargeait l'une de ces deux armes, pendant qu'il se servait de l'autre. La lutte dura deux jours. Plusieurs des hommes d'Abd-el-Rahman aga tombèrent, atteints par les balles d'Ismaïl. Enfin, celui-ci cessa de tirer sur ses ennemis : ses munitions de poudre et de plomb s'étaient épuisées. Abd-el-Rahman aga lui promit alors l'*aman*. Ajoutant foi à cette promesse il descendit les escaliers, mais un de ses ennemis s'y était embusqué et lui porta un coup de sabre. Tous les autres soldats fondirent alors sur Ismaïl et le décapitèrent. Que Dieu ait pitié de lui ! Sa mort est une injustice.

Le 19 du même mois, la solde des troupes et les allocations furent payées.

Le 28, les troupes qui devaient partir pour la Turquie sortirent du Caire dans un cortège imposant.

Le 10 Ramadan, Aly bey fit arrêter El Moallem Isaac, un juif employé en qualité d'écrivain à la douane de Boulak. Il lui extorqua quarante mille mahboubs d'or et le fit mourir sous les coups de bâton. Il extorqua également de l'argent à plusieurs individus, entre autres à El Achoubi, El Kemni et à d'autres négociants. Aly bey est le premier qui mit en pratique le système des extorsions, et en cela ses successeurs suivirent son exemple.

En Chawal, Aly bey envoya à Constantinople, pour le Sultan et les hauts fonctionnaires de l'empire, des présents superbes, entre autres des chevaux choisis parmi les meilleurs. Ces cadeaux magnifiques furent envoyés à Constantinople par Ibrahim aga, chef des écuries de Aly bey. Cet émir avait confié également à Ibrahim aga des lettres à l'adresse de quelques-uns des principaux personnages de l'Empire. Parmi ces lettres, quelques-unes avaient été écrites par mon père. Il était convaincu que la parole de mon père était respectée et qu'elle avait de la valeur aux yeux de ces personnages, et il l'avait prié de l'aider de son influence dans l'affaire qu'il traitait. Par ces lettres, Aly bey se plaignait de ce qu'Osman bey el Adme, Waly de Damas, accueillait chez lui et protégeait quelques uns des exilés d'Égypte et il demandait que le Waly en question fut révoqué. Il voulait ainsi exercer son autorité même sur la Syrie.

En outre des lettres qu'il lui avait demandé d'écrire, Aly bey pria mon père de faire accompagner les cadeaux par deux personnes désignées de sa part. Mon père adhéra à cette demande et envoya à Constantinople le cheikh Abd-el-Rahman el Arichi et Mohammed effendi el Berdeli.

Le 12 Zilkadé, Aly bey condamna à l'exil plusieurs émirs, entre autres Ibrahim aga el Saïi, ancien du corps des Moutefarrika, Ismaïl effendi, chawiche du corps de Djamaliah, Khalil aga, sergent-major dans le même corps, le sergent-major du corps des Toufoukdjiah, Mohammed effendi, de la troupe des Circassiens, Radouan bey, suivant de Hassan bey Radouan et El Zâfarani. Suivant son habitude, il commença par extorquer de l'argent à toutes ces personnes. Il s'empara de leurs possessions et les distribua entre ses mamlouks et ses suivants. Il envoya enfin les exilés dans les lieux désignés pour leur résidence. Il y en eut qui furent relégués à Damiette, d'autres furent envoyés à Rosette et quelques-uns à Alexandrie.

Aly bey exila aussi Ibrahim katkhoda Djeddak et son fils Mohammed à Rosette. Ibrahim katkhoda, dont il s'agit, avait été le lieutenant de Aly bey, puis il avait obtenu la charge de Mohtasseb. Il fut remplacé dans ces dernières fonctions par Moustapha aga. Dieu sait le mieux ce qu'il en est.

BIOGRAPHIE

DES PRINCIPAUX PERSONNAGES ET CHEIKS

DÉCÉDÉS PENDANT LE COURS DE CETTE ANNÉE.

Pendant cette année sont morts :

1. — L'illustre légiste, l'imam, le traditionniste Cheikh el Islam, Ahmed, fils de El Hassan, fils de Abd-el-Karim, fils de Mohammed, fils de Youssouf, fils de Karim-el-Dine El Karimi, El Khaledi, el Chaffeï, El Azhari, connu sous le nom de El Djohari, nom qu'il tenait de son père qui avait été bijoutier.

Cheikh Ahmed naquit au Caire en 1096. Il s'adonna à l'étude de la théologie et s'y livra avec tant d'ardeur qu'il finit par dépasser en science tous ses contemporains. Il donna des leçons et des consultations à la mosquée de El Azhar pendant soixante ans environ.

Ses professeurs sont très-nombreux; je puis citer parmi eux : El Chehab Ahmed ibn el Fakih, Radouan el Toukhi, l'imam de la mosquée de El Azhar, Cheikh Mansour el Menoufi, El Chehab Ahmed el Khalili, Cheikh Abd-Rabou el Diwi, Cheikh Abd-el-Raouf el Bachbichi. Cheik Mohammed Abou el Ez el Adjami, Cheikh Mohammed el Etfihi, Cheikh Abd-el-Djawad el Nakhli, tous chafeïtes; Cheikh Mohammed el Sedjelmassi, Cheikh Ahmed el Nafaraoui, Cheikh Soliman el Hosseini, Cheikh Abdallah el Kounkoussi, Cheikh Mohammed el Saghir el Werzazi, Ibn Zekri, Cheikh Ahmed el Hechtouki, Cheikh Soliman el Chobrahiti, Saïd Abd-el-Kader el Moghrabi, Mohammed el Costantini el Mohammed el Nacharti, tous malekites.

Cheikh Ahmed partit pour les Lieux Saints en 1120; il assista en 1124 aux leçons données par El Bosri et par El Nakhli et, en 1130, il retourna aux Lieux Saints et il acquit dans ces voyages beaucoup de connaissances. Il fut ensuite autorisé à enseigner par notre maître El Taïeb, fils de notre maître Abdallah el Cherif el Husseini, qui le nomma son vicaire au Caire.

Cheikh Ahmed compte aussi parmi ses professeurs plusieurs cheikhs dont nous avons omis de citer les noms. J'ai lu dans un diplôme, qu'il avait délivré, le détail des études qu'il avait faites dans chaque science, sous ces divers professeurs. Voici la reproduction de cette nomenclature :

Sous la direction de El Bossri et de El Nakhli, il étudia les premières parties de six ouvrages de Hadith, le Hadith de la Miséricorde avec ses restrictions et *El Adjaza el Ammah*.

Sous la direction de El Etfihi, il étudia quelques ouvrages de jurisprudence, de Hadith et de panthéisme et *El Adjaza el Ammah*.

Sous la direction de El Sedjelmassi, il étudia en 1126 *El Koubra*, ouvrage dû au Senoussi, son abrégé et son commentaire, une partie de El Kazouini, une partie de El Bokhari, jusqu'au livre *El Ghasl*, et quelques maximes de sagesse. Ce professeur lui conféra un *Adjaza*.

Sous la direction de Ibn Zikri, il étudia les premières parties de six ouvrages du Hadith. Ce professeur l'autorisa également à enseigner.

Sous la direction de El Kenkessi, il étudia El Bokhari en entier, le commentaire de *El Akayed* par El Saad, *El Akayed* de El Senoussi et leur commentaire, le commentaire de *El Tashil* par Ibn Malek en entier, le commentaire fait par El Makoudi de *El Alfiah*, *El Motawal* en entier et le commentaire de *El Talkhiss*.

Sous la direction de El Hachtouky, il étudia *El Adjaza* en entier.

Sous la direction de El Nafaraoui, il étudia le commentaire de *El Talkhiss*, le commentaire de *El Alfiah* et le commentaire de *El Warakat*.

Sous El Diwi, il étudia à plusieurs reprises le commentaire de *El Manhadj*, ouvrage dû au Cheikh El Islam, le commentaire de *El Tahrir*, le commentaire de *Alfiet-ibn el Hayem*, le commentaire de *El Talkhiss*, le commentaire fait par Ibn Akile de *El Alfiah* de Ibn Malek, ouvrage de linguistique et le commentaire de *El Djazariah*.

Sous Cheikh El Menoufi, il apprit *Djamh el Djaouameh* et son commentaire par El Mahalli et le commentaire de *El Talkhiss*.

Cheikh Ibn el Fakih le dirigea dans l'étude du commentaire de *El Tahrir*, du commentaire de *El Khatib*, du commentaire de *El Akaïed el Nassakieh* et du commentaire de *El Talkhiss*.

El Khabissi et Aly el Toukhy lui enseignèrent le commentaire de *El Khatib*, Ibn Kassim et le commentaire de Abd-el-Salam sur *El Djohara*.

El Khalifi lui apprit *El Bokhari*, le commentaire de *El Talkhiss*, *El Achmouni*, *El Issam* et le commentaire de *El Warakat*.

El Husseini lui enseigna tout le commentaire de *El Koubra*, l'ouvrage dû à *El Senoussi*.

El Chobrahiti lui enseigna le commentaire de *El Rahabiah*, de *El Adjroumiah* et autres ouvrages.

El Werzazi le dirigea dans l'étude du commentaire de *El Koubra*, qu'il lui lut en entier, du commentaire de *El Soghra*, du commentaire de l'abrégé de El Senoussi et du commentaire de *El Tafsir*.

El Bachbichi lui enseigna le commentaire de *El Manhadje*, *Djamh el Djawameh*, *el Talkhiss*, *Alfiet el Moustalah*, *El Chamaïel*, le commentaire de *El Tahrir* par Zakaria, et autres ouvrages.

Voilà, tel que je l'ai reproduit, ce qui était écrit de la propre main du cheikh Ahmed.

Le cheikh Ahmed se rencontra avec le chef des mystiques,

Sidi Ahmed ibn Nasser, qui l'autorisa verbalement à enseigner et lui délivra un diplôme écrit. Parmi ceux qui lui délivrèrent des *Adjaza*, je puis citer Abou-el-Maouaheb el Bakri, Ahmed el Banna, Abou-el-Seoud el Dendjihi, Abd-el-Haï el Cherombelali et Mohammed, fils de Abd-el-Rahman el Meleghi.

Aux Lieux Saints, cheikh Ahmed donna des cours qui furent suivis par Omar, fils de Abd-el-Kerim el Khelfali.

Sur la fin de sa vie, il se rendit avec toute sa famille aux Lieux Saints et il y donna des leçons. Il revint ensuite au Caire, se retira dans sa maison et ne fréquenta plus le monde. On venait le visiter et prendre sa bénédiction.

On doit à Cheikh Ahmed plusieurs écrits dont nous pouvons citer :

1° Un ouvrage sur l'unité de Dieu, intitulé *Moudjizat el Abid*;

2° Un commentaire sur Abd-el-Salam ;

3° Un traité de logique ;

4° Un traité sur la vie que les prophètes mènent dans leurs tombes.

Cheikh Ahmed mourut au moment du coucher du soleil, le mercredi 3 Djamad Awel 1182. Le lendemain matin, les pratiques funéraires furent faites et les prières mortuaires furent récitées à la mosquée d'El Azhar, au milieu d'une foule immense. Il fut enterré à l'hospice dit *El Khadiri*, situé dans l'intérieur de la rue Chams el Dawlah.

Le poète de l'époque, l'illustre savant Cheikh Moustapha, fils de Ahmed el Saoui, composa en la mémoire du défunt l'élégie suivante qui est un chef d'œuvre de poésie.

> O sort! pourquoi augmentes-tu nos malheurs,
> Et cherches-tu la pertes des grands hommes ?
> Tu poursuis, l'un après l'autre, tous ceux
> Qui à la noblesse des qualités joignent celle de la naissance,
> Tu frappes le noble, le fils du noble,

Et tu ne ménages pas l'habile et le prévoyant.
A peine le seigneur se voit-il respecté et chéri de son monde
Que tu le jettes dans la position la plus humble.
Le matin, il est au faîte des grandeurs,
Et le soir tu le jettes dans l'humiliation.
Tu ne peux trouver une vie paisible et douce
Sans la troubler par l'amertume de les chagrins.
Si tu avais du respect pour les hommes de mérite,
Ceux des siècles écoulés existeraient encore.
Qui viendra à mon aide contre le sort perfide,
De nature traître et agresseur,
Qui a enlevé la gloire des gens d'esprit, le refuge de la vertu,
Celui dont la réputation de bonté fut universelle;
Qui a réuni en lui les mérites, les vertus et la piété,
La générosité, la gloire de l'origine et la grandeur;
Qui fut la perle enviée par le plongeur,
La mer dont les vagues roulèrent des joyaux uniques;
Qui fut le lien indissoluble auquel le monde s'attache,
Quant les attaches de la veine basilique se rompent;
Qui fut une lune qui brilla sur tous les grands hommes
Et qui brilla sur la pleine lune elle-même.
Sa gloire était si élevée qu'à toutes les mains
Qui essayèrent de l'atteindre, elle dit « Renoncez ! »
Il est connu, les lumières de ses pensées
Sont plus brillantes que les étoiles.
Au plus haut de la gloire, il a planté ses tentes
Et foulé aux pieds Mars et Jupiter.
Par son intelligence il a réuni tous les mérites.
Et l'œil de l'observateur ne peut embrasser toutes ses vertus.
Si vous discutez des sciences avec lui,
Ses arguments seront toujours les plus forts,
Par sa science théologique et par sa poésie,
Il nous fait oublier El Riffaï et El Bahtari.
Pour l'énergie, il ressemble à Mousadad
Et pour sa science de l'unité, il égale El Achari.
Pour la langue, l'éloquence et le désintéressement
Il fut Saad, Sibaouieh et El Serri.
Les traditions qu'il rapportait étaient authentiques
Et appuyées de l'autorité des auteurs les plus véridiques.
Il rapportait la vérité puisée dans les sources exactes, et ses citations
Etaient exemptes de faiblesse et n'étaient aucunement contestées.

La logique de sa parole nous faisait voir
La conclusion comme une matière éclatante.
Je m'étonne que le soleil des connaissances
Ait pu être enterré dans ce sol désert.
J'aurais souhaité qu'au lieu de l'enlever
La mort eût emporté tous les mortels et l'eût épargné.
Que la rosée, que la satisfaction divine,
Que la félicité et que la pluie arrosent sa tombe!
Il sied bien à l'œil qui a cueilli de ses fleurs
De le pleurer par des larmes chaudes et abondantes
Et de tracer sur les joues des lignes de larmes
En signe de tristesse.
Mais pour avoir droit à la bonté divine,
Il faut nous soumettre sans murmurer aux arrêts du destin.
Patience donc au premier choc, et soyons calmes.
Que pouvons-nous faire, sinon patienter?
D'ailleurs en cela nous avons pour exemple
Nos ancêtres et le plus pur prophète,
Que notre Dieu le bénisse, ainsi que sa famille,
Et ses compagnons illustres et nobles,
Tant que Moustapha el Saoui répètera:
« Bonne nouvelle aux houris, elles vont être aimées par El-Djohari! »
(Chronogramme).

Le cheikh Abdallah el Edkaoui composa également en l'honneur du défunt une élégie dont le vers final est:

La place de la vérité a été préparée
Pour l'illustre, le glorieux El Djohari. *(Chronogramme).*

2. — Le grand savant, l'illustre légiste, le linguiste consommé, Cheikh el Islam et le chef des érudits Cheikh Issa, fils de Ahmed, fils de Issa, fils de Mohammed, el Zobeïri, el Baraoui, el Chafféi, el Azhari.

Cheikh Issa était encore enfant lorsqu'il vint à la mosquée de El Azhar. Il étudia sous la direction des professeurs de son temps, parmi lesquels nous pouvons citer: Cheikh Moustapha el Azizi et Ibn el Fakih, qui lui enseignèrent la jurisprudence,

El Mallaoui, El Djohari et El Choubraoui. Il excella dans ses études et ses contemporains reconnurent son mérite et le proclamèrent. Il donna ensuite des leçons de jurisprudence, et ces leçons étaient toujours écoutées par un auditoire nombreux. Il connaissait les applications des principes de la loi, à tel point qu'il fut surnommé El Chaféï el Saghir (le petit Chaféï). Son intonation charmante ajoutait à ses droits à cette dénomination. Ses élèves profitèrent donc de ses leçons et devinrent des professeurs à leur tour.

Cheikh Issa avait étudié le Hadith sous la direction de Cheikh Mohammed el Defri, et il tenait en grand respect Cheikh Abd-el-Wahab et tous les savants qui avaient une bonne conduite.

Il a laissé des écrits qui ne manquent pas de valeur, entre autres un commentaire ou plutôt une étude sur le commentaire de *El Djohara*, un commentaire de *Djamh el Saghir*, ouvrage dû à El Assiouti. Dans cet ouvrage, digne de considération et qui forme un volume, chaque Hadith est étudié au point de vue juridique seulement.

Cheikh Issa ne cessa de donner des leçons jusqu'à sa mort, qui eut lieu le lundi 4 Radjab, à l'aube. Son corps fut porté à la mosquée de El Azhar, et après les prières d'usage il fut enterré au cimetière El Moudjaouerine, dans une tombe qui fut surmontée d'un mausolée.

Son fils, l'illustre savant Cheikh Ahmed, lui succéda dans sa chaire d'enseignement, et les élèves du père furent assidus aux cours du fils.

3. — L'illustre savant, l'habile érudit, le Moufti des musulmans, Hassan, fils de Nour-el-Dine el Makdessi, el Hanafi, el Azhari. Il avait étudié sous la direction du savant de l'époque Cheikh Soliman el Mansouri et du cheikh Mohammed Abd-el-Aziz el Tiadi. Il assista aux cours du cheikh Moustapha el

Azizi, de Saïd Aly el Darir, de El Mallaoui, de El Djohari, de El Hefni et de El Beleïdi. Il donna des leçons, du vivant même de ses professeurs, à la mosquée de El Azhar.

Lorsque l'émir Osman Katkhoda construisit à l'Ezbékiah la mosquée qui porte son nom, il y nomma en qualité d'imam et de prédicateur le cheikh Hassan. Celui-ci habita alors une maison voisine de la mosquée, et les attentions du public se tournèrent vers lui.

A la mort de Cheikh Soliman el Mansouri, moufti du rite hanafite, l'émir Abd-el-Rahman Katkhoda appuya la candidature du cheikh Hassan qui, grâce à cet appui, succéda à Cheikh Soliman.

Cheikh Hassan ne jouissait pas seulement de la confiance de l'émir Abd-el-Rahman ; les autres émirs, ou du moins plusieurs d'entre eux, l'aimaient et ils l'aidèrent à se construire une maison magnifique qui donnait sur le jardin de l'Ezbékiah ; de cette manière la réputation du cheikh s'établit et s'affermit.

Il donna des leçons en divers endroits, à El Serghefchiah, où seuls les cheikhs du rite hanafite pouvaient enseigner, à l'école El Mahmoudiah, et à la mosquée de Cheikh Matar et à d'autres endroits.

Cheikh Hassan est l'auteur d'un précis sur la jurisprudence hanafite, dans lequel il indique les opinions les plus généralement admises. Il possédait des livres magnifiques et précieux. Il était poli, charmant et affable et on trouvait plaisir à causer avec lui. On lit, écrit par lui sur un traité appelé *Almaîah*, dû au cheikh el Aîdarouss, les vers suivants :

> Des éclairs resplendissants et vifs ont brillé,
> Qui laissaient entrevoir les mystères de la félicité.
> Ils guident vers la vérité incontestable
> Et indiquent les voies lactées.
> Par les lumières du Chérif, fils du Chérif
> Le descendant des seigneurs briliants,

El Aïdarouss, l'adorateur et miséricordieux,
Qui octroie les dons sublimes.

Cheikh Hassan mourut le vendredi 18 Djamad el Akher de cette année.

4. — Le grand savant, l'un de ceux qui se sont fait distinguer par leur intelligence et leur perspicacité, cheikh Mohammed fils de Badr-el-Dine el Chaffei déscendant de Chams el Cherombabli.

Il naquit peu d'années avant le commencement du siècle ; il étudia sous la direction des professeurs de son époque, tels que cheikh Abd-Rabbou el Diwi, cheikh Moustapha el Azizi, Sidi Abdallah el Kenkessi, Sayed Aly el Hanafi, cheikh el Mallaoui et autres. Il fut autorisé par son aïeul. Il eut des discussions avec les savants, il écrivit des ouvrages et fit des poésies qui furent très répandues dans le public. Il avait du goût pour la connaissance de la langue et des généalogies, mais il ne manquait jamais une occasion de médire du cheikh Mohïi-el-Dine ibn el Arabi, contre lequel il écrivit un certain nombre de brochures. Les théologiens lui conseillaient de renoncer à ces attaques, et il reconnaissait quelquefois ses torts, mais il ne tardait pas à revenir dans la même voie. J'ai entendu dire qu'il avait écrit une fois une brochure dans le même sens, et que cette brochure fut détruite, le jour même où elle fut terminée, par un incendie qui dévora toute sa maison, mais que, malgré cela, il ne renonça pas à son parti pris, bien au contraire.

Cheikh Mohammed poussait quelquefois le fanatisme jusqu'à l'esprit de secte, et ce qui le prouve est sa conduite dans diverses circonstances à l'égard des Hanafites. Par suite de ces agissements, il devait forcément être dans une situation tant soi peu gênée, et sa mise l'attestait. Il répétait souvent les deux vers suivants qui avaient été cités devant lui par cheikh Mohammed, fils de cheikh Mohammed el Defri :

Dans notre époque, tout amour est tromperie,
Et si l'ami pouvait être goûté, il aurait le goût du vinaigre.
C'est le mensonge qui est la marchandise prisée,
Mens, en conséquence, et sois perfide.

On doit à cheikh Mohammed les vers suivants :

Je suis votre hôte, ô généreux, et si j'ai péché,
Le pardon sied aux généreux.
Que Dieu vous préserve de voir votre hôte souffrir dans l'asile que vous lui aurez donné,
Vous dont les générosités sont connues de tout le monde.

On a de cheikh Mohammed une petite brochure intitulée *Tahrir el Mabaheth*, qui traite de l'action de la puissance divine sur les événements.

5. — Le respecté, le vénéré, le glorieux, le porte-étendard de la gloire, le dépositaire du mérite, El Sayed Ahmed ibn Ismaïl, ibn Mohammed Abou-el-Emdad. Il était un des descendants de Beni Wafa ; son père et son aïeul, ainsi que son frère Mohammed furent tous des grands personnages très respectés. Il descendait, par sa mère, en ligne directe de Sidi Abd-el-Khalek, fils de Wafa.

El Sayed Ahmed naquit au Caire et fut élevé sous les yeux de ses parents dans les principes les plus nobles. Il fut aimé par le peuple sans distinction de caste, tant pour la sympathie que sa personne inspirait que pour la haute place que son aïeul occupait dans l'affection et l'estime publiques.

En 1168, El Sayed Ahmed fut élevé à la dignité de *Nakib el Achraf*, et il remplit cette charge avec un tact qui lui concilia l'estime de tous. Le cheikh Abdallah el Edkaoui composa en son honneur, à cette occasion, les vers suivants :

On a prétendu que la charge de Nakib d'Egypte a perdu l'homme qui pouvait la remplir,
Qu'elle s'est enveloppée de ses habits de deuil et qu'elle s'est cachée.

« Oh non ! leur répondis-je ; il y a bien pour la remplir l'homme
Dont la gloire rejaillit sur tous les honneurs,
L'homme aux qualités louables, Ahmed,
Qui a réuni tous les mérites et toutes les perfections. »
A son appel, cette charge accourut, rayonnante d'espoir,
Et vint à lui, docile et sans hésiter.
Elle se fit belle et attrayante, c'est pourquoi nous dirons :
La charge de Nekib est alliée à Ahmed (*chronogramme*).

A la mort de Sayed Abou Hadi ibn Wafa, qui eut lieu en 1176, El Sayed Ahmed lui succéda comme chef du rite de la famille Wafa ; à cette occasion également, cheikh Abdallah el Edkaoui composa les vers suivants :

On me demande si j'ai loué les membres de la famille d'Aly,
Ces personnages que les poètes s'honorent à louer,
Ces rejetons d'une famille qui a eu pour elle seule en partage
La gloire, la piété, les honneurs et la fierté.
Mais quelle valeur, dis-je, auront les éloges que je ferai,
En l'honneur d'hommes dont l'existence remplit les cœurs de confiance ?
Je vais essayer toutefois de peindre les qualités
De leur rejeton, Ahmed le glorieux.
Il est le temple des mérites et des vertus, le soleil des grandeurs.
Personne ne l'égale ; il possède tous les charmes,
Sa famille venait de perdre son chef
Et la charge de Khalife était vacante.
« Amenez notre enfant Ahmed, l'intelligent, l'habile »,
Dit aussitôt le premier ancêtre.
On lui confia cette dignité et aussitôt je me suis écrié :
Son ancêtre l'a désigné comme chef de la famille.
    (Ce dernier vers contient la date de l'année).

Lorsque Sayed Ahmed fut nommé chef de la famille, il se démit de la charge de Nakib en faveur de El Sayed Mahammed effendi El Saddiki ; il se contenta de ses nouvelles fonctions. C'était un homme d'une belle figure et sa mine inspirait le respect ; il avait des dispositions naturelles pour les mathématiques et il saisissait les sens des questions les plus obscures. Ce fut lui qui décida le Cheikh Moustapha El Kayat, l'astronome, à faire le calcul de l'orbite des planètes fixes, à déterminer leurs ascensions droites et leurs déclinaisons, ainsi que leur coascendant, avec l'indication de ses degrés depuis les nouvelles observations faites juqu'à cette époque. Cette action, qui fut utile et profitable pendant plusieurs années, est donc due à El Sayed Ahmed. Il réunit chez lui bon nombre d'instruments géométriques et de dessin, et il les paya fort cher. Ce fut lui qui ajouta à sa maison le kiosque élevé à côté de la grande salle appelée « Oum el Afrah » (salle des fêtes) et qui donne sur la grande rue. Il y fit une bibliothèque, un arsenal, des khawarnaks, des placards, des étagères artistiquement ornées, des fenêtres donnant et sur la cour de la maison et sur la rue, des ais et enfin des fenêtres cintrées. L'art le plus fin régnait dans toutes ces constructions.

C'est Sayed Ahmed qui en 1177, comme je me trouvais, selon la coutume le jour de l'anniversaire du Prophète, aux tombeaux de ses ancêtres, me donna le surnom de Aboul-Azm. Il mourut le 7 Moharrem ; les prières mortuaires furent récitées sur son corps à la mosquée d'El Azhar, au milieu d'une assistance nombreuse. Il fut ensuite inhumé avec ses aïeux et ses ancêtres. Dieu fasse qu'ils nous soient favorables !

Celui qui lui succéda comme chef du rite de la famille fut le célèbre, l'illustre, l'incomparable, El Sayed Chams-el-Dine Mohammed Abou-el-Anwar.

> Mer de mérites et de vertus, profonde et houleuse;
> Ses vagues inondent et elle n'a pas de littoral.

Nous prions Dieu de le conserver toujours dans les honneurs et la puissance.

6. — Le grand savant, l'illustre maître, le cheikh El Islam, Abd-el-Raouf, Ibn Mohammed, Ibn Abd-el-Rahman, Ibn Ahmed el Sedjini, el Chaféi, el Azhari, connu sous la dénomina-

tion de Aboul-el-Djoud (père de la libéralité). Il avait étudié sous la direction de son oncle El Chams el Sedjini et il s'était attaché à lui. Lorsque cet oncle mourut, il continua l'enseignement d'*El Manhadje* à sa place, et à la mort du cheikh El Hefni il devint cheikh de la mosquée d'El Azhar, dignité qu'il remplit avec beaucoup d'honorabilité et d'austérité. Mais le temps qu'il passa à la tête de cette université fut très court ; la mort l'enleva le 14 du mois de Chawal. Les prières mortuaires furent récitées sur son corps à la mosquée qu'il dirigeait, et il fut inhumé auprès de son oncle.

C'est à un événement tout à fait imprévu que Cheikh Abd-el-Raouf doit d'avoir été mis en évidence ; voici cet événement :

Quelque temps avant sa nomination comme cheikh de la mosquée d'El Azhar, un homme se prit de querelle avec un des négociants de Khan el Khalili et le frappa. Pour échapper à ce dernier qui, s'étant adjoint quelques-uns de ses compatriotes, courait pour le rattraper, l'agresseur chercha refuge dans la maison de Cheikh Abd-el-Raouf. Mais son ennemi y entra à sa suite et lui tira un coup de feu. La balle vint frapper l'un des parents de Cheikh Abd-el-Raouf, le Sayed Ahmed, qui en mourut. Le meurtrier s'enfuit après cet attentat et les parents de la victime ayant réclamé la livraison du coupable, ses compatriotes refusèrent de le leur livrer. Cheikh Abd-el-Raouf en fut outré ; il réunit les cheikhs, le cadi et quelques uns des officiers supérieurs des odjaks ; à eux vint se joindre une grande partie de la population et une grande agitation se produisit. Les bazars furent désertés, les boutiques fermées ; les négociants de Khan el Khalili, réunis par le même intérêt, se retranchèrent dans leur quartier. Ils furent cernés de tous les côtés et les habitants de Boulak et du Vieux-Caire prirent part aussi à la lutte. Cette lutte dura une semaine et il y eut beaucoup de tués dans les deux camps. Aly bey (ceci se passait avant son exil) se rendit lui-même sur les lieux. On finit enfin par se rendre au grand Mahkamah. La cour de la maison du Cadi regorgeait d'hommes et de femmes et il y régnait une confusion et une clameur indescriptibles. La paix fut décidée, la foule se dispersa, et le matin un héraut parcourut la ville en annonçant au public qu'il n'avait plus rien à craindre ; les boutiques s'ouvrirent, les transactions reprirent et au bout de peu de temps, il ne restait plus rien qui rappelait ce qui venait d'avoir lieu.

7. — Le cheikh bon, généreux et à la conduite édifiante, Ahmed fils de Salah-el-Dine el Denjihi el Demiati, cheikh de El Mabtouliah et directeur des Wakfs en relevant. C'était un homme d'un caractère aimable, il se plaisait à faire du bien, il affectionnait surtout la ville de Damiette. Les visiteurs et les étrangers étaient accueillis par lui avec beaucoup d'affabilité et de cordialité, et à ceux qui en avaient besoin, les dons ne faisaient pas défaut. Sa maison était le rendez-vous de ses amis. Il mourut le samedi 12 Zilhodje, âgé de 80 ans environ.

8. — L'imam vertueux et méritant, cheikh Ahmed, fils de Ahmed, fils de Abd-el-Rahman, fils de Mohammed, fils de Amer el Atachi, el Fayoumi, el Chafeï. Il avait une chaire à la mosquée du sultan Ahmed ibn Touloun, et il connaissait la jurisprudence, la métaphysique et les belles-lettres. J'ai entendu dire par des individus, qui l'avaient entendu de sa propre bouche, qu'il savait par cœur douze mille vers, tous à l'appui des règles de la langue arabe. Il avait étudié sous les savants les plus renommés. C'était un homme d'une bonne conduite, respectable, d'une conversation utile et amusante. Il mourut le 6 Djamad el Thani, âgé de plus de 80 ans.

9. — L'émir Khalil bey el Kasdogli. Il avait été mamlouk de Ibrahim katkhoda el Kasdogli. Après la mort de son maître et le meurtre de Hussein bey, dit el Saboundji, l'émir

Khalil fut élevé à la dignité de sandjak, mais sa célébrité ne date que du temps de la toute puissance de Aly bey el Ghazzaoui, qui le nomma defterdar. Lorsqu'en 1173, Aly bey conduisit la caravane du pèlerinage, l'émir Khalil fut désigné par lui pour remplir pendant son absence les fonctions de cheikh de la ville du Caire. C'est pendant cet intérimat que l'émir Khalil et quelques-uns de ses collègues se liguèrent contre Aly bey qui, ainsi que nous l'avons déjà dit, dut s'enfuir pour Ghazza.

Lorsque, dans la suite, Aly bey Djinn fut exilé pour la seconde fois, un accord fut conclu, aux termes duquel le pouvoir devait être exercé en commun par l'émir Khalil et Hussein bey Karkache. Mais les événements que nous avons cités en leur temps vinrent dérouter toutes leurs prévisions et déjouer leurs projets. Aly bey et Saleh bey arrivèrent au Caire et s'en emparèrent et Khalil bey, Hussein bey et leurs partisans s'enfuirent en Syrie. Ils revinrent plus tard à la tête de forces considérables et tentèrent de ressaisir le pouvoir. Leurs premières opérations furent couronnées de succès : une armée qui s'était portée à leur rencontre fut mise en déroute. Mais Hussein bey et Khalil bey ne surent pas profiter de la victoire et l'énergie nécessaire leur manqua. Une fois déjà, Aly bey, après avoir mis ses ennemis en déroute, avait marché contre la ville du Caire et cette audace lui avait valu la prise de cette ville. Hussein bey et Khalil bey n'avaient qu'à prendre exemple sur lui, mais ils n'en eurent pas le courage et leur ennemi profita de leur faute pour mettre sur pied une armée considérable. Aly bey confia le commandement de ses troupes à Mohammed bey Aboul Zahab, auquel il adjoignit quelques émirs, et l'armée se porta contre Khalil bey, Hussein bey et les siens. Ceux-ci s'enfuirent à Tantah, où leurs ennemis arrivèrent après eux, et il y eut entre eux des combats qui ne prirent fin qu'à la mort de Hussein bey et de quelques-uns de ses principaux alliés.

Quant à Khalil bey, ainsi que nous l'avons dit, il s'était

réfugié dans le mausolée de Sidi Ahmed el Badaoui. Par respect pour ce saint, Mohammed bey ne voulut pas que sa tombe fût profané par le meurtre d'un homme qui y avait cherché refuge. Il ordonna de ne pas inquiéter Khalil bey et il envoya en même temps demander des instructions à Aly bey. Celui-ci lui transmit l'ordre de faire grâce de la vie à Khalil bey et de l'envoyer à Alexandrie. Khalil bey fut conduit dans cette ville, où plus tard, sur l'ordre de Aly bey, il fut étranglé. C'était un homme d'un grand caractère et d'une grande intelligence et s'il a été injuste dans quelques uns de ses actes, ceci doit être attribué à ce fait que l'injustice était en ces temps là un sentiment commun.

10. — L'Emir Hussein bey Kachkache el Kasdogli, qui avait été, lui aussi, mamlouk de Ibrahim katkhoda. Il fut l'un de ceux qui furent promus à la dignité de sandjak du vivant même de leur maître. C'était un homme célèbre pour le courage et la bravoure, la force et la hardiesse. Il conduisit la caravane du pèlerinage quatre fois de suite, dont la dernière était en 1176. Il revint des Lieux Saints dans les premiers jours de 1177. Durant son commandement, il eut à soutenir, contre les bédouins de l'Arabie et de l'Egypte, les combats terribles que nous avons déjà racontés et qui eurent pour effet de mettre un terme aux ennuis que ces pertubateurs faisaient subir aux pèlerins et aux voyageurs. Hussein bey leur avait porté des coups si terribles que les bédouins tremblaient rien qu'en entendant prononcer son nom. Le prestige dont il jouissait parmi eux était si grand qu'ils recouraient à son nom pour faire taire les enfants qui pleuraient.

Hussein bey était brun; il avait une voix très forte et une grande barbe qui comptait quelques poils blancs. D'un caractère naturellement gai et joyeux, il aimait à plaisanter, et ceci à un tel degré qu'il badinait avec son écuyer et les autres gens attachés à sa personne, lorsqu'il n'avait pas à côté de lui quelqu'un de son rang. Il avait un enfant nommé Faïdallah et c'est pourquoi on donnait au père le surnom de Abou Faïdallah. Cet enfant mourut quelques temps après son père.

Ainsi que nous l'avons dit, Hussein bey fut tué à Tantah, en même temps que ses mamlouks Hassan bey Chabaka et Khalil bey el Sakran, qui avaient tous deux le caractère gai et joyeux de leur maître. Ils furent enterrés tous les trois à Tantah et leurs têtes furent portées au Caire.

11. — Le grand et célèbre émir Saleh bey el Kassemi. Il avait été, dans l'origine, mamlouk de Moustapha bey, dit el Kerd. A la mort de son maître, il fut élevé à la dignité de sandjak à sa place et il eut à soutenir contre ses collègues des combats qui le rendirent célèbre. En 1172, il conduisit la caravane du pèlerinage et, ainsi que nous l'avons dit, il se comporta de la manière la plus louable. Plus tard, lui et ses collègues obtinrent, à titre de concessions, les fiefs de leurs maîtres et ils entreprirent des affaires qui prospérèrent toutes. Leur manière de se comporter à l'égard des Hawaras de la Haute-Egypte, dont ils adoptèrent les mœurs et le dialecte, leur gagna la sympathie de cette tribu. Houman, le chef de tous les bédouins Hawaras, nomma Saleh bey son chargé d'affaires au Caire; il eut toujours en lui une confiance que, au lieu de l'altérer, le temps ne fit que fortifier.

La célébrité de Saleh bey s'étendait, sa considération augmenta et les regards se portèrent sur lui. Il se fit bâtir alors cette grande maison située en face de El Kabche et qui n'a pas son égale au Caire. Dans l'intervalle Aly bey était arrivé au pouvoir et ordonnait l'exil de Abd-el-Rahman Katkhoda. Saleh bey fut désigné par Aly bey pour conduire Abd-el-Rahman à Suez. Il partit donc avec l'exilé. Aly bey, à qui il importait que Saleh bey lui-même fût éloigné, le fit suivre par un émissaire porteur d'un ordre, le condamnant à l'exil à Ghazza. Au bout d'un certain temps, Saleh fut transporté à Rosette, et quelque temps après il parvint à s'échapper de cette ville. Il passa par le Béhéra et il se retira dans la Haute-Egypte. Il se retrancha à Miniah et y eut à combattre les troupes qui furent, ainsi que nous l'avons déjà dit, envoyés contre lui par Aly bey.

Lorsque plus tard Aly bey, lui-même exilé, s'enfuit pour Gazza et revint ensuite dans la Haute-Egypte, il réussit, après de longs pourparlers et des négociations laborieuses, à mettre Saleh bey de son côté. Une alliance, que tous les deux s'engagèrent par serment à respecter, fut signée entre ces deux émirs. Saleh bey se rallia donc à Aly bey, il marcha à ses côtés contre Hussein bey Kachkach et Khalil bey el Kasdogli, et il entra avec lui dans la ville du Caire. Il avait une confiance parfaite dans la sincérité des serments faits par Aly bey et il ne croyait avoir rien à craindre de sa part. Il ne contrecarrait aucun de ses projets, ne heurtait aucun de ses desseins et ne désobéissait en rien à ses ordres. Pour lui faire plaisir, il marcha avec Mohammed bey contre Hussein bey et Khalil bey, qui s'étaient retirés à Tantah. Mais la suite prouva au monde que Saleh bey avait tort de se fier à Aly bey ; celui-ci trahit la confiance qu'on avait en lui ; il viola la foi jurée et fit assassiner Saley bey. Les mamlouks, les suivants et les partisans de ce dernier quittèrent le Caire après sa mort et se rendirent, qui dans la Haute-Egypte et qui dans la Basse-Egypte.

Saleh bey était un émir respectable, d'un caractère noble et loyal ; il aimait la justice et éprouvait de la répugnance pour la méchanceté. La bonté, la franchise et la sincérité formaient le fond de son caractère, il ne gardait jamais rancune et jamais il ne jeta un regard de convoitise sur la fortune de quelqu'un. Chaque année, il acquittait les impôts de diverses natures dus par lui et par les siens et il ne souffrait pas qu'un arriéré quelconque existât à sa charge.

Une de ses dents de devant était enlevée et quand il voulait parler avec quelqu'un Saleh bey recouvrait la place de sa dent, avec l'extrémité de son index pour que son auditeur ne remarquât pas son défaut.

A la réception de la nouvelle de la mort de Saleh bey, le chef des bédouins Hawaras, Houmam, fut profondment affligé, car il lui portait une affection réelle et, ainsi que nous l'avons dit, il l'avait nommé son chargé d'affaires au Caire. C'est Saleh bey qui acquittait tous les impôts dus par ce chef et qui avait la direction de ses intérêts.

Saleh bey resta étendu, à la place même où il avait été tué, bien du temps avant que l'on songeât à l'enlever. Au bout de ce temps, il fut mis dans un cercueil, conduit à sa maison où il fut lavé et enveloppé de linceuils, et ensuite inhumé à El Karafah.

12. — L'unique pour la gloire et les nobles actions, l'illustration de la lignée Hachemite et l'ornement de la descendance du prophète El Sayed Djiaffar, fils de Mohammed el Beïti el Sakkaf, fils de Alaoui, el Husseini. Il naquit à la Mecque et y étudia sous la direction de El Nakhli et de El Bosri, qui l'autorisèrent à enseigner, ce qu'il fit. Dans la même ville il se rencontra avec El Sayed Abd-el-Rahman el Aidarouss, et chacun d'eux étudia sous la direction de l'autre. Il occupa diverses fonctions, entre autre celles de gouverneur de Médine ; ses connaissances en littérature étaient très étendues, il cultiva avec succès les belles-lettres et ses compositions sont exquises. Il les a réunies dans un recueil où figure, entre autre poésies, la suivante :

> Salue-moi par ta coupe au souffle de la brise matinale ;
> Fais couler le vin depuis ma gorge jusqu'à ma poitrine ;
> Salue mon corps par ton vin, ô mon âme !
> Ma vie est à toi, tu es pour moi la vue et l'âme,

Que ton soleil se lève sous l'ombre de la jeunesse,
Sous l'ombre des branches et sous l'ombre de tes cheveux.
Lève-toi et déchire par ta beauté éclatante la chemise des ombres,
Comme le vin a déjà fendu la chemise de la nuit.
Et que la coupe de ta salive parfumée et douce
S'entremêle à nos boissons.
Tes joues sont fleuries comme un jardin.
Voici les étoiles et voici des coupes semblables à des perles.
Rien n'est meilleur que cette coïncidence
De boire dans un jardin fleuri sous la voûte étoilée.
Autour de la coupe, mets les bouteilles à genoux,
Invite à boire et fais-nous entendre les sons du luth.
Ce monde est la femme que nous adorons et le vin en est la salive,
Et la vie s'écoule entre le vin et l'ivresse.

Cette poésie continue par les vers suivants :

Les Arabes, bien que séparés en tribus nombreuses,
Ont tous la même origine et descendent d'un seul.
Chacun incline vers ce qui lui convient:
L'inclination ne dépend pas de la volonté humaine.
J'aime Assma parce que son nom
Ressemble à celui d'Ismaïl.
Entre nous une amitié s'est formée
Depuis le commencement du monde,
Je n'en suis pas fâché, car je désire cette amitié;
Mais l'amour de Salma, ainsi que celui d'Assma, passe,
Tandis que l'amour d'Ismaïl est durable.

On lui doit également les vers suivants, qu'il adressa à un de ses amis et qui contiennent quelques propos trop libres :

Ami et chéri,
Aussitôt que tu liras ce pli,
Mets le turban et viens,
Et ne t'attardes pour rien.
Enfourche le cheval noir et cours
En le poussant à toute bride.
Surtout, garde la chose en secret,
Saisis l'occasion et viens seul
Afin de compléter le nombre trois.
Nous brûlons du désir de t'avoir,

La coupe de vin est prête,
Pour boire, du matin au soir.
Il y a ici un beau dont la taille flexible
Et élancée fait pâlir les branches,
Et ce beau, ami, provoque les baisers,
Si tu veux l'embrasser, tu le peux
   Etc., etc., etc.

On lui doit également les vers suivants :

Nous avons été hier en tête-à-tête,
J'en suis encore un peu étourdi.
Donne-nous donc à boire et bois
Jusqu'à ce qu'on nous montre du doigt.
L'ivresse n'est vraiment agréable et réelle
Que lorsque l'homme ivre en arrive à mâcher sa semelle,
Lorsqu'il prend une mule pour un coq
Et un éléphant pour une fourmi.
Ecoute : le prêtre frappe sur son tambour
Pour appeler à la boisson.
Profite de l'inattention du dénonciateur
Et ne sois pas négligent.
Si tu retardes rien qu'un moment,
Ce retard te comptera comme soixante-dix péchés.
Laisse-moi, de Zeid qui s'est levé,
De Abla et de Hind qui se sont assises,
Elle a frappé, elle frappe, elle frappera
Tout cela engendre des maladies.

Et les suivants :

Renonce a vouloir me faire parler :
Ma langue ne veut pas m'obéir.
D'un côté je te crains pour dire la vérité
Et de l'autre, je crains Dieu pour mentir.
C'est pourquoi je me tais, et, la tête baissée, je cherche
Quelque chose à dire qui ne te fâche pas.
Ne t'étonne pas de ma raideur, j'agis
D'après les circonstances.
Parfois mon interlocuteur me tourne le dos,
L'abattement et l'apathie s'emparent alors de moi,

Mais parfois je trouve un ami désireux de m'entendre,
Alors je le frappe de mon éloquence logique.

Et ceux qui suivent :

Fais un mouvement en temps opportun
Afin de ne pas être forcé, plus tard, d'en faire quatre.
Quand tu perds un ami, que tu as connu loyal,
Regrette-le et mords-toi les doigts ;
Ne laisse pas l'ami que tu as éprouvé
Pour un autre que tu ne connais pas encore; tu t'en repentirais.
Les honneurs ressemblent à des remèdes, il en est qui guérissent,
Et d'autres qui font mal et nuisent,
Ménage ton ennemi et ménage ton ami pour le profit que tu peux en tirer,
Qui ménage le peigne peut-il en être blessé ?

Et les suivants :

Ne consulte personne sur un autre métier que le sien ;
Ne demande pas au tailleur de te dire comment on scie les bois,
Confie les affaires que tu ne peux pas conduire
A ceux qui s'y connaissent ; ils s'y entendent mieux.

Et ceux qui suivent :

Mène tes affaires avec sagesse et fermeté,
Surtout celles qui sont très délicates.
Ne t'écarte pas des prescriptions de la loi,
Tu pourrais un jour t'en repentir,
Et en toute affaire qui t'inspire des craintes
Recours au papier et aux témoins.

et plusieurs poésies-charades.

Parmi ses compositions, figure la poésie suivante qui est une parodie de la célèbre poésie due à Fathallah el Nahas [1].

Il vit les punaises qui surgissaient de tous côtés et il en fut effrayé ;
Ne vous étonnez donc pas de son effarouchement.

---

[1] Cette poésie a été faite par le poète pour se plaindre de son séjour à Yamboh, où il occupait une fonction.

Ne me demandez pas des nouvelles de ma nuit ;
J'ai enduré des souffrances contre lesquelles je ne pouvais lutter.
Nous nous sommes trouvés une fois au port de Yamboh.
Nous avons mal fait, mais nous ne nous doutions pas de ce qui nous y attendait.
Nous dûmes combattre contre des cohortes
De cousins et des escadrons de moustiques auxquels nous ne pouvions tenir tête.
Si tu avais vu le champ où ces masses couraient,
Tu aurais constaté que les plus longs étaient les plus courageux.
Et que dire d'une armée de souris embusquées dans la maison,
Guettant le moindre trou pour l'élargir.
On ne pouvait exposer quelque chose à manger ou à boire,
On était sûr de la voir dévorée.
Comment peindre l'aspect des pelotons de poux
Qui couraient les uns à la suite des autres pour sucer notre sang ?
La puce leur disputait ma chair ;
Que n'a-t-elle pris ma vie et ne m'a-t-elle épargné ces souffrances !
Les piqûres étaient telles que si j'avais trouvé
Pour m'en préserver une cuirasse en pierre, je l'aurais endossée.
Si je mettais une chemise, c'était pire encore,
Car cela me procurait des souffrances plus aigues.
J'avais vis-à-vis des puces l'air d'un tuteur
Qui a pris sur lui de nourrir les orphelins et les affamés.
Les maudites ! Quand elles sont rassasiées elles crachent le sang
Sur mes habits. Que Dieu les prive de la vie !
Demandez aux moustiques des nouvelles de mon sang,
Je suis convaincu qu'ils l'ont gaspillé.
A force d'être grattée, ma peau devint galeuse
Et je crains qu'elle ne disparaisse.
Et quelles écorchures dans mes testicules,
Sans compter la chaleur qui faisait fondre mon corps !
Et je ne sais que dire de l'odeur fétide d'un lieu d'aisances ;
Chaque fois qu'elle commençait à se calmer
Le vent perfide l'agitait et la faisait de nouveau se répandre.
La vapeur qui s'exhalait de cet endroit pouvait donner la cécité
Ou faire perdre connaissance à toute personne qui s'y risquait !
Si en se coupant le nez on pouvait éviter cette torture,
Ce serait sans hésiter qu'on le ferait.
Que de fourmis et de mouches n'avons-nous pas avalées !
Et que de souris auxquelles nous avons mangé les oreilles et les pattes !

Notre eau devint une pâte empoisonnée,
Nous l'avons bue et nous avons conservé les vases qui la contenaient.
Tout cela ne peut engendrer que des maladies.
Prions Dieu de nous en préserver.
Ne me blâmez donc pas, si je me plains
Des tortures du sort et de mes souffrances.
A Yamboh j'ai couru des dangers terribles :
J'ai dormi sur un lit de douleur,
J'ai mesuré les fatigues à droite et à gauche
Et la mesure dont je me servais était ma résignation.
Mais le séjour prolongé m'a enlevé cette résignation
Et déchiré le voile qui masquait ma patience ;
Je devenais malade quand j'entendais le bourdonnement des moustiques,
Et mon cœur était déchiré par leurs chants ;
Et quand après avoir sucé mon sang ils s'envolaient,
Je m'élançais après eux pour rattraper ce qu'ils m'avaient enlevé.
Fasse Dieu que mon oreille n'entende plus jamais
Des chants pareils à leurs bourdonnements,
Car je ne déteste rien autant que ce bruit.
Faibles, et pourtant ils ne peuvent rester sans nuire,
Mais plus faible encore est celui qui espère s'en faire des amis.
Tous mes efforts pour les éloigner furent vains
Et je ne sais pas si la ruse aurait eu plus de succès.
Amis, tuez-moi en même temps que mon ennemie,
La punaise putride qui vers moi à tendu ses pattes.
Je me trouve dans le pays des fatigues et des peines
Forcé de me mêler aux plus viles personnes de la société,
Et à un chien arabe qui aboie comme
S'il voulait avaler l'Emine ;
Si ce chien aboyait contre un roc, aussitôt
Ce roc s'affaisserait sur lui-même et se fendrait.
Le Créateur l'a créé pour le malheur des mortels
Et d'un roc dur a taillé son caractère.
Que la Miséricorde divine ne tombe pas sur la terre que ce chien habite
Et que Dieu nous en délivre pour toujours,
Qu'Il nous éloigne aussi de tous les tyrans
Qui croient que la terre leur appartient et que les hommes sont leurs esclaves ;
Méchants, ils désobéissent à tout ordre du Seigneur,
Et ils sont les esclaves de leurs passions.
Dis aux pasteurs du siècle : Le sort

A lâché ses bêtes féroces contre vos brebis ;
Ne pourriez-vous pas sauver la partie qui en reste
Par quelque moyen ingénieux à inventer?
Sinon, c'est Dieu seul qui prescrit et ordonne
Et nous ne pouvons boucher un trou qu'il veut élargir.
Adressez-vous à nous pour savoir ce qu'est le monde,
Dont les biens séduisants ne sont pas éternels.
A quoi m'a servi d'avoir de l'habileté et du mérite,
Si ce n'est de savoir que je possède ces qualités.
A celui qui croit trouver le bonheur dans les fonctions d'Emine
Laissez-le à sa croyance et à son erreur
Et dites-lui : « Voilà Yamboh, vas-y si tu as le désir
De connaître les déboires et les plaisirs. »
Que de lettrés qui, à force d'écrire, ont épuisé les roseaux,
Et qui, de lassitude, ont jeté leurs livres dans les broussailles.
Ces lettrés furent foulés aux pieds par des bédouins obscurs,
Qui leur marchèrent sur le ventre et dispersèrent leurs écrits.
Tous ceux des nôtres qui se sont enfuis de nuit et vous ont rejoint
N'ont été poussés que par la crainte des dangers.
Ne vous étonnez donc pas si après expérience
On refuse une fonction comme celle-ci.
Le mesureur de céréales ne gagne à son métier que la poussière
Et le savant lettré ne retire de sa science que la migraine.

On lui doit la composition suivante, par laquelle il termine une lettre adressée à un de ses amis :

Ce que je te conte là est une vision,
Cherche m'en l'explication.
Je te soumets des trésors de bonheur enviable
Et m'en rapporte à ton appréciation ;
Tu es le maître, agis comme tu l'entends;
Peut-être trouverons-nous la pierre philosophale.
Il est maintenant vrai que par l'alchimie les corps changent de nature,
Et cela a fait la honte de Djaber,
Nous avons ensuite dit adieu à l'alchimie, salut !
Nous en avons assez de sublimation et de distillation.
Nous arrangeons les perles de tes nobles actions :
Voilà notre travail du matin au soir.
Nous nous occupons avec tes amis à réciter
En ton honneur des versets et des psaumes de louanges,

Nous buvions ensemble dans des coupes pleines de liqueurs mélangées de
 camphre.
Tes qualités, si elles se personnifiaient, seraient
Le paradis des humains et leur étoffe soyeuse.
Elles sont une mine où l'on recueille,
Lorsque tu parles, des paroles pareilles à des perles.
Ces qualités extrêmement belles,
N'ont été possédées par personne avant toi ;
Et en voyant ta gloire et ta haute position,
On comprend que vous possédez un royaume.
Lorsque tu es environné des cortèges d'honneur,
Tu peux asservir Chosrès ou Sapor.
Que Dieu pardonne ses injustices à un sort
Qui a péché et s'est ensuite repenti.
C'est un souvenir de Jacob
Qui, à la réception de la chemise de son fils, a recouvré la vue.
Que Dieu, pour nous, se charge de le récompenser
Pour son action louable.
Tu jouis, à nos yeux, de tant de grandeurs
Que le regard qui ose te fixer se trouve ébloui,
Mon amour pour toi continuera
Et durera toujours.

On lui doit également la lettre suivante qu'il adressa à Abd-el-Rahman el Sioury :

A la prunelle des yeux et à la sublime habileté, au lettré qui siège à la place d'honneur ; à celui qui communique l'éloquence et la profondeur des idées à Sahban et qui a porté les tentes de sa gloire plus haut que la voie lactée ; au premier parmi les siens pour la noblesse de l'origine et la bonne éducation ; à l'ornement dont la gloire a ceint le front de l'époque ; à celui qui détient le monopole de l'amitié parfaite, de l'affection sincère et de la loyauté dans l'amitié ; à l'honorable, au respecté, à cheikh Abd-el-Rahman, fils de Moustapha el Sioury — que Dieu prolonge la vie de sa fortune et éternise sa puissance et son autorité ! — j'adresse des saluts abondants plus agréables que les faveurs que l'ombre de la personne aimée accorde en songe, plus doux que la fortune qui comble les espérances et plus aimables que l'arrivée des secours que l'on attend ; plus délicieux que le contenu des bassins des promesses et plus exquis que la réussite des projets ; plus généreux que les nuées par les saluts nombreux qui les composent et des parfums que les fleurs contiennent dans

leurs calices et que le cou porte comme un collier ; parfums dont la vie
est cachetée et que la bouche fraîche et les belles lèvres mettent sous le
voile qui les couvre ; il est sous les paupières du Narcisse et nous ensei-
gnons aux colombes à roucouler ses saluts sur les branches; alors les
brises les portent sous leurs ailes tels qu'ils sont et vous les trans-
mettent.

Et si tu doutes de mon amitié pour toi
Saches que mon désir d'avoir de tes nouvelles en est la preuve la plus
    certaine.
L'éloignement porte en lui de quoi affaiblir la fraternité.
Mais cette lettre est faite pour la raffermir.
Comment te portes-tu ? Fasse Dieu que tu sois toujours,
Dans la situation florissante dont tu es enchanté.
J'ai vu cependant que les mains de l'oubli t'ont poussé
A mettre en pièces notre amitié ;
Pourtant notre amitié est de vieille date
Et comme notre fraternité, elle a les cheveux blancs.

Si l'ennui et le dégoût sont les seules causes de cette situation, je me
tais, car il serait inutile dans ce cas de discuter. Mais si la situation
dont je parle prend sa source dans les charmes qui s'attachent à tout
nouvel amour, l'existence d'une nouvelle affection ne saurait justifier
l'enlèvement à l'ancienne de la part à laquelle elle a droit. Si ta cruauté
avait pour cause le seul désir d'être cruel, mes plaintes seraient justifiées ;
Si, enfin, cette cruauté n'avait aucune cause, je serais en droit de m'en
étonner.

    Et si pour t'excuser tu me faisais souvenir de ma chance,
      Tu éviterais les blâmes et les reproches.

Mais où est le mérite et que sont devenus les bienfaits habituels ?
Nous souffrions et nous patientions, la longanimité finissait enfin par se
lasser, quand tout à coup tu chargeas quelqu'un de me transmettre tes
saluts. Le messager est arrivé pour m'annoncer tes promesses et aussitôt
je fis part de la bonne nouvelle à mon cœur. Je déployai les coussins et
les lits, je nettoyai les grandes outres, je mis en ordre les flacons vides,
je peignai ma barbe et j'amusai les habitants du quartier. Je me rap-
pelai ensuite que les grains devaient arriver et préparai les sacs ; les
dattes arriveront dans l'après-midi, me suis-je dit après ; la grande salle
contiendra-t-elle toutes ces marchandises ou bien faut-il l'élargir pour
qu'elle puisse renfermer toutes ces caisses ? Mais comment faire pour

emprunter les arrhes et règler les chameliers quand cette expédition sera arrivée? Je me suis mis ensuite à courir entre les maisons en répétant ces vers :

A mes voisins j'annonce la bonne nouvelle,
Ainsi qu'aux parents et aux amis:
Le seigneur qui personnifie la générosité
Et le mérite a eu pour nous des libéralités,
Et il faut, sans aucun doute, que mes amis aient, eux aussi, une partie de ces dons.
Je me charge donc à partir de ce jour
De les nourrir de ce qui restera de mes repas,
Je leur fournirai aussi des vêtements semblables à ceux que je porte,
Depuis la pelisse fourrée, le manteau,
Jusqu'au turban et à la semelle.
En dehors de cela, je leur donnerai aussi
Une robe d'honneur qui les couvrira de la tête aux pieds,
Une selle de chameau, une selle de cheval,
Un bât et une housse.
Enregistre, ô toi, garçon du bonheur
Les bienfaits que je verse sur tous,
Appelle les parents et les voisins
Et envoie vers eux mes messagers,
Et quand ils seront réunis, tiens-leur ces discours
Que devront entrecouper les sons de la flûte et du tambour:
« Voilà notre festin,
Et notre marmite qui bout,
Elle contient de la viande, du riz,
Du beurre et des légumes,
Des rôtis divers et variés
Des bouillis et des fritures,
Et des soupes différentes
Faites aux abricots et au vinaigre,
Et garde-toi, garçon, de laisser sortir mes hôtes
De l'ombre au soleil.
Quant aux pièces de monnaie,
Nous avons sous la main des «amoud» et des «fondokli»
Et nous pouvons encore enchaîner qui veut
Avec des « djenzerli »,
Laisse-moi porter la couronne
Dans cette réunion imposante.

Et quand tu m'entendras tousser, ne manque pas,
Esclave, de me dire : « Grand bien vous fasse ! »
Tu vois devant toi celui qui comble les vœux.
Je n'ai pas de devancier et n'aurai pas de successeur,
Au jour du combat, tu me verras abattre,
Les adversaires. Qui donc peut m'égaler ?
Ami, si le cœur t'en dit, voilà les coursiers.
Prépare-toi à la guerre.
Emets sur mes paroles et sur mes actes,
Telle opinion que tu désires. Que m'importe !
Et si dans l'intention de réciter des louanges
Tu as fait tes ablutions, poursuis ton œuvre.
Chante ma générosité et ma lyre
Et célèbre mon sabre et ma lame.
Cette prison regorge de captifs ennemis.
Ils sont aussi nombreux que des fourmis.
La prospérité et la fortune se trouvent
Sur les chemins. Qu'on en jouisse.
Ma renommée est l'objet des causeries
Des voyageurs et a rempli le monde,
Félicite-moi des biens et des richesses,
Je suis déjà un homme riche.

Je pris ensuite la cruche et je me retirai dans un endroit écarté de la rue ; là je me nettoyais les dents, je me lavais, je fis mes ablutions et je me teignis de kohl ; j'éternuai, je toussai, j'entrai, puis je ressortis. Je tournai ensuite du côté de l'armoire, je dépouillai le kaouk, je mis un tapis au-dessus des habits en coton que je portais et au-dessus du tapis une pelisse garnie de martre. Dans cet accoutrement, je pris place sur le lit de Taïmour ; je revêtis de robes d'honneur les porte-faix et payai aux magasiniers leur salaire pour sept années d'avance.

Je jetai ensuite un coup d'œil nouveau sur la lettre et je la relus au microscope ; j'y vis le sucre raffiné, le café encore dans les sacs et les habits et les parfums les plus ravissants. Je reportai ensuite mon attention sur la marge de la lettre, et une annotation qui y figurait m'annonça une valise qui devait contenir des raretés en tout genre. Le tout était complété par un sac qui contenait les clefs des trésors de Crésus, des collines inaccessibles et des forteresses, le talisman qui possède la vertu d'ouvrir les pyramides et une lettre qui me nommait roi du Yémen et de la Syrie. Mais le pli me nommant roi de la Chine et de Perse, de Kazwin et de la Palestine ne se trouvait pas là et la stupeur m'envahit. Je fermai alors la porte et, ayant ravivé la flamme de la chandelle, je pris la valise et me mis à la fouiller.

Le matin se montrait à l'horizon que j'étais encore occupé dans mes recherches : tout à coup, je retirai de la valise deux plis parfumés et exhalant l'ambre gris, Je les dépliai ; ils étaient écrits avec de l'encre, et quelle encre ! avec de l'essence de safran. L'un d'eux me donnait la royauté du Khorassan, du Chahr et de l'Aman et de tout le pays compris entre ces endroits, le Soudan et Abadan, la Péninsule arabique et les jardins de Damas et d'Alep et aussi la souveraineté d'autres provinces. Au bas du rescrit j'étais invité à me rendre dans mon nouvel empire et à ceindre le diadème de la gloire et des honneurs. Je me prosternai alors d'admiration devant sa générosité et je le remerciai de loin de ses faveurs.

Et j'inscrivis ensuite sur un registre spécial,
Les faveurs et les territoires que je distribuais entre les amis.
A tel, l'ami sincère, je donnerai Sanâa,
Dans les pays des nobles Beni-Hemiar,
Un autre ami gouvernera la Perse, tandis que Byzance,
Et les Indes devaient être administrés par d'autres.
En somme, chaque ami obtiendra de moi
Une faveur proportionnée à son amitié,
Quant à moi, dans les nues j'établis ma demeure
Et toujours mon trône continua à s'élever.
Après cela, j'empruntai deux mille dinars
Pour subvenir aux besoins du moment,
J'achetai ensuite cinquante eunuques
Qui me coûtèrent presque la moitié de cette somme,
Et j'ai emprunté pour eux trente kaouks,
Pour se couvrir le chef et des souliers.
Je les appelai ensuite en disant: « Venez.
Commencez par entrer dans cette étable,
Que chacun de vous se choisisse un âne
Et que votre chef monte une mule.
Prenez ces armes: un sabre et une pique
Des cottes, un arc et des flèches,
Je vous passerai ensuite en revue, car j'aime
A voir les esclaves sous des armes riches.
Mettez-vous ensuite devant ma porte et le jour
Où les charges viendront, dites-leur : « Soyez les bienvenus. »
Pensant ensuite à ce que je devrais faire,

Lorsque toutes ces richesses me parviendront :
« Mets les étoffes et le café dans la salle, me dis-je
Quant aux autres objets, mets les en bas,
Cet endroit là peut contenir deux charges
Tandis que celui-ci n'en peut en contenir qu'une.
Laquelle de ces deux étagères est la plus propre
A porter les pots de musc ? Est-ce celle-ci ou celle-là ?
La première peut porter une once de civette,
Mais celle-ci peut en porter un rotoli
Les magasins peuvent-ils contenir,
Dix des charges envoyées par El Sioury ?
Ces biens arriveront-ils dans la nuit ou au lever
Du soleil, ou n'arriveront-ils jamais ?
O vous, qui jouissez de ma confiance, faites
Des opérations magiques, pour savoir si notre vœu sera exaucé.
Répandez la fumée de Tahatil et dites
O Tahatil, Tahtahilas, Tahla,
Alouaha, Alouaha, Tata, Til, Tita,
Toubia, Toutia, Tala, Tel, Tala.
Apportez-moi, garçon, le *zayerga*
Pour faire une formule magique.
Si tu vois dans ce tableau autre chose que des montures
Venant à toi ; l'opération aura été favorable.

Je reportai ensuite mes yeux sur le second pli et j'ai trouvé qu'il enseignait à déchiffrer les sens des talismans, qu'il prévoyait les grands événements, qu'il indiquait le moyen d'arriver, rien qu'en trois jours, à ouvrir les pyramides, qu'il démontrait ce qu'il faut faire pour connaitre la vraie situation à travers le monde, de Irem, la ville des Adites et se faire apporter au moyen de l'aimant, le trône de Balkiss. Il enseignait aussi l'art de deviner l'avenir par les astres, la connaissance de toutes choses cachées, la magie surnaturelle et les invocations à faire aux êtres surnaturels, la manière d'avoir exactement la clef des questions astronomiques les plus délicates et de posséder le royaume des cieux et de la terre. Il dévoile les mystères de la chimie et ses symboles et enseigne la méthode à suivre pour posséder l'art des tables astronomiques et de l'alchimie ; il indique dans quel endroit, à Babylone, se trouve le puits des deux anges et vous donne le secret des connaissances des anciens. Charmeur, la puissance de ses charmes réunit les quadrupèdes, renverse les montagnes, force les nuées à descendre sur terre, les vents à changer de direction et mets les tombeaux en désordre. Il assure que tous ces événements arriveront immédiatement ; mais qu'il n'en ferait pas l'essai avant d'avoir, au préalable, déplumé l'incrédule et coupé les moustaches de l'incroyant. Ce que voyant, et craignant pour ma barbe et mes moustaches, je dis : « Je crois en ce qu'il dit ; louanges au Puissant qui lui a donné ce pouvoir. J'en demande pardon à Dieu, frères, mais El Sioury n'est ni fanfaron, ni hâbleur. » Je me mis ensuite à réunir les chevaux et à ranger les esclaves ; tous les royaumes composant mon empire fournirent des contingents et nous attendîmes l'arrivée tant annoncée et tant souhaitée. Des reconnaissances partaient chaque jour et sondaient les quatres points de l'horizon, l'horoscope était consulté souvent, mais Lobad vit arriver le terme de sa vie avant que quelque chose parût à mes yeux. La discorde se mit alors parmi les troupes qui voyaient s'ajourner les promesses et la Bostamiah et El Bassous recommencèrent pour le grand bien de la moisson des âmes. Les piques se brisèrent, les rênes se rompirent, les sabres s'ébréchèrent et les combattants se heurtèrent. L'Euphrate et l'Oxus rougirent du sang des morts.

> Et des cadavres tant de sang coula dans le Tigre
> Que l'eau du fleuve en devint rouge.

De tous ceux qui composaient les deux armées, aucun ne tint sa promesse pendant plus de temps qu'il n'en faut pour faire deux génuflexions, et chacun d'eux revint ensuite, ayant retiré pour tout avantage les deux souliers de Henein. Nous cherchâmes ensuite le moyen d'arriver à conclure une trêve, au moins jusqu'à ce que vous ayez reçu la présente et nous ayez fait savoir votre réponse. Nous avons ordonné à l'ambassadeur, lorsqu'il sera en votre présence, de vous réciter ces vers :

Décris à l'ami auquel je m'adresse
Les sentiments sincères de ma pure amitié,
Je demande à Dieu de lui accorder,
Une vie toujours saine et heureuse ;
O toi qui nous a fait des promesses de bienfaits,
Dans l'attente desquels, la vie s'est passée,
Qui en paroles seulement, nous a donnés
Les richesses de Crésus, comprises dans les pays situés entre l'Egypte
    et Aden.
Si à ton avis, promettre et rien que promettre
Est une générosité et implique reconnaissance,
Promets-moi le blé de Boulak et en plus,
Les magasins de café et des champs de tabac,
Et suppose que tu m'as donné le pouvoir
De percevoir les dîmes sur les soieries et les cotonnades des Indes.

Donne-moi le gouvernement de l'Arabie orientale
Pour jouir gratuitement des richesses qui s'y trouvent,
Fais-moi don de l'Iwane de Chosroes ;
Du Khawarnak et des royaumes du Yemen et de la Syrie ;
Mets sur mon front le diadème,
Donne-moi le pouvoir sur ceux qui se sont partagés l'empire d'Alexandre,
Et dis-moi, je te fais don de tous les troupeaux de la terre
Avec leur chair, leur peau, leur laine et leur lait.
Et que la crainte du besoin ne t'empêche pas d'être prodigue
Tant que tes trésors ne seront constitués que de promesses, tu seras toujours riche ;
Depuis deux ans, ta promesse me dit :
Je suis El Maïdi, entends parler de moi, mais n'essaie pas de me voir.
Puise dans mes sciences, mais ne te fie pas à mes actions ;
Et que la beauté de mon apparence ne te séduise pas.
C'est à Dieu, me suis-je dit, que je demande ma récompense,
Car depuis deux années, tu me fais attendre.
Il est étonnant qu'après m'avoir fait des promesses aussi hardies,
Tu te trouves aujourd'hui si faible et si hésitant.
Nous ne faisons qu'entendre des exagérations
Qui enlèveraient les bateaux, si elles étaient transformées en vent.
O toi ! qui m'as fait des générosités en songe,
Grâce à toi, je suis devenu riche par l'ouïe ;
Ne cesse donc pas de m'honorer
De tes écrits amicaux,
Afin que je domine la terre et que je ne me contente pas
Du royaume de Ziyazen,
En échange, je te promets la récompense divine ;
Promesse pour promesse. N'en blâme pas le sort.

Les vers suivants sont tirés de son poème médical :

    Connais bien les bases de la composition,
    Et garde-toi de négliger les pilules.
    Pratique sur le minéral et sur la gomme
    L'opération nécessaire à chacun.
    Conforme-toi aux prescriptions du code
    Et observe la volonté du médecin.
    Et quand il prescrit une eau ou un sirop,
    La gomme y sera dissoute en infusion ;
    Procure-toi ensuite du miel filtré

> Dans la proportion de deux pour un, en été
> Et de trois pour un, en hiver, mêle-le
> Avec l'infusion et mets le tout sur un feu léger ;
> Quand il aura pris la consistance épaisse,
> Enlève-le de dessus le feu et descends-le à terre,
> Répands ensuite dessus le corps ordonné
> Et remue fortement pour que mélange soit fait.
> Mets-le ensuite sur de la porcelaine ou de l'argent,
> Pourvu qu'il ne soit pas mouillé,
> Et enferme-le après dans des vases
> En verre ; le verre a la propriété de dessécher.

En ce qui regarde les pastilles :

> Et quand il s'agit de pastilles ou de pilules, ajoute
> La poudre prescrite à la gomme dissoute ;
> Mais, si dans la composition, l'aloès entre,
> Il est inutile d'employer la gomme.
> Tourne les pilules ou coupe les pastilles et enduis-les
> D'une bonne matière grasse.
> Fais les sécher ensuite très longtemps à l'ombre,
> Pour que d'humidité elles ne moisissent pas ;
> Car cette humidité étrangère
> Fait moisir l'objet ; il n'y a pas à s'étonner,
> L'effet des pastilles se conserve quatre ans
> Après lesquels il est réduit à rien.

On lui doit, en outre, beaucoup de poésies et de correspondances, toutes chefs-d'œuvres d'éloquence qui démontrent l'étendue de ses connaissances et sa grande érudition. Il mourut cette année même à Médine ; que Dieu lui soit miséricordieux !

ANNÉE
MIL CENT QUATRE-VINGT-TROIS.

En Moharram, Aly bey condamna à l'exil Osman Aga el Wakil, qui partit pour la Syrie, et Ahmed Aga, percepteur des impôts et directeur de l'hôtel des monnaies. Ahmed Aga était un homme excessivement riche ; Aly bey lui enleva sa fortune et lui ordonna de quitter l'Egypte. Les commissaires-priseurs et les négociants achetèrent ses effets aux enchères. Tous ses bijoux, ses habits, ses armes et ses livres furent vendus sous ses yeux et c'est le désespoir dans le cœur qu'il se rendit à Alexandrie, et de là à Constantinople, lieu de son exil.

Cette année même mourut Mohammed pacha ; il résidait dans le palais de Abd-el-Rahman Katkhoda, situé sur le bord du Nil. On croit qu'il mourut empoisonné. Il fut enterré dans le cimetière réservé aux pachas, près de l'iman el Chafeï, au Karafa el Sogra.

La caravane du pèlerinage jouit en cette année d'une sécurité parfaite, sous le commandement de Khalil bey Boulghia.

Un pacha arriva par voie de terre. Les émirs se portèrent à sa rencontre jusqu'à El Adeliah, où ils dressèrent leurs tentes. Au mois de Saffar, ce pacha entra dans la ville du Caire, entouré d'un cortège imposant.

Aly bey ordonna à Hassan bey Radouan et à ses suivants de se rendre en exil à Masdjad Wassif. De là, il le fit conduire au bout de quelque temps à El Mehallah el Koubra, où il résida plusieurs années.

Uue armée mise sur pied par Aly bey marcha contre Soueilem, fils de Habib, et les Hanadi, qui avaient établi leur camp au Béhérah. Elle était commandée par Ismaïl bey. Voici en quelques mots ce qui était arrivé depuis que Ibn Soueilem s'était réfugié chez les Hanadi.

A l'approche d'Ayoub bey, ibn Soueilem s'était retiré à Sandanhour, et lorsque Ayoub bey arriva à Dedjwa, il n'y trouva personne. L'armée se contenta alors de piller les tentes de Ibn Soueilem et ses effets, et après avoir fait une razzia sur ses bestiaux, elle rentra au Caire. Ibn Soueilem s'était, dans l'intervalle, retiré au Béhéra où les Hanadi l'accueillirent. Le Kachef de Béhéra était alors Abdallah bey, suivant de Aly bey. Des combats eurent lieu entre lui et les Arabes qui avaient embrassé la cause de Ibn Soueilem. Il perdit la vie dans un de ces combats, et les arabes s'emparèrent de sa tente et de ses bagages.

A la réception de cette nouvelle, Aly bey leva une forte armée dont il confia le commandement à Ismaïl bey, et cette armée se mit en marche contre Ibn Soueilem et ses partisans. Ils finirent par se rencontrer et une bataille s'engagea qui dura trois jours, sans que la victoire eût penché vers aucun des deux partis. Soueilem n'assistait pas en personne à la lutte ; il s'était retiré sous la tente d'une femme bédouine, loin du champ de bataille. Il s'y croyait à l'abri et en sûreté, mais un bédouin avertit les émirs du lieu de sa retraite et ceux-ci donnèrent à un de leurs hommes l'ordre de s'emparer de lui. La tente où il reposait fut envahie ; Soueilem fut pris, décapité, et sa tête, plantée au bout d'une pique, fût montrée aux combattants. A cette vue, les Hanadi, les bédouins de Djezirah et les Sawaleh perdirent courage et se dispersèrent dans toutes les directions. Leur défaite fut complète et ce jour-là leur puissance tomba pour ne plus se relever. Ahmed bey Bouchnak se cacha dans un endroit ignoré de tous et quelque temps après, il fit son apparition en Syrie.

Nous trouvons nécessaire, avant de passer à un autre récit, d'expliquer à nos lecteurs comment il s'est fait que Ahmed bey Bouchnak ait assisté à cette bataille, lui qui, bien longtemps auparavant, était parti furtivement pour Constantinople.

A la suite du meurtre de Saleh bey, plusieurs des partisans de cet émir s'étaient enfuis du Caire et avaient cherché refuge à Constantinople. Ils s'y trouvaient quand Ahmed bey Bouchnak y arriva, fuyant Aly bey.

Mais les amis que ce dernier avait au palais ne pouvaient naturellement pas faire bon accueil à ses ennemis; aussi ces personnes qui comptaient parmi elles, Aly aga el Mêmar, Aly bey el Malt, Yehia el Sokkari et autres, quittèrent-ils la capitale de l'empire ottoman montés sur deux bateaux. Ils se firent conduire à Darana. Le premier arrivé de ces bateaux portait El Sokkari, El Mêmar et El Malt; à peine débarqués, ces émirs se dirigèrent vers la Haute-Egypte. Le deuxième bateau arriva quelques jours après, ayant à bord Ahmed bey Bouchnak qui se rendit directement chez les Hanady. Il combattit dans leurs rangs contre l'armée commandée par Ismaïl bey, et lorsqu'enfin la victoire se fut prononcée contre les partisans de Soueilem, Ahmed bey se retira en Syrie, où il arriva, ainsi que nous l'avons dit, quelques jours après la bataille.

Ayoub bey avait été nommé gouverneur de Djerdja. Il était parti pour son gouvernement à la tête de fortes troupes. A son arrivée à une certaine distance d'Assiout, il apprit que les émirs exilés s'étaient emparés d'Assiout et qu'ils s'y étaient retranchés. Voici l'historique de cette opération militaire :

Nous avons dit, en temps et lieu, que Mohammed bey Aboul Zahab avait été envoyé par Aly bey contre Houmam, le chef bédouin, et l'on se souvient qu'un arrangement, portant la renonciation de Houman à toute prétention sur les territoires situés en deçà de Berdiss, avait été conclu entre lui et Mohammed, bey qui rentra au Caire. Aly bey ratifia le traité conclu par son lieutenant, mais il y mit une condition: Houmam était invité à chasser tous les émirs, sans exception, qui se trouvaient sur ses domaines. A cette invitation, Houmam fit venir les émirs, leur fit part de la mise en demeure qui lui était faite et leur conseilla de commencer par s'emparer d'Assiout. « La prise de cette ville, leur dit-il, vous sera d'une grande utilité et augmentera votre force. D'ailleurs, je vous fournirai des subsides en hommes et en argent. » Les émirs trouvèrent son conseil juste et sage et ils se mirent en devoir de l'exécuter. Assiout était gouverné par Abd-el-Rahman Kachef, dont les forces étaient augmentées par celles de Zulfikar Kachef, tous deux nommés par Aly bey.

Lorsqu'ils apprirent que les réfugiés projetaient de s'emparer d'Assiout, Abd-el-Rahman et son collègue y élevèrent des fortifications de tous les côtés; la porte de la ville fut armée de canons, et des fortins furent construits. Sur ces entrefaites, les exilés arrivèrent devant la place. A la vue des canons qui dominaient la porte, ils comprirent qu'ils ne devaient pas songer à s'emparer de cette dernière par la force. Ils eurent alors recours au feu; des tas de bois sec, préalablement enduits de soufre, furent poussés à la faveur des ténèbres, contre la porte, et ensuite le feu y fut mis. Un incendie violent se déclara. Le soufre lui donnait une intensité surprenante, l'air s'emplit d'une odeur sulfureuse, suffocante, la porte de la ville craqua, le bois qui en formait la matière se tordit dans les convulsions de l'agonie et rendit bientôt le dernier soupir que les flammes recueillirent. Les assiégeants pénétrèrent dans la place et se ruèrent sur ses défenseurs avec une force irrésistible. Les troupes qui s'y trouvaient durent battre en retraite devant les masses considérables des ennemis qui envahissaient la ville. Ceux-ci s'emparèrent d'Assiout et s'y fortifièrent. Ils étaient composés des partisans de feu Saleh bey, auxquels s'étaient joints tous les survivants de l'ancien parti Kassémite, des gens de El Khachab et de El Fallah, des hommes de Menna, de Yehia el Sokkari, de Soliman el Djelfi, de Hassan Kachef Tork, de Hassan bey Abou Kerch, de Mohammed bey el Mawardi et de Abd-el-Rahman Kachef, un brave, renommé pour son courage, ainsi que des hommes de Mohammed katkhoda El Djelfi, de Aly bey el Malt suivant de Khalil bey, des hommes de Kachkache, des chefs des Hawaras et enfin de la plus grande partie des habitants de la Haute-Egypte.

Les fuyards qui arrivèrent au Caire mirent Aly bey au courant de ce qui s'était passé, et aussitôt celui-ci s'occupa de mettre sur pied une armée imposante. Il désigna pour partir avec l'armée, Ibrahim bey Boulghiah, Mohammed bey Abou Chanabe et Aly bey el Tantaoui. Il ordonna à chaque odjak d'avoir à fournir un contingent. Il envoya à Khalil bey el Kassemy, dit El Assiouty, qui se trouvait à Ghazah, l'ordre de venir au Caire. Il monta ensuite à la citadelle avec Ibrahim bey, suivant de Mohammed bey, et quelques troupes; il en fit descendre le Pacha et le fit emprisonner dans la maison de Iwaz bey, située à Zir el Moallak.

Quelque temps après, Mohammed bey Aboul Zahab, Radouan bey et plusieurs autres émirs et sandjaks se mirent en marche à la tête des troupes que Aly bey était parvenu à lever parmi les diverses nationalités. Il y avait des Russes, des Dalati (Albanais), des Metwalis et des chrétiens Syriens. Une partie de cette armée partit par le Nil et l'autre par terre et quand elle arriva à l'endroit où Ayoub bey avait établi son camp, elle avait considérablement augmenté ses forces numériques, ses provisions et ses munitions. Aly bey avait fait succéder les renforts aux renforts. Quand l'armée en partance eut fait sa jonction avec celle qui se trouvait avec Ayoub bey, la marche sur Assiout fut reprise et c'est à une certaine distance de cette ville que l'armée expéditionnaire bivouaqua. Les défenseurs de la ville se réjouirent de son arrivée : ils avaient consulté le sort qui avait répondu que Mohammed bey serait tué dans la mêlée. Après délibération, ils avaient décidé d'attaquer le camp ennemi, sur la fin de la nuit. A l'heure fixée, il se mirent en marche. Le guide qui les conduisait prit à travers le col de la montagne, afin de déboucher par un endroit qui les mettrait en contact avec un côté du camp ennemi. Mais ce guide s'égara en route, il ne s'aperçut pas qu'il venait de dépasser l'endroit par lequel il voulait déboucher sur les ennemis et il en était déjà à une distance de deux heures, quand les hommes qui marchaient sous sa conduite songèrent à reconnaitre la situation du camp ennemi. Ils virent qu'ils l'avaient laissé derrière eux, qu'une distance de deux heures les en séparait et ils comprirent qu'ils venaient de manquer une occasion unique peut-être. Aux regrets d'avoir laissé échapper cette occasion vint se joindre le sentiment de la crainte ; l'armée ennemie pouvait avoir eu connaissance de leur tentative et en profiter pour attaquer la ville qu'ils venaient de dégarnir de ses défenseurs et qui, certes, n'eut pas résisté à son choc.

Dans une conjecture pareille, ils comprirent qu'ils devaient, coûte que coûte, marcher contre l'ennemi et l'attaquer immédiatement, ils n'hésitèrent pas à embrasser ce parti. Ils rebroussèrent donc chemin, mais malgré leur diligence, il faisait grand jour quand ils arrivèrent en face de leurs ennemis qui furent aussitôt en état de les recevoir. La lutte s'engagea entre eux, terrible et acharnée. Les défenseurs de la ville savaient bien qu'en la défendant, ils ne faisaient que défendre leur vie et ils se présentaient au combat avec un courage et une bravoure admirables. Il y en avait plusieurs qui ne cessaient de crier : « Où est Mohammed bey ? » Lorsqu'il entendit ces cris, Mohammed bey Abou Chanab se porta à leur rencontre, en disant : « Voici Mohammed bey, c'est moi. » Ils fondirent sur lui et une lutte acharnée s'engagea entre eux. Mohammed bey fit des merveilles de courage et de bravoure ; mais il succomba enfin sous le nombre. Yahia el Sokkari eut son cheval tué sous lui et fut forcé de mettre pied à terre, cerné de tous côtés par des ennemis innombrables, il se défendit avec vaillance et fit un grand carnage parmi ses ennemis. Le nombre finit pourtant par avoir raison de la force de son bras et il fut tué. Abd-el-Rahman Kachef avait pour arme un canon qu'il portait sur les épaules et avec lequel il tirait sur les ennemis.

Enfin, la victoire se prononça pour les troupes du Caire, de beaucoup supérieures en nombre ; les troupes des réfugiés se débandèrent, se dispersèrent dans toutes les directions et une grande partie s'enfuit chez les chefs des Hawaras. Les émirs reprirent Assiout, et aussitôt qu'ils y furent ils enterrèrent les morts parmi lesquels se trouvait Mohammed bey Abou Chanab. La mort de cet émir eut sur Mohammed bey Aboul Zahab une double influence; elle lui causa du chagrin, car ces deux personnages étaient liés ensemble par une forte amitié ; elle le réjouit, car Mohammed bey Aboul Zahab n'ignorait pas que les augures avaient prédit la mort d'un Mohammed bey et il n'était pas fâché de voir que la prédiction ne s'était pas accomplie à ses dépens.

Après quelques jours de repos passés à Assiout, l'armée expéditionnaire reprit sa marche en avant, marchant contre Houmam et les Hawaras, auxquels s'étaient ralliés les émirs battus à Assiout. Mohammed bey Abou Zahab essaya alors de gagner à sa cause Ismaïl Abou Abdallah, cousin de Houmam. Il lui promit de le nommer cheikh du Saïd, en remplacement de Houmam et de combler tous ses vœux, s'il voulait trahir ce dernier. Ismaïl ajouta foi aux promesses de Mohammed bey et trahit son cousin. En voyant ce qui venait de se passer, Houman se retira de Farchout, et il se rendit à un endroit distant de trois jours de cette localité. En y arrivant, le chagrin et le dépit avaient fait leur œuvre sur lui, il mourut. Mohammed bey arriva à Farchout, après la retraite de Houmam, et s'empara de cette ville sans coup férir. La ville fut livrée au pillage; tout ce que Houmam, ses parents et ses suivants possédaient en fait de munitions, de céréales et de valeurs fut la proie des ennemis. A partir de cette date, la puissance de Houmam et son autorité sur le Saïd disparurent entièrement.

Mohammed bey Aboul Zahab et les autres émirs rentrèrent ensuite au Caire; le commandant de l'expédition amenait avec lui Derwiche, le fils du chef des bédouins, Houmam. La mort de Houmam avait anéanti la force de ses partisans et les avait fait désespérer de se relever de leur chute. Dans cette situation, ils avaient conseillé à Derwiche de s'aboucher avec Mohammed bey, après quoi ils l'abandonnèrent et se retirèrent qui à Darana, qui en Syrie et ailleurs. Derwiche se présenta donc à Mohammed bey, qui l'amena avec lui au Caire où il le fit loger dans une maison située en face de celle qu'il occupait lui-même. Le fils de Houmam s'accoutuma tout de suite à la vie nouvelle qui lui était faite et visita les mausolées et tout ce qui méritait d'être remarqué au Caire. Le public se pressait sur son passage, et derrière son cheval, pour avoir le plaisir de le comtempler. Derwiche avait un abord imposant, une taille élancée et grande, un visage blanc et une barbe noire; il avait en somme une belle physionomie. Après un séjour de quelque temps au Caire, Mohammed bey intercéda en sa faveur auprès de Aly bey, qui lui rendit Farchout et les biens Wakfs dont il avait l'usufruit. Derwiche rentra dans son pays natal, mais la conduite qu'il y mena était loin d'être bonne et sage. Aussi ses affaires ne firent-elles que péricliter de jour en jour, son autorité faiblit et l'attachement de ses partisans pour lui se refroidit. En fin de compte, Aly bey lui expédia des agents pour lui réclamer les impôts et les approvisionnements. Ces agents s'emparèrent de tout ce qui leur tomba sous la main. Derwiche revint alors au Caire et se réfugia chez Mohammed bey, qui le reçut dignement et lui donna pour résidence une maison voisine de la sienne. Il continua à occuper cette maison jusqu'au jour où Mohammed bey se querella avec son maître Aly bey. Il l'accompagna alors au Saïd.

Aly bey était à cette époque le maître incontesté de la Haute et de la Basse-Egypte et la puissance était toute entière entre ses mains. Il commença par se débarrasser de ceux qu'il avait exilés dans les principaux centres tels qu'Alexandrie, Rosette, Damiette et Mansourah. Sur son ordre, tous ces exilés furent étranglés et c'est ainsi que moururent l'un après l'autre, Aly katkhoda el Kharboutly, à Rosette ; Hamzah bey, suivant de Khalil bey, à Ziftah ; Soliman Aga el Wali et Ismaïl bey Abou Madfa, à Mansourah. Un sort pareil était réservé à Osman bey, suivant de Khalil bey, et il ne l'évita qu'en se réfugiant à bord d'un bateau ottoman qui le conduisit à Constantinople, où il vécut jusqu'à sa mort. Plusieurs autres émirs furent exilés par Aly bey entre autres Soliman katkhoda el Machhadi et Ibrahim effendi, du corps des Djamaliah. Le pacha que Aly bey avait destitué mourut dans la résidence qu'il habitait depuis sa déchéance et il rejoignit dans l'autre monde ceux qui l'y avaient précédé.

Un vendredi, vers le commencement de Ramadan, Aly bey assista à la prière, à la mosquée de El Daoudiah. Pendant la prière, le cheikh Abd-Rabbou fit la Khotbah et fit des vœux à l'adresse du Sultan et de Aly bey. Quand la prière fut terminée, Aly bey fit venir devant lui le cheikh — qui avait souvent des accès de stupidité — et lui dit : « Qui t'a permis de faire des vœux pour moi, suis-je sultan à ce que tu saches ? — Oui, tu es sultan, répondit le cheikh et je ferai des vœux pour toi. » Aly bey, feignant la colère, ordonna que le cheikh fût battu et aussitôt ce dernier fut étendu par terre et bâtonné.

Quand il eut subi sa peine, le prédicateur se leva, endolori des coups qu'il venait de recevoir ; il monta sur son âne et rentra chez lui en répétant en route cette phrase : « L'Islamime est venu au monde étranger et étranger il finira. » Le lendemain Aly bey lui fit transmettre ses regrets, accompagnés de quelque argent et d'une robe.

BIOGRAPHIE
DES ÉMIRS ET DES SAVANTS

DÉCÉDÉS EN MIL CENT QUATRE-VINGT-TROIS.

1. — L'iman, le mystique, le bon, le croyant convaincu, le ravi, le savant militant, Cheikh Aly, fils de Hedjazi, fils de Mohammed el Bayoumi el Chaffeï el Khalwaty et ensuite el Ahmadi. Il naquit vers l'an 1108 et il apprit le Coran lorsqu'il était encore en bas âge. Il apprit ensuite la théologie et il assista aux leçons des professeurs de l'époque ; il étudia le Hadith sous la direction de Omar Ibn Abd-el-Salam el Tatawani. Il fut initié aux mystères de la secte Khalwatyah par El Sayed Hussein el Demerdachi El' Adeli. Il pratiqua pendant quelque temps les principes de cette secte et fut initié ensuite à la secte Ahmadiah par quelques-uns de ses amis. Quelque temps après, il fut ravi en extase et il eut des hallucinations ; le monde eut alors en lui une grande confiance et on crut en sa sainteté. Plusieurs se conformèrent à son exemple et le nombre des disciples qu'il forma devint, au bout de peu de temps, assez considérable.

Cheikh Aly habitait le quartier El Husseiniah et il faisait faire des zikrs dans la mosquée de El Zaher, où il se tenait presque toujours avec ses hommes, car cette mosquée était à proximité de sa maison. Il recevait des avis célestes et des communications surnaturelles ; il était, en somme, dans une situation étonnante et étrange. On lui doit de nombreux écrits, entre autres:

Un commentaire de *El Gamh el Saghir;*

Un commentaire sur *El Hakam,* ouvrage dû à Ibn Attalah el Eskandary;

Un commentaire sur *El Ensan el Kamel,* ouvrage dû à El Djili;

Un ouvrage sur les sectes, où il étudie d'une façon spéciale la secte *Khalwatyah-Demerdachiah;* Il composa cet écrit en l'an 1144;

Un commentaire sur *El Arbeïn el Nawawiah,* ouvrage de Hadith;

Un traité sur le *Hedoud* (les peines);

Un commentaire sur la formule de la secte *Ahmadiah;*

Un commentaire sur la formule employée dans la science des Talassem (science magique), et des écrits sublimes sur le soufisme.

La parole de Cheikh Aly était éloquente et ses idées transportaient par leur richesse et leur profondeur. Son vêtement était le même en hiver qu'en été et il consistait en une chemise et un bonnet blanc. Il enroulait autour de sa tête un turban en étoffe rouge. Il ne quittait sa maison qu'une fois par semaine, et c'était pour se rendre au mausolée de El Husseiny. Il faisait cette course à mulet, précédé et suivi de ses disciples, qui ne cessaient durant toute la route de proclamer l'unité de Dieu, et d'invoquer son nom sacré. Il lui arrivait de s'enfermer pendant des mois entiers, au cours desquels il ne communiquait avec personne, et ses miracles étaient de toute évidence. Lorsqu'il établit que chaque mardi, il serait tenu au mausolé de El Husseiny, une séance de zikr qui devait durer jusqu'au lever du soleil, et à laquelle il assisterait avec les siens, les savants et les ulémas se soulevèrent contre lui et voulurent l'empêcher de vaquer à cette pratique religieuse. Les savants se plaignaient de ce que les disciples du cheikh se rendaient à la séance nu-pieds et salissaient ainsi la mosquée ; ils leur reprochaient aussi de faire leurs invocations à trop haute voix. Ils seraient parvenus à leurs fins, si le cheikh El Choubraoui ne s'était opposé à leurs desseins. Ce cheikh, qui avait pour les mystiques une affection très forte, prit la défense de Cheikh Aly et dit au Pacha et aux émirs : « Il ne faut pas inquiéter Cheikh Aly : c'est un grand savant et un saint. » Le cheikh El Choubraoui invita ensuite son protégé à faire des cours à la mosquée d'El Azhar. Celui-ci enseigna alors à El Tibarsiah, l'ouvrage intitulé *El Arbeïne*. Plusieurs de ses adversaires assistèrent à son enseignement et furent éblouis par la force de ses raisonnements et la justesse de ses idées. Mais en même temps qu'ils étaient forcés de reconnaître sa supériorité et son mérite, leur opposition contre lui tombait et la discorde rentrait dans le néant. Voici un extrait d'un de ces livres sur la secte Khalwatyah :

Entre autres bienfaits et faveurs, Dieu m'a fait celui de voir le cheikh el Demerdachi. Ce dernier m'est apparu dans le ciel et m'a tenu le langage suivant :

« Ne crains rien ni dans ce monde ni dans le monde futur. »

J'ai vu plusieurs fois le Prophète — que Dieu le bénisse et salue ! — à l'occasion de la fête de sa naissance : il m'apparaissait quand je me retirais seul dans l'endroit où je priais et une fois il me dit :

« Ne crains rien dans ce monde, et sois sans inquiétude au sujet de ton sort dans l'autre monde. »

Je l'ai vu ensuite qui disait à Abou Bakr, le premier khalife, — que Dieu en soit satisfait ! — « Dirigeons-nous vers l'hospice de Cheikh El Demerdachi. » Après ces paroles, ils se rendirent tous deux dans l'hospice, ils pénétrèrent dans ma retraite et s'arrêtèrent devant moi, pendant que je répétais les mots de Allah ! Allah ! Je fus saisi de crainte et de trouble à la vue du Prophète, et je vis le grand vieillard (surnom d'Abou Bakr) qui me disait : « Tends la main au Prophète, il est présent. »

Je le vis encore dans la « Khalwah » de El Kordi (le cheikh Charaf-el-Dine, qui repose à El Husseiniah) ; j'étais dans la situation d'un homme que le sommeil n'a pu complétement abattre, mais qui est loin d'être éveillé. Machinalement, je recouvrai mes sens et je vis alors la chambre s'emplir de lumière. Un trouble insurmontable s'empara de moi et je sortis de cet endroit l'esprit égaré, et ne sachant où diriger mes pas. Un de ceux qui se trouvaient dans l'établissement m'arrêta dans ma course et je passai le reste de la nuit auprès du tombeau de Cheikh Charaf, n'osant pas rentrer dans la Khalwah.

Je le vis encore, et cette fois il me sourit et me dit en me donnant une bague : « Je jure par celui qui tient mon âme entre ses mains, ce qui s'est passé entre nous sera connu : le cheikh El Kordi me transporta à la Mecque, que je vis de mes propres yeux. J'entrai ensuite chez le Sayed Ahmed el Badaoui, chez qui se trouvait le Prophète — que Dieu le bénisse et le salue ! — Le Sayed Ahmed était fâché de ce que j'hésitais à me rendre à Tantah, à l'occasion de sa fête ; il me blâma. Je priai alors le Prophète de me secourir, et Dieu me secourut plus tard grâce à la bénédiction et à l'intercession du Prophète — que Dieu le bénisse et le salue ! — Il m'avait précédemment revêtu de la robe rouge, deux fois, de ses propres mains, une fois à Birket el Hadj et une fois dans le mausolée qui lui est élevé, et il me dit : « Allez trouver El Kordi. »

Je me suis trouvé encore une fois hors de Médine et je m'étais dit : « Je ne remettrai les pieds dans cette ville que lorsque je serai sûr que le Prophète est satisfait de moi et qu'il m'accepte. Telle était ma résolution, quand un individu, tenant à la main un éventail dont il m'éventait, se présenta de sa part et me dit : Tu es agréé. »

Je le vis encore une fois et il me dit : « Je trouve du plaisir à causer avec toi. » Il me mit ensuite devant lui et me dit : « Peux-tu me contester le pouvoir ? » Je me réveillai alors très impressionné.

Le traité en question porte également en marge, entre autres chose, ce qui suit :

Je vis le Prophète — que Dieu le bénisse et le salue ! — la veille du lundi fin Ramadan, dans la pièce qui touche au portique. Il marchait d'un pas pressé ; je courus après lui, et lorsqu'enfin je l'atteignis, je lui dis : « Prophète envoyé par Dieu, ne m'abandonnez pas. » Le Prophète s'arrêta dans une plaine immense ; je me suis mis à côté de lui et je dis à ceux qui étaient présents : « Comptez les poils blancs de sa noble barbe. »

Voici quelques miracles de Cheikh Aly :

Il réussissait par sa sainteté, et ceci m'a été dit par des gens dignes de confiance, à dompter les brigands et à leur faire renoncer à leur métier criminel. Il en faisait attacher quelques-uns, avec une grosse chaîne en fer, aux piliers de la mosquée El Zaher ; à d'autres, il mettait un collier en fer et il leur infligeait les punitions qui lui semblaient les plus efficaces. Quand il montait à cheval, ces individus marchaient derrière lui, armés de cannes et d'armes de tout genre.

Le cheikh avait un aspect aussi imposant que celui d'un roi ; quand il se rendait au zikr, au mausolée d'El Husseiny, l'excitation religieuse le rendait aussi fort qu'une bête féroce en furie. Mais, la séance terminée, il tombait dans un état de faiblesse extrême. Pendant la séance, sa figure prenait des aspects divers, tantôt elle rappelait la figure de la bête, tantôt celle du veau et quelques fois le visage de la gazelle.

Le Wali de l'Egypte, Moustapha pacha, avait pris le cheikh Aly en amitié. Une fois, au cours d'une visite qu'il venait de lui faire, le cheikh lui dit : « Vous serez appelé à occuper la fonction de Grand-Vizir, » et il lui désigna la date à laquelle cette dignité lui serait conférée. Cette prédiction s'accomplit à la date même que son auteur avait fixée. A son arrivée au pouvoir, Moustapha pacha envoya l'ordre à Osman Aga, le représentant de la Sublime-Porte, de faire élever une mosquée, un sébil, une coupole, et de faire préparer pour le cheikh un tombeau dans la dite mosquée et de le faire surmonter d'un dôme. Les ordres du Grand-Vizir furent exécutés d'un bout à l'autre et la mosquée existe encore aujourd'hui. Elle est située au quartier de El Husseiny et porte le nom de son fondateur, Moustapha pacha. Quand le cheikh mourut, ses funérailles furent célébrées en grande pompe et de la mosquée d'El Azhar où les prières mortuaires furent récitées, le corps fut conduit à la mosquée de Moustapha pacha, où il fut enterré dans le tombeau qui lui avait été préparé.

2. — L'illustre savant, le maître célèbre, le saint, le soufi, cheikh Hassan el Chebini el Foui. Il avait quitté son village

natal, Fouah, pour venir à la mosquée d'El Azhar, où il assista aux leçons du cheikh El Diarbi, qui le nomma immédiatement son répétiteur. Comme le public trouvait cela un peu étrange, le cheikh El Diarbi dit à ceux qui lui faisaient des observations : « Cet homme est un savant. Avant de venir dans la mosquée, il possédait à fond El Achmouny et El Moukhtassar. »

Le cheikh Hassan disait de lui-même que, dans son village, il était attaché à un saint qu'il fréquentait assidûment. « Lorsque je fus pris du désir de me rendre dans la mosquée de El Azhar, disait-il, je partis en compagnie de ce saint pour Damiette. Or, une nuit que nous étions endormis, j'eus une vision dans laquelle il me sembla voir le saint me faisant boire du lait et me disant : « Voilà la science de la grammaire ; c'est la science la plus difficile de toutes celles qui sont enseignées à El Azhar. » Je me réveillai sur ces derniers mots et je fis part au saint de ce que je venais de voir en songe, mais il me dit immédiatement : « Tais-toi, ce ne sont que des rêveries. » A la suite de ce rêve, le cheikh Hassan s'attacha à la mosquée d'El Azhar, et en très peu de temps il connut parfaitement la grammaire. Il étudia ensuite les principes de la loi, la logique, la rhétorique, le *tafsir*, le Hadih etc. etc., et posséda si bien ces sciences qu'il surpassa les autres savants et qu'il devint le plus grand savant de l'époque. Il fut initié ensuite par le cheikh El Hefni à la secte Khalwatia ; il apprit de lui les noms et il se conduisit comme son maître. Ce dernier lui mit sur la tête la couronne de la dignité de khalife (vicaire) et l'autorisa à recevoir des vœux et à initier des adeptes. Le cheikh Hassan établit alors des séances d'invocation, auxquelles il convia le public. Dieu lui inspira sa connaissance, ce qui porta le cheikh Hassan à connaître les véritables significations du Coran et à apprendre aux hommes les vérités surnaturelles. Un jour, le cheikh El Hefni reçut de lui une lettre et il ne put s'empêcher, après en avoir pris connaissance de s'écrier : « Louanges à Dieu qui nous a donné, parmi

nos disciples, des gens qui égalent Mohi-el-Dine ibn El Arabi. »
Une autre fois le cheikh El Hefni a dit : « Cheikh Hassan a reçu
de Dieu la connaissance, et dans cette science il est plus versé
que moi. Quand nous avons ensemble une causerie sur ce sujet
sacré, je ne puis m'élever aussi haut que lui. » Voilà un témoignage à même de satisfaire les plus difficiles.

Le cheikh Hassan mourut en cette année. Il laissa après lui
son fils Sayed Ahmed, actuellement vivant, que Dieu le bénisse !
Parmi les élèves du cheikh Hassan se trouve le grand savant,
l'illustre maître, El Sayed Aly, dit Ziadah el Rachidi, actuellement vicaire (chef, grand-maître) de la secte Khalwatiah à
Rosette.

3. — Le savant, le narrateur habile et éloquent, l'honorable Mohammed effendi, fils de Ismaïl el Iskandari. Il connaissait
à fond les langues arabe, persane et turque. Il savait des anecdotes charmantes et des contes agréables. Il aimait passionné-
ment la littérature. Ses écrits dans les trois langues sont des
chef-d'œuvre d'éloquence et sa calligraphie était très belle. La
fortune était son amie et les émirs le respectaient et le chérissaient, aussi bien que les gens du peuple. Son père, israélite de
naissance, s'était converti à la religion musulmane en toute
sincérité et de tout son cœur. Il avait occupé de hauts emplois
à Alexandrie. C'est dans cette ville que Mohammed effendi vit
le jour, c'est là aussi qu'il fut élevé et instruit.

Plus tard, Mohammed effendi se fixa au Caire, mais il avait
toujours des propriétés et des parents à Alexandrie, sa ville
natale. Il venait quelquefois visiter mon père. Mohammed effendi
était alors épuisé par l'âge, mais les années n'avaient pu détruire
cette gaieté, ce charme qu'il posséda toujours. Il a écrit de sa main
l'ouvrage intitulée *Baharistan* qu'il a dédié à notre maître Djami ;
ce livre était écrit d'une façon charmante et il y avait rapporté
les meilleures poésies qui avaient été composées dans les trois
langues dont nous avons parlé.

En somme, Mohammed effendi n'avait pas d'égal pour les connaissances qu'il possédait. Le cheikh Abdallah El Edkaoui, qui était lié à lui par les chaines d'une affection inaltérable, l'a cité dans un recueil intitulé *Bidaât el Arib*. Il a fait de lui un portrait charmant. Voici un résumé de ses paroles :

« J'ai copié pour notre frère, le maître honoré, Mohammed effendi, fils de feu Ismaïl Aga — que Dieu le garde pour notre plus grand profit et fasse miséricorde à son père ! — l'ouvrage intitulé *El Fath el Kodsi* que nous devons à El Emad el Katib. Après en avoir achevé la transcription, j'écrivis ce qui suit : Dieu — que son saint nom soit loué ! — a permis l'achèvement de la transcription de cet ouvrage, dites plutôt de cette merveille, de ce jardin désiré. Que de chapitres dans cet ouvrage qui dénotent le mérite et que d'inventions merveilleuses qui obscurcissent par leur éclat les fleurs du printemps, etc., etc. »

Après avoir fait l'éloge de l'ouvrage, l'auteur dit :

« Je l'ai transcrit à l'adresse du glorieux, du parfait, de l'homme au grand caractère, en qui les gens de mérite se réfugient ; à l'adresse de celui auquel les hommes considérés recourent ; de celui dont les largesses superflues sont sans égales ; de celui chez qui les mérites et les vertus ont élu domicile ; de l'unique pour les beautés de la narration et l'habileté dans les trois langues, de celui auquel les vers suivants s'appliqueraient à merveille :

> Quand il secoue ses plumes pour les faire agir,
> Vous oubliez les héros qui brandissent leurs lances.
> Et quand ses doigts touchent le parchemin
> Les écrivains de l'univers s'avouent ses esclaves.

De celui qui, aujourd'hui, n'a pas d'égal dans notre pays pour la rédaction et qui dans ses connaissances ne craint pas un rival. Je l'ai transcrit pour satisfaire au désir de celui à qui l'auteur même de ce livre, El Emad, rendrait les armes, s'il pouvait le voir et qu'il reconnaîtrait pour son maitre en éloquence; de celui dont les paroles seraient recueillies et exploitées par les deux chiraziens, Sadi et Hafiz, si ceux-ci pouvaient l'entendre parler; de celui dont le style magnifique ferait dire à Djami, si ce dernier pouvait le lire : « Voilà ce que je cherchais ; » de celui dont les perles des idées et le phrases brillantes ne peut-être égalées par aucun. Oueïs se fatiguerait en vain à vouloir en faire de pareilles ; de celui dont la méthode prêterait du charme à la prose et à la versification de El Zarkachi, si celui-ci la suivait et leur acquerrait la considération des savants ; de celui dont les charmes prêteraient l'élégance à Nâffi, si celui-ci avait été un contemporain ; de celui qui verrait se rendre à son éloquence et à son style brillant El Nabi, si celui-ci songeait à lutter contre lui ; de mon ami et frère, de celui qui en réalité est plus compatissant pour moi qu'un frère, car de combien de bontés longues à énumérer, ne m'a-t-il pas comblé ; je veux parler du seigneur glorieux, de l'unique, du plus parfait qui mérite tout éloge, le seigneur Mohammed effendi El Iskandary, l'incomparable écrivain, l'auteur au style merveilleux et le rédacteur éblouissant. Celui que les hommes qui tiennent les rênes du pouvoir chérissent, respectent, affectionnent, aiment, considèrent et honorent d'une manière spéciale pour son habileté, ses vastes connaissances et sa grande érudition.

>Les yeux noirs des gazelles,
>Ont maltraité mon cœur, comme s'ils étaient mes ennemis.
>Cessez, leur dis-je. Elles répondirent :
>Nos filets t'ont fait grâce, sauve-toi ;
>Comment puis-je espérer le salut, leur dis-je,
>Lorsque je suis enchaîné ?
>O yeux qui ont captivé mon cœur et fait veiller
>Mes paupières par leur langueur,
>Je vous en conjure par votre beauté langoureuse qui tue
>Et qui excite au jour du combat,
>Je vous en conjure par votre séduction qui a fait tourner la tête
>De l'insensible qui ne connaissait pas l'amour,

Je vous en conjure par vos regards qui ont plus d'effet et sont
Plus meurtriers que le sabre d'El Adjadj,
Est-il possible d'arriver à votre maître ?
Est-il possible que j'obtienne ce dont j'ai besoin ?
Nous intercéderons pour toi, me dirent-elles, et notre intercession est toujours admise.
Va donc chanter les éloges de la personne à qui on doit recourir:
Mohammed, le haut placé, dont les actions louables sont aussi claires que la lumière,
L'unique de l'époque pour les compositions en prose et en vers.
Que sont auprès des siennes, les poésies de El Komet et El Adjadj ?
Il est sans égal pour la calligraphie,
Et quand sa plume touche la face du papier,
Vous croyez voir un jardin plein de fruits,
Et chaque lettre de son écriture chante comme un chardonneret.
Les idées que les autres auraient de la peine à trouver lui viennent tout naturellement.
Il est instruit, élevé, et il possède une main généreuse comme une pluie abondante.
Que Dieu le garde dans sa grandeur et le préserve
De tous les malheurs qui peuvent le frapper à l'improviste.
Seigneur, je t'ai servi en copiant pour toi le livre de *El Fath*
Et en l'embellissant. Fais disparaître ma peine.
Jouis de ce livre pareil à un jardin et sois toujours un seigneur
Auquel on puisse recourir au moment du besoin.
Quel beau livre et combien de passages y sont
Aussi beaux que les joyaux d'une couronne !
Comment non, quand l'auteur de ce livre est El Emad.
Qui ne vivait que pour écrire ce livre ?
J'ai été heureux de trouver dans ce livre
De la belle prose et de belles phrases ;
Mon éloquence s'est accrue et j'ai dit:
Les parfums de *El Fath* de El Emad m'ont rendu heureux (*chronogramme*).

4. — Notre seigneur, le maître, Aly Ibn El Arabi, Ibn Aly, Ibn el Arabi el Fassi el Masri, connu sous le nom de El Sakkat. Il naquit à Fez, où il étudia sous la direction de son père. Il suivit le cours de l'illustre savant Mohammed Ibn Ahmed Ibn el Arabi Ibn el Hadj el Fassi, sur l'ouvrage intitulé « *El*

Elia. » Ce cours était fait sous la direction de ce maître par le cousin de Aly Abou Abdallah Mohammed Ibn el Tayab, Ibn Mohammed, Ibn Aly el Sakkat. Il étudia aussi sous la direction de Aboul Abbas Ahmed Ibn Mohammed El Arabi Ibn el Hadj et de notre seigneur Mohammed Ibn Abd-el-Salam el Banan. Ces deux professeurs lui enseignèrent la littérature arabe, la métaphysique et l'éloquence.

Lorsque Sidi Mohammed Ibn Ab-el-Salam vint en pèlerinage au Caire, Aly l'accompagna et s'attacha à lui et il apprit sous sa direction personnelle depuis le chapitre « *El Sahih* », jusqu'au chapitre traitant de l'aumône légale (*Zikat*) ; l'ouvrage « *El Chamaïel* » en entier, beaucoup de *Hadith*, ainsi que les ouvrages indiqués dans l'index bibliographique de Ibn Ghazi. Il les étudia sous sa direction, à la mosquée d'El Azhar, soigneusement et en discutant toutes les interprétations. Son professeur lui donna alors l'autorisation d'enseigner vers le milieu de Djamad el Thani de l'an 1143.

Sidi Aly se fixa alors à la Mecque, où il étudia sous la direction de El Bossari, le « Sahih » en entier, une partie de « *Moslem* » ; le « *Mowatta* » en entier. Les études étaient données à Bab Ibrahim, derrière le mausolée élevé à l'Iman Malek. Il étudia là également les commencements des six ouvrages de Hadith sous la direction de Nakhli, qui lui délivra un *adjaza* d'enseigner, après quoi il revint en Egypte. Il y étudia sous la direction de Cheikh Ibrahim el Fayoumi, les premiers chapitres de El Bokhari et de Hamed Ibn Ahmed El Gharkaoui, qui lui délivra un *adjaza*. Sous la direction de Omar Ibn Abd-el-Salam el Tataouni, il étudia tout le « *Sahih* » et une partie de « *El Bidawi* », à la mosquée de El Ghouri, en l'an 1136. Il étudia également sous sa direction « *El Mounah El Badiah* » en entier, et son professeur, après lui avoir donné l'accolade et le chapelet lui délivra un *adjaza* le déclarant maître dans la science de la tradition. Il étudia sous la direction de Mohammed el Costantini dans le Rouak des Maghrabins ; il étudia aussi à la mosquée de El Ghoury, sous la direction de Mohammed Ibn Zakary, son commentaire sur « *El Hekam* » et de Mohammed El Zerkani, l'ouvrage « *El Mowatta* », depuis l'affranchissement jusqu'à la fin et il fut autorisé à l'enseigner par son professeur, le jour même où il finit l'étude de cet ouvrage, c'est-à-dire le 8 Chaban de l'an 1113.

Sayed Aly apprit la tradition relative à la Miséricorde, sous la direction de El Sayed Moustapha el Bakri, en l'an 1160 et Ibn el Mait lui délivra une autorisation générale d'enseigner.

Sayed Aly eût une entrevue avec notre cheikh El Sayed Mortada dans la maison de El Sayed Aly el Moukadessy. Il y était venu pour collationner l'exemplaire de « *Mounah el Badiah* » qu'il avait copié sur celui que possédait Sayed Aly. Ainsi que nous l'avons dit, il s'y rencontra avec El Sayed Mortada qui les aida dans ce travail. Il fut charmant avec Sidi Aly. Il le caressa, lui parla sur un ton de douce familiarité et il aborda avec lui le sujet du diplôme général. Sidi Aly vivait retiré, il fréquentait peu la société. Il aimait la solitude. Il mourut vers la fin de Djamad Awel de l'an 1183. Il fut enterré dans la Zawiah, sise près de El Fahamine.

5. — Le grand chef, l'illustre émir, le glorieux, l'honorable, le généreux, le secourable, l'incomparable seigneur, le cheikh des bédouins, Houmam ibn Youssouf, ibn Ahmed ibn Mohammed, ibn Houmam, ibn Sobeih, ibn Sidieh el Hawary, le chef reconnu du Saïd. Ses générosités et ses bienfaits se portaient aussi bien sur ceux qui étaient éloignés que sur ceux qui étaient proches et personne ne posséda jamais des qualités aussi parfaites que lui. Les caravanes des voyageurs s'arrêtaient dans sa maison et les fatigues du voyage étaient oubliées lorsqu'on atteignait ses domaines. Ses actions n'ont pas besoin d'être racontées, car elles sont connues de tous. Les hôtes et

les visiteurs étaient, à leur arrivée chez lui, reçus par les domestiques qui les faisaient loger dans des endroits toujours prêts à les recevoir. Leurs besoins étaient satisfaits sans aucun retard, le sucre, la cire jaune, les vases et autres objets ne tardaient pas à leur arriver et les repas leur étaient servis chaque jour, le matin, à midi et le soir, ainsi que les confitures et les douceurs. Il n'y avait pas de différence sous ce rapport entre les amis du maître de la maison et ceux qui lui étaient inconnus ; tous étaient servis largement et avec magnificence, pendant tout leur séjour chez lui, sans qu'il se produisît la moindre altération dans les égards qui leur étaient témoignés. L'affabilité du maître à leur égard était persistante et les hôtes qui restaient des mois et des mois chez lui étaient appuyés par lui autant que les autres, leurs affaires étaient terminées de la meilleure façon du monde, grâce à son influence et lorsqu'ils s'en allaient, la générosité de Houmam leur réservait une dernière faveur. Le visiteur besogneux était satisfait au delà de toutes ses espérances et des vœux que son imagination avait formés. Il y avait des hommes qui le visitaient chaque année et qui s'en retournaient toujours munis de quoi suffire à leurs besoins pendant l'année. Pour les visiteurs, hommes de mérite ou de vertu ou pour les grands seigneurs, il avait un grand respect et les dons qu'il leur faisaient étaient considérables. Il faisait des dons consistant en sucre, en céréales, en dattes, en beurre et en miel, et quelquefois il donnait des esclaves des deux sexes. Il n'oubliait personne et il se rappelait toujours ceux qu'il avait vus, ne fût-ce qu'une fois. Sa manière de se conduire à l'égard des visiteurs et des hôtes était toujours la même ; ses domestiques s'occupaient chaque jour, dès l'aube, à préparer le déjeuner du matin, qui généralement était prêt au lever du jour. Au grand jour, ils s'occupaient du repas du midi, qui d'habitude était terminé vers l'asre, après quoi, ils préparaient le repas du soir.

Houmam possédait un nombre considérable de favorites, d'esclaves blanches, de mamlouks et d'esclaves noirs et il s'affligeait quand le nombre des esclaves morts dans le courant de l'année ne dépassait pas trois cents. D'un autre côté, il était content quand, en consultant le registre des esclaves, il trouvait que le nombre des esclaves morts était de quatre ou cinq cents. La culture de la canne à sucre occupait à elle seule, chez lui, douze mille bœufs. On peut juger par là du nombre de têtes de bétail destinées au labourage, au fonctionnement des sakiehs et des meules, au battage des céréales et du nombre des buffles et des vaches laitières. Les magasins des céréales et les magasins de sucre et de dattes de toutes les espèces étaient très nombreux. Les magasins de céréales offraient aux regards qui n'y était pas familiarisés l'aspect de champs élevés. En effet, les céréales y séjournaient si longtemps, que la pluie en les arrosant les faisaient germer.

Le cheikh Houmam s'était attaché un grand nombre des partisans de l'ancien parti Kassémite et il avait à sa solde bon nombre de soldats et de cawas recrutés parmi eux. Ils avaient épousé des filles du Saïd et adopté les habitudes et les mœurs de ce pays. Il avait de nombreux bureaux où il occupait plusieurs écrivains coptes, plusieurs percepteurs et des comptables qui travaillaient continuellement jour et nuit. Retiré avec eux dans une salle intérieure, il dictait, faisait des comptes, ordonnait, indiquait les lettres à écrire, la forme à leur donner, le tout avec une lucidité d'esprit qui ne lui faisait rien oublier ; il avait présentes à la mémoire les affaires les plus importantes et les choses les plus futiles. Le travail terminé, il se retirait dans le harem où, après s'être reposé un peu, il se réveillait et faisait sa prière. Dans les réunions, il avait toujours près de lui un vase rempli d'eau de rose et un morceau de coton cardé, il s'en servait pour s'en frotter les yeux et le nez, afin de se préserver des émanations malsaines se dégageant des individus malpropres qui auraient pu se trouver dans la société : il envoyait chaque année à des personnages pieux et aux savants de l'Égypte des cadeaux, des dons et des céréales, et en somme il était une nuée qui abritait la terre de l'Égypte.

Notre cheikh, le Sayed Mohammed Mortada, visita une fois le cheikh Houmam et celui-ci eut pour cet homme illustre les plus grands égards. Il lui fit des dons considérables consistant en céréales, en sucre, en esclaves blanches et en esclaves noires. Il agissait de la même façon à l'égard de tous les savants et des gens de mœurs pures et pieuses.

Vers ce temps-là surgirent au Caire les événements qui poussèrent Aly bey à se séparer de ses collègues et à se retirer dans le Saïd. Houmam, qui était l'ami de Saleh bey, travailla dans cette occasion à réconcilier Aly bey et Saleh bey, et pour faire plaisir à ce dernier il leur offrit des subsides en argent et des renforts. Grâce à ce secours, Aly bey ressaisit le pouvoir. Il revint au Caire, dont il chassa ses ennemis et son autorité atteignit les limites étendues que nous avons déjà marquées. Quelques temps après, Aly bey faisait assassiner Saleh bey et les partisans de celui-ci fuyaient pour le Saïd, où ils faisaient part à Houmam de tout ce qui était arrivé. La nouvelle de la mort de Saleh bey affecta profondément le cheikh des Arabes et le porta à conseiller aux fuyards de s'emparer de Assiout qui est la clef du Saïd. Ceux-ci, renforcés par les exilés et appuyés par Houmam, s'emparèrent ainsi que nous l'avons dit, de cette ville et l'occupèrent. Aly bey en voulut à Houmam de l'aide qu'il avait donné aux fuyards, il fit marcher des troupes contre lui. Celles-ci réussirent à reprendre Assiout, après avoir infligé à leurs ennemis une défaite sanglante près du cimetière de la ville, et c'est dans cette affaire que périt Mohammed bey Abou Chanab. Après quelques jours passés à Assiout, les troupes se dirigèrent vers l'intérieur de la Haute-Égypte contre Houmam. Abandonné de ses principaux partisans et de ses parents qui firent défection, le chef comprit qu'il ne pouvait pas lutter contre des troupes unies contre lui et fortes en nombre. Il se retira dans les environs d'Esneh, abandonnant Farchout et ses biens immenses. Il mourut le 8 Chaban de l'an 1183, et il fut enterré dans un village nommé Kamoulah. Que Dieu ait pitié de lui et lui soit miséricordieux! Il laissa trois enfants mâles : Derwiche, Chahine et Abd-el-Kérim.

A la mort de Houmam, les principaux chefs des Hawaras élirent à sa place son fils aîné, Derwiche. Mais la mort de Houmam avait détruit leurs forces et ils conseillèrent au nouveau chef de s'aboucher avec Mohammed bey. Derwiche se rendit à leur avis et partit avec Mohammed bey pour le Caire où, ainsi que nous l'avons dit, il fut, grâce à l'intercession de cet émir, favorablement accueilli par Aly bey. Quant aux autres émirs, il y en eut qui se soumirent à Mohammed bey et se joignirent à lui ; d'autres partirent pour la Syrie ou Constantinople et le reste se retira parmi les Hawaras du Saïd.

A son arrivée au Caire, Derwiche fut bien reçu par Aly bey qui lui rendit Farchout, et il revint dans son pays comblé d'honneurs. Mais sa conduite à l'égard des siens fut de tous points blamable et il se comporta très indignement. Aussitôt qu'il eut pris en main les rênes du pouvoir, il fit saisir les domestiques et les suivants de son père, il les fit torturer et leur arracha leurs biens et leurs fortunes. Parmi ceux qu'il fit saisir, se trouvait un homme nommé Zaïtar, qui était l'intendant des oignons nécessaires pour les cuisines de Houmam. Derwiche lui extorqua des sommes considérables à plusieurs reprises ; d'un seul coup, il lui extorqua 40,000 fondoklis en or, ses exactions n'épargnèrent ni les fournisseurs d'habits pour les esclaves blanches ou nègres, ni les intendants des récoltes, des céréales, de la canne à sucre, du sucre, du beurre, du miel, des dattes, de la cire, des huiles et du café ; les fermiers ne furent pas non plus à l'abri de son avidité. La nouvelle de ses agissements parvint à Aly bey, qui dépêcha Ahmed Katkhoda pour punir Derwiche. Ahmed se rendit au Saïd à la tête d'un nombre considérable de soldats et de mamlouks et enjoignit à Derwiche d'acquitter les impôts. Il lui extorqua des sommes immenses et revint au Caire où il remit l'argent à Aly bey. Son exemple fut suivi par Mohammed qui, parvenu au pouvoir, ne se fit pas scrupule de l'adopter, et par les successeurs de ce dernier. Après avoir enlevé à la famille de Houmam jusqu'aux effets, aux ustensiles et aux outils en cuivre, les émirs furent pris de l'envie de découvrir les cachettes qui, à leur avis, devaient contenir des trésors. Pour arriver à cette fin, les maisons de Houmam furent détruites, leurs emplacements retournés de fond en comble et les décombres fouillés avec une attention minutieuse.

Sur la fin de sa vie, Derwiche quitta son pays natal et vint se fixer au Caire, où il mourut dans l'obscurité. Ses frères Chahine et Abd-el-Kérim, continuèrent à exploiter les terres du Wakf, tout comme les autres fermiers. Chahine fut tué en l'an 1214, époque de l'expédition française en Égypte par Mourad bey, pour des raisons qui avaient indisposé contre lui ce fameux mamlouk. Il laissa un enfant nommé Mohammed. Quant à Abd-el-Kérim, il mourut vers cette date, mais de mort naturelle, en laissant un enfant mineur, nommé Houmam et qui, au dire de ceux qui le connaissaient, devait être très intelligent. Nous fûmes en correspondance pour quelques affaires et j'ai vu son cousin Mohammed lorsqu'il vint au Caire, après la retraite des troupes françaises. Il me fit de fréquentes visites pendant le temps qu'il passa au Caire. Louanges à celui qui héritera de la terre et de ce qu'elle porte, ce sera le meilleur des héritiers !

6. — Le héros dont la renommée a rempli l'univers et fait l'objet des causeries des voyageurs, Soueïlem Ibn Habib. Il était un des principaux chefs des bédouins de la province de

Kallioubiah, qui avaient leur résidence à Dedjwa, sur la rive du Nil. Soueïlem, ainsi que son père l'avait été avant lui, était l'un des deux grands chefs de la tribu Saad. Ils n'appartenaient cependant pas à une famille noble ou jouissant de quelque autorité parmi les tribus arabes. C'est à leur courage et à leur bravoure personnelles que Habib et ses enfants durent leur célébrité et leur puissance. Habib ibn Ahmed était originaire de Chatb, petit hameau situé à une certaine distance d'Assiout. A sa mort, son fils aîné Salem fut élu chef à sa place. Il se fit une grande renommée de bravoure. Sa hardiesse et son courage étaient admirés de tous. Le nombre de ses partisans grossissait tous les jours. Le nombre de ceux qui venaient s'attacher à sa fortune augmentait sans cesse et il finit par commander à une armée considérable. Les chefs de toutes les tribus se soumirent à lui, obéirent à ses ordres; ses volontés et ses moindres injonctions étaient exécutées par eux sans aucune réserve. Les pays situés sur les deux rives, depuis Boulak jusqu'à Rosette et Damiette, étaient gardés par ses hommes et Salem était considéré comme pouvant, seul, tenir tête à mille cavaliers. Habib vivait vers le commencement du siècle et lui et son fils Salem eurent avec Ismaïl bey, fils d'Iwaz bey et autres, des démêlés dont nous allons dire quelques mots.

En 1125, Habib envoya son enfant Salem auprès des chevaux de Ismaïl bey, qui se trouvaient alors dans les pâturages de Kallioubiah. Salem coupa à ces chevaux la crinière et la queue et revint sans en prendre un seul. Il avait accompli cet acte à l'instigation de Kitas bey et d'autres. Le surveillant des écuries de Ismaïl bey alla raconter à son maître ce qui s'était passé. Ismaïl bey entra alors dans une colère indescriptible et fut sur le point de marcher contre Salem. Il l'aurait fait, si Youssouf bey El Djazzar n'avait réussi à apaiser sa colère et à calmer ses transports. Ismaïl bey fit ensuite venir Hassan Abou

Deffiah, l'ex-cheikh du Caire, Kassimite connu pour sa bravoure, il l'envoya contre Habib, à la tête d'une troupe forte de deux canons. Hassan avait pour instructions de déclarer la guerre à Habib et de le tuer si cela lui était possible. Ismaïl bey lui donna des lettres adressées aux habitants des villages situés sur le chemin qu'il devait parcourir, leur enjoignant, ainsi qu'aux autres villages qui reconnaissaient son autorité, d'obéir aux ordres que Hassan pourrait leur donner. Ce dernier poursuivit sa marche jusqu'à ce qu'il fût arrivé dans un champ de bersim. Là, il fit halte, éleva des retranchements, mit les deux canons en position, les couvrit de feutre et mit des cavaliers en vedette sur les chemins. De son côté, Salem ibn Habib était en route avec ses hommes pour El Djezirah. Pendant une halte de ses troupes, il fut aperçu par les vedettes ennemies, qui en avisèrent immédiatement Hassan. Celui-ci se porta aussitôt à la rencontre de Salem avec tous ses hommes, à l'exception de dix artilleurs qu'il laissa auprès des canons. Il avait donné à ces dix hommes l'ordre de tirer les deux canons ensemble, s'ils le voyaient fuir devant l'ennemi. Il se rencontra ensuite avec Salem et la mêlée s'engagea ; plusieurs fantassins et cavaliers de la troupe de Salem furent tués par les balles ennemies et leurs projectiles meurtriers couchèrent sur le sol treize cavaliers. Salem rassembla ensuite ce qui restait de sa petite troupe et revint chez son père, à qui il fit part de ce qui s'était passé entre lui et Hassan Abou Deffieh. Habib appela à son secours les bédouins de Djezirah, qui lui fournirent un contingent considérable de cavaliers, ainsi que les bédouins de Menoufiah et tous marchèrent ensemble contre Hassan. Celui-ci avait appris leurs mouvements et pris ses mesures en conséquence ; il se rencontra avec ses ennemis commandés par Salem et il y eut entre eux des combats acharnés. Ces combats se terminèrent par la défaite de Salem, qui perdit une grande partie des siens. Salem revint chez son père et les femmes des morts vinrent sur le champ de bataille enlever les corps des victimes.

Habib instruit par son fils de ce qui venait de se passer envoya dire à Kitas bey : « Vous avez été cause de la lutte qui s'est engagée entre nous et le fils de Iwaz bey et cette lutte a amené la mort de plusieurs personnes parmi les meilleurs bedouins d'entre nous. » Kitas bey envoya prier les bedouins Kassassine de prêter leur concours à Habib. Plusieurs cavaliers, tous bons tireurs, vinrent se joindre à ce chef. Celui-ci réunit encore autour de lui les bédouins de Djezirah et un nombre considérable de cavaliers pris parmi les bédouins de Menoufiah. A la tête de ces hommes, de ses gens, et accompagné de ses enfants il se retira dans un endroit voisin de la digue du village. Là, il mit pied à terre. Il envoya ensuite des cavaliers sous les ordres de ses fils, avec mission de harceler Hassan Abou Deffiah, et, s'ils étaient attaqués, ils avaient l'ordre de battre en retraite devant Hassan, mais de façon à revenir vers la digue. Ces instructions furent exécutées fidèlement et ses prévisions s'accomplirent d'un bout à l'autre. Hassan et ses cavaliers poursuivirent les fuyards, ne se doutant pas le moins du monde du piège qui lui était tendu. A leur arrivé à la digue, ils furent accueillis par une décharge qui jeta à bas une trentaine d'hommes. En voyant Hassan, les Kassassine avaient fait feu tous ensemble ; les cavaliers qui ne furent pas atteints eux-mêmes eurent leur chevaux tués sous eux. Les chevaux prirent le mors aux dents et revinrent en arrière, renversant tout sur leur chemin. L'émir Hassan s'enfuit et ne s'arrêta qu'à El Awsiah. Les Arabes s'emparèrent des chevaux échappés ; ils dépouillèrent leurs ennemis tués et les jetèrent dans un endroit où, sans avoir été ni lavés ni enveloppés de linceuls, ils furent couverts de terre. Habib revint ensuite dans son pays ; il s'était vengé complétement. Les fuyards arrivèrent quelque temps après au Caire ; ils relatèrent à Ismaïl bey leur mésaventure et lui firent part de la défaite que leur avait infligée Habib. A la réception de cette nouvelle, Ismaïl bey révoqua Hassan Abou

Deffiah et lui donna un remplaçant ; il se fit ensuite délivrer par le Pacha un firman ordonnant de traiter Habib et ses enfants comme des rebelles, et il fit marcher contre ces derniers des troupes par voie de terre et par la voie du Nil.

Averti de ces armements, Habib jeta dans le Nil les canons pris à l'ennemi et tous les ustensiles en cuivre qu'il possédait ; quelques-uns prétendent que quelques jours avant cet événement, Habib avait rempli d'huile six lampes à mèches de grandeur égale, et qu'il avait attaché à chacune de ces lampes un papier portant un nom. Les six noms étaient ceux de ses enfants, de son frère, d'Ismaïl bey, fils d'Iwaz bey, et un de ces papiers portait son nom à lui. Il avait ensuite allumé ces lampes qui ne différaient en rien entre elles et il observa que celle à laquelle était attaché le papier portant son nom, s'était éteinte la première et après elle, celle à laquelle était attaché le papier portant le nom de Ismaïl bey. Après celle-ci, ce fut au tour de la lampe de son frère de s'éteindre et celle-ci fut suivie à un court intervalle par les lampes de ses enfants. Habib aurait dit alors : « Je mourrai pendant la puissance du fils d'Iwaz. »

Quoiqu'il en soit, à la réception de la nouvelle des armements immenses d'Ismaïl bey, Habib s'enfuit avec son frère et ses enfants. Quelque temps après, Ismaïl bey arriva à Dedjwa, fondit sur les gens qui s'y trouvaient, et ses hommes déchargèrent leurs fusils. C'était le signal convenu avec les troupes qui montaient les bateaux déjà arrivés en face de Dedjwa, sur la rive ouest. Les troupes débarquèrent aussitôt et pénétrèrent dans le village. Ismaïl bey ordonna la démolition des constructions appartenant aux Habibites. Elles furent toutes jetées à bas. Ismaïl bey fit ensuite élever un village à une grande distance du Nil, dans lequel il construisit une mosquée, un abreuvoir pour les bêtes de somme, un bassin pour les ablutions et deux moulins. Il ordonna ensuite aux habitants de bâtir dans le nouveau village, qui reçut le nom de Kafr el Ghalabah (lieu de la victoire). Ismaïl bey rentra ensuite au Caire ; ses hommes rentrèrent après lui dans cette ville, amenant avec eux des quantités énormes de meubles, d'effets, de vaches, de moutons, de buffles, etc., etc., pris sur les Habibites. Ismaïl bey envoya ensuite des lettres à toutes les tribus bédouines, leur défendant de donner asile ou de prêter secours à Habib ou à ses enfants. Ces derniers se retirèrent alors à Ghazah, où ils furent honorablement accueillis par les habitants bédouins de cette localité. Habib y resta jusqu'à sa mort.

Après sa mort, Salem, son fils, vint à Kalioub secrètement et descendit dans la maison de El Chawarbi, le cheikh du village. Il réussit, pendant son séjour chez ce cheikh, à se faire donner par Ibrahim bey Abou Chanab une lettre pour Ibn Wafi el Moghrabi, lui disant de permettre aux enfants de Habib de séjourner chez lui jusqu'à ce qu'il eût obtenu pour eux le pardon de Ismaïl bey. Salem envoya ensuite chercher son oncle et son frère Soueilem et tous se rendirent chez Ibn Wafi. Ce chef de Mograbins les reçut dignement et leur dressa des tentes en laine. Ils s'établirent dans leur nouvelle résidence jusqu'à l'an 1130, toujours comblés de bienfaits par Ibrahim bey Abou Chanab, qui leur adressait des bons pour des céréales, et ces céréales leur étaient immédiatement délivrées par les intendants des terres situées dans la Haute-Égypte. Mais, vers cette date, Ibrahim bey mourut et les enfants de Habib ne tardèrent pas à ressentir la gêne. Dans cette situation, Salem quitta clandestinement Ibn Wafi et vint au Caire en l'an 1131, avant le départ de Ismaïl bey pour le pèlerinage. Quand il fut au Caire, Salem se présenta chez le Sayed Mohammed Demerdache, et se fit connaître à lui. Ce seigneur l'accueillit avec cordialité et lui demanda des nouvelles de sa situation depuis qu'il avait été forcé de fuir l'Égypte. Salem lui dépeignit sa situation et la gêne qui le faisait souffrir, il ne lui cacha rien de la vérité. Sidi el Demerdache le fit coucher chez lui ce soir-là, et le lendemain l'amena avec lui chez Ismaïl bey Iwaz. Salem baisa la main de l'émir et se tint debout, pendant que El Sayed el Demerdache, après avoir pris place, disait au Sandjak : « Connaissez-vous cet individu qui a baisé votre main ? — Non, répondit le Sandjak. — C'est celui qui a coupé la queue à vos chevaux, dit le Seigneur Demerdache. — Salem ! fit Ismaïl bey. — A vos ordres, répondit Salem. — Comment ! tu n'as pas eu peur de pénétrer dans ma maison ? dit Ismaïl bey. — J'ai apporté avec moi mon linceul, Seigneur, dit Salem. Vengez-vous ou pardonnez-nous et que tout soit dit une fois pour toutes. La misère nous fait mourir chaque jour ; me voici devant vous, Seigneur, ordonnez. — Sois le bien venu, Salem, dit alors Ismaïl bey, amène ta famille et établis-toi dans le Kafr. Craignez Dieu et soyez rassurés au sujet de toute autre chose. » Ismaïl bey le revêtit ensuite d'une robe et d'une ceinture et donna une lettre de grâce à Salem et à toute la famille de Habib. Il remit cette lettre à une personne de sa suite pour la porter aux intéressés, et Salem se retira dans la maison de Ibrahim el Chawarbi, à Kalioub, où il resta jusqu'à l'arrivée de sa famille. Le porteur de la lettre de grâce arriva quelque temps après à Béni-Souef et la remit aux destinataires, qui s'empressèrent de se mettre en route. A leur arrivée à Kalioub, ils descendirent dans la maison commune, où ils se fixèrent jusqu'à ce qu'ils eussent construit des maisons particulières. Les chefs des bédouins et des villages vinrent ensuite les saluer et leur firent des cadeaux et des présents. Lorsque, plus tard, Mohammed bey, fils d'Ismaïl bey, fut nommé émir el Hadj, Salem lui demanda l'autorisation, qui lui fut accordée, de construire la ville qui se trouve aujourd'hui sur la rive du Nil. Il y fit élever des maisons magnifiques, des constructions grandioses ; il y créa des jardins, creusa des sakiehs, établit des pressoirs et bâtit des mosquées. Ceci se passait en l'an 1134.

La situation de Salem s'était améliorée, sa renommée s'étendit, son autorité grandit ; il devint le chef responsable de tous les gardiens des villages situés sur les deux rives et son influence s'étendit depuis Boulak jusqu'à Rosette et Damiette. Les bateaux étaient sous ses ordres et il les taxa d'impôts annuels et de redevances mensuelles. Parmi ses créations se trouve le grand jardin situé sur la rive du Nil. Ce jardin avait une étendue immense et occupait un nombreux personnel ; il y avait des dattiers, des palmiers et toutes sortes d'arbres divers ; depuis le commencement jusqu'à la fin de l'année, on y trouvait de fruits à récolter. Il avait engagé des jardiniers recrutés à Damas, à Rosette et ailleurs.

Lorsque les événements dont nous avons parlé eurent lieu entre Zulfikar bey et Mohammed bey Tcherkess, les troupes égyptiennes avaient invité Salem à se joindre à elles contre Tcherkess bey, qui s'était avancé jusqu'au Manchiah. Salem recruta des troupes parmi les hommes de sa tribu et vint avec sa cavalerie et ses esclaves au village de Chimi. Il combattit côte à côte avec les troupes égyptiennes et la lutte dura jusqu'à la fuite de Tcherkess bey, qui vit tomber Soliman bey dans la mêlée. Aprè la défaite de Tcherkess bey, l'armée égyptienne rentra au Caire pendant que Salem et les spahis se mettaient à la poursuite du vaincu. Une autre armée, expédiée du Caire, opéra sa jonction avec Salem et les spahis et il y eut entre eux et Mohammed bey Tcherkess une bataille mémorable qui se termina par la défaite complète de Tcherkess bey. Celui-ci, ainsi que nous l'avons dit, fut noyé quelques jours après. Salem revint ensuite chargé d'une immense butin, gagné à la pointe de son épée ; il acheta des femmes blanches dont il fit ses favorites, et il jouit jusqu'à sa mort d'une autorité incontestée. Il mourut en 1151, en laissant un enfant nommé Aly qui, ainsi que son père et son grand père, se fit un grand renom de bravoure, d'audace et d'intelligence.

Soueilem succéda à son frère Salem comme chef de la moitié de la tribu des Beni-Saad, et il se conduisit d'une façon qui agrandit et affermit son autorité, son pouvoir et l'affection que les Arabes portaient à sa famille.

Lorsque, en 1151, l'émir Othman bey Zulficar revint des Lieux-Saints où il avait conduit la caravane du pèlerinage, il envoya un cadeau à Soueilem qui, de son côté, lui envoya aussi un présent. Mais, quelque temps après, Othman bey, s'étant brouillé pour une raison quelconque avec Soueilem, il monta à cheval pendant la nuit et à la tête de ses troupes, il marcha contre Soueilem et sa tribu, dans l'intention de les surprendre à l'improviste. Il arriva à Dedjwa au lever du soleil, et aussitôt ses hommes déchargèrent leurs armes. Personne ne leur répondit. Soueilem avait été averti par un espion des mouvements de Othman bey, et longtemps avant l'arrivée de celui-ci il avait quitté le village et il s'était retiré avec ses hommes dans les champs, à une distance assez considérable. En voyant que le village était abandonné par ses habitants, Othman bey défendit tout acte de pillage et interdit aux troupes de toucher à quoi que ce fût. Pendant ce temps, Omar bey Radouan et Ibrahim bey avaient appris le départ de Othman bey et avaient couru après lui. Ils le trouvèrent dans le village et il leur apprit qu'il n'y avaient trouvé personne. Omar bey prit alors avec lui deux mamlouks seulement, et il se dirigea dans la campagne. Il vit les bédouins à cheval. A son arrivée au milieu d'eux, ils mirent pied à terre et vinrent le saluer. « Pourquoi fuyez-vous, leur dit Omar bey. Othman bey vient au milieu de vous pour se promener. » Il revint ensuite vers Othman bey en amenant avec lui Aly, fils de Salem. Celui-ci baisa la main du Sandjak et revint dans sa maison, où il donna un repas à toute la troupe. On mangea et Othman bey et ses hommes furent invités à passer la nuit chez Aly. L'invitation fut acceptée. Aly égorgea en l'honneur de ses hôtes plusieurs moutons et deux jeunes buffles. Le lendemain, un déjeuner copieux leur fut servi. Aly leur offrit ensuite des chevaux magnifiques et Othman bey et ses hommes rentrèrent au Caire.

Lorsque, sous le gouvernement de Ragheb pacha, Ibrahim bey Katamèche dut quitter le Caire, Soueilem, qui s'appuyait sur Ibrahim bey, appela à lui les bédouins de Beli et attaqua le village de Choubra el Maâdiah. Ibrahim Chaouiche el Kasdogli ayant appris cet acte, se fit délivrer un firman prescrivant d'attaquer Dejwa et de mettre à la raison les fils de Habib. Trois sandjaks : Othman bey Abou Seif, Ahmed bey Koutchouk et un autre furent chargées de diriger l'expédition.

Ayant eu vent de ce qui venait d'être décidé contre eux, Soueilem et ses hommes mirent leurs femmes et leurs biens en sûreté, en les envoyant dans les autres villages; ils montèrent ensuite à cheval et se retirèrent dans les champs. L'armée levée contre eux arriva quelque temps après à Dedjwa, et elle trouva ce village désert. De leur côté, les Habibites, en voyant le nombre considérable de leurs ennemis, se retirèrent vers les montagnes de l'est. Ibrahim Chawiche envoya alors à Osman bey Abou Seif, le commandant en chef de cette expédition, l'ordre d'inviter tous les policiers à ne permettre à aucun des Habibites de descendre dans les plaines. Osman bey se rendit en personne dans les villages, cherchant à découvrir les traces des ennemis, mais ce fut en vain. Il s'empara, il est vrai, à deux reprises, de chameaux chargés de munitions que leur étaient expédiées par les habitants des plaines. Il revint ensuite au Caire avec l'armée, ramenant tout ce qu'il avait pu saisir en fait de bestiaux, de sucres, de miel et de bois appartenant aux Habibites et après avoir démoli une partie de leurs maisons.

Aly ibn Salem n'était pas allé avec Soueilem dans la montagne, mais il s'était retiré avec sa famille chez les Awlad Fawdah. Lorsqu'il apprit l'ordre donné aux policiers, il vint au Caire, se rendit chez Ibrahim Chawiche, se fit connaître de lui et lui demanda l'*Aman*. Ibrahim le lui accorda, à la condition qu'il n'approcherait pas de Dedjwa et qu'il s'établirait dans tout autre village qu'il voudrait, pour y mener la vie des cultivateurs et des particuliers. De leur côté, Soueilem et ses hommes envoyèrent prier, quelque temps après, Hussein bey el Khachab de demander leur grâce à Ibrahim Chawiche. Ibrahim ne repoussa pas l'intercession de Hussein bey, mais il exigea que les solliciteurs cessassent les exactions qu'ils faisaient subir aux bateaux et n'inquiétassent plus les habitants. Ils devaient se contenter du droit de fournir les gardiens aux villages de la Basse-Egypte. Ibrahim leur restitua ensuite les bestiaux que Osman bey Abou Seif avait pris et Soueilem revint s'établir à Dedjwa. Il s'y fit batir un *Dawar* immense qui contenait des salons d'une hauteur prodigieuse, dont les plafonds, appuyés sur plusieurs piliers, supportaient des chambres, des salons, des appartements, etc., qui se voyaient à une grande distance. Le Dawar était tout pavé; il contenait dans son enceinte des banquettes et des places pour les hôtes et de plus une mosquée. Sous le Dawar, sur le bord du Nil, il fit construire un quai d'une grande solidité, avec des banquettes, et il s'y retirait quelquefois. Il fit en outre construire plusieurs bateaux à grandes voiles. Il y engagea des hommes robustes et forts; lorsque des bateaux passaient par cet endroit, qu'ils montassent ou descendissent le Nil, ces hommes leur criaient de gagner la rive et de s'y arrêter. Si les bateaux sommés de s'arrêter obéissaient à l'injonction qui leur était faite, les hommes de Soueilem se contentaient d'emporter une partie de la cargaison de ces bateaux. Mais si ceux-ci refusaient de se conformer à l'ordre ou tardaient à l'exécuter, les hommes de Soueilem leur barraient la route, maltraitaient les équipages et prenaient dans la cargaison beaucoup plus que dans les autres bateaux.

Soueilem avait corrompu quelques émirs du Caire, et ceux-ci le défendaient et démentaient les accusations portées contre lui. L'attachement de ces émirs à sa personne était entretenu et ravivé souvent par des cadeaux et des présents. Il avait attaché à sa personne plusieurs braves cavaliers nègres ; il ne s'en séparait jamais, et chacun d'eux portait autour de la taille une ceinture avec une poche pleine de dinars en or.

Soueilem ne couchait pas dans sa maison, et plus souvent il n'y venait que vers la dernière partie de la nuit. Il y passait quelque temps et en ressortait après l'aube pour tenir conseil. A ce conseil, qui comptait plusieurs de ses écrivains, se rendaient les solliciteurs, dont quelques-uns étaient des cheikhs de villages, des fermiers ou des soldats, des arabes, des fellahs et d'autres. Tous ces individus se tenaient debout devant lui, pendant que les écrivains faisaient les lettres et les correspondances. Presque tous les villages de la Kallioubiah et de la Gharkiah étaient sous sa protection ou sous la dépendance de ses parents et de ses enfants. Ils y avaient des cultures immenses, des maisons spacieuses, distinctes des autres par leur grandeur et leur air imposant. Aucun Kaïmakam ni concessionnaire ne pouvait se faire obéir par un des fellahs établis sur les domaines de Soueilem, sans le concours de Soueilem ou de celui de ses parents qui habitait le village du fellah.

Soueilem et ses hommes avaient une manière toute spéciale de se vêtir ; on disait : « C'est une selle habibite, c'est une ceinture habibite, etc. »

Malgré la violence de son caractère et son pouvoir, Soueilem était affable avec ses hôtes, aimable à l'égard des savants et des gens de mérite et de vertu. Il trouvait du plaisir à discuter avec eux sur des points variés, il leur faisait souvent des cadeaux. Au chéikh Abdallah et Chabraoui, qui fut une fois son hôte, il offrit un chameau.

Soueilem vécut considéré et respecté jusqu'à l'année qui précéda sa mort. A cette époque, Aly bey lui ayant déclaré la guerre, il dut fuir pour le Béhérah. Aly bey envoya encore contre lui et contre les Hanady une forte armée. Soueilem fut tué avec quarante-cinq de ses hommes. Sa tête fut apportée au Caire et exposée pendant trois jours à El Romeïlah.

Après la mort de Soueilem, il ne resta de sa famille que cinq personnes qui sont : Sidi Ahmed, Salem et Mohammed, frère d'Ahmed, Ahmed et Aly. Ils eurent recours à Ismaïl bey. Celui-ci envoya prier Aly bey de leur accorder grâce, mais Aly bey refusa en disant : « Il faut que tous soient passés au fil de l'épée. » Ismaïl bey envoya alors dire à Mohammed bey d'intercéder auprès de Aly bey, en faveur de Ahmed et des autres. Mohammed bey en parla à son maître et réussit à le faire renoncer à l'idée de les tuer. Aly bey leur fit grâce, mais à la condition qu'ils ne reviendraient plus dans leur village ; il dispersa leur tribu, qui resta disloquée jusqu'à ce qu'elle fut, dans la suite, réunie et reformée par Mourad bey, suivant de Mohammed bey Abou el Zahab. Ahmed ibn Aly ibn Soueilem devint le chef de la tribu mais sans beaucoup d'autorité et de pouvoir. Cette dignité n'avait plus le même prestige qu'autrefois. Le nouveau chef était un homme réservé et il ne se mêlait que de ce qui le regardait. Il passait la plupart de son temps à lire les Wirds, à discuter avec les savants et les gens pieux qu'il aimait et vénérait.

Nous lui faisions de fréquentes visites qu'il nous rendait au Caire, et nous l'avons trouvé homme de conversation agréable et de mœurs pures. Il avait souvent avec lui son frère Mohammed, qui possédait le même caractère que lui, mais qui était plus réservé dans ses relations avec le monde. Leur père, Aly, avait habité à Kallioub une maison spacieuse et charmante ; c'était un homme de belles qualités et d'une figure agréable. Il avait un nombreux personnel de domestiques qui le chérissaient et le respectaient. Sa conduite était pure, sa parole était éloquente et il retenait beaucoup de vers et d'anecdotes ; il avait lu les séances de El Hariri et autres ouvrages.

7. — Le grand émir Aly el Kharboutly, Katkhoda des Moustahfezan, un des Mamlouks de Ahmed Katkhoda el Kharboutly, qui reconstruisit la mosquée de El Fakahani, située au quartier de Akkadine et qui paya à cet effet 100 bourses sur ses propres deniers.

Cette mosquée, ainsi reconstruite en 1148 sous la direction de Othman Chalabi, le chef de la corporation des akkadine (passementiers), doit son origine au khalife El Faïez Billah el Fatimi. En cette année, Ahmed Katkhoda revêtit son mamlouk Aly de la *dolma*, il le nomma directeur de la mosquée et son exécuteur testamentaire.

Ahmed Katkhoda trouva la mort, ainsi que dix autres émirs, dans l'affaire qui eut lieu dans la maison de Mohammed bey el Defterdar et que nous avons relatée en temps et lieu. De sergent au corps des Moustahfezan, Aly devint katkhoda et son nom fut célèbre après la chûte de Othman bey Zulfikar, et lorsque Ibrahim Katkhoda et Radouan Katkhoda el Djelfi devinrent les seuls chefs du Caire. Aly Katkhoda maria alors sa fille à Aly bey el Ghazaoui, et les noces, célébrées en grande pompe, durèrent plusieurs jours. Aly bey eut de sa femme un enfant, Hassan Chalabi, qui devait, plus tard, arriver à la célébrité. Aly Katkhoda se fit ensuite bâtir une grande maison au bout de la courbe dite de Hoch Kadam, dans les environs de El Batimiah; il se fit construire une autre maison sur le bord du Khalig el Nasser, et une troisième donnant sur Birket el Ratli, sans compter les nombreuses voûtes et autres constructions qui portent son nom.

Aly bey exila Aly Katkhoda dans la Haute-Egypte et celui-ci y était encore lorsque Aly bey y arriva, fuyant l'hostilité de ses collègues. La communauté de malheur porta les deux ennemis à se réconcilier et Aly bey se servit de son beau-père comme d'un ambassadeur entre lui et Saleh bey. Aly Katkhoda, appuyé de Khalil bey el Assiouty, déploya dans ces négociations tant de zèle et d'activité que la paix fut conclue entre Aly bey et Saleh bey. Aly Katkhoda revint au Caire avec Aly bey et habita sa maison, qui fut le rendez-vous des solliciteurs et des plaignants. Il croyait n'avoir rien à craindre de Aly bey; il espérait que celui-ci conserverait le souvenir du zèle qu'il avait déployé pour le servir; mais il se trompait. Quelques jours après sa reprise du pouvoir, Aly bey l'exila à Rosette, où peu de temps après il le fit étrangler.

Aly Katkhoda était un émir respecté. Il avait une belle figure; ses yeux étaient grands, sa barbe était blanche et son air imposant. Il fut enterré à Rosette.

8. — L'émir hardi et brave, Mohammed bey Abou Chanab, ancien mamlouk de Aly bey. Il perdit la vie dans le combat qui s'engagea devant Assiout et son corps repose dans cette ville. Il était célèbre pour sa bravoure et il jouissait d'une renommée de courage bien méritée.

ANNÉE
MIL CENT QUATRE-VINGT-QUATRE.

En cette année, Abdallah, un des chérifs de la Mecque, vint trouver Aly bey. Le chérif Moussâed, le dernier prince de la Mecque, était mort, et la lutte pour sa succession s'était engagée entre le chérif Ahmed, frère du prince défunt, et son cousin le chérif Abdallah. Chacun d'eux revendiquait le pouvoir. Battu par son cousin, qui fut reconnu prince de la Mecque par la voix des armes, le chérif Abdallah se réfugia auprès du sultan de Constantinople qui lui donna des lettres de recommandation pour Aly bey. Le chérif vint l'année dernière au Caire porteur de ces lettres, mais comme Aly bey avait alors à surmonter les derniers obstacles qui s'opposaient à sa domination en Egypte, il ne put donner immédiatement au prince le secours qu'il demandait.

Aly bey accueillit dignement le chérif; il mit une maison à sa disposition et il subvint à tous ses besoins. Lorsqu'enfin il ne lui resta plus rien à faire en Egypte où, grâce à l'assassinat et à l'exil qui l'avaient débarrassé de tous ceux qui pouvaient lui porter quelque ombrage, il avait assis sa souveraineté, Aly bey porta ses regards sur le vaste horizon que la situation du chérif ouvrait à son ambition. Il se réjouit à l'idée des conquêtes nouvelles. Des munitions, des provisions, des biscuits, de la farine, du beurre, de l'huile, du miel, du sucre et différentes espèces de fromage en quantités immenses furent expédiées. Des soldats recrutés parmi les Turcs, les Moghrabins, les Syriens, les Metwalys, les Druses, les habitants de Hadramant et du Yemen, les Soudaniens, les Éthiopiens, les Albanais et autres furent enrôlés; une partie fut envoyée comme avant-garde, et, de Suez, l'armée s'embarqua sur des bateaux, avec les munitions, les canons et autres engins de guerre. L'armée avait quitté le Caire, au mois de Saffar, après le retour de la caravane du pèlerinage dans cette ville. Elle sortit en grande pompe, elle était sous le commandement suprême de Mohammed bey Abou el Zahab, qui avait avec lui Hassan bey, Moustapha bey et autres émirs.

Le 22 Rabi Awel, on reçut au Caire la nouvelle d'une bataille engagée entre les troupes égyptiennes et les ennemis. Ceux-ci se composaient de bédouins de Yamboh, auxquels s'étaient joints d'autres tribus et des hommes levés par le chérif Ahmed. L'armée du chérif se rencontra avec les troupes égyptiennes et il y eut entre elles un engagement terrible, dont l'issue fut fatale aux troupes du Hedjaz. Les troupes égyptiennes remportèrent sur elles une victoire complète, et, parmi les personnages marquants qui perdirent la vie dans cette journée, se trouvait le gouverneur de Yamboh, partisan du chérif Ahmed, qui l'avait nommé à ce poste.

Le 9 Rabi Akhar, un courrier arrivé du Hedjaz annonça l'entrée des troupes égyptiennes à la Mecque et la fuite du chérif Ahmed. La maison de ce prince et celles de ses partisans avaient été pillées ; elles contenaient des richesses immenses. Le chérif Abdallah occupa le poste déserté par son concurrent et Hassan bey se rendit à Djeddah. Il y gouverna en remplacement du Pacha qui administrait ce vilayet, au nom du sultan de Constantinople, et c'est là l'origine du surnom de El Djeddaoui qui lui fut donné et sous lequel il est désigné. Après quelques jours passés à la Mecque, Mohammed bey Abou el Zahab se prépara à rentrer en Egypte. Aussitôt que son intention fut connue au Caire, une foule nombreuse se porta à sa rencontre à El Akabah, et à l'arrivée de Mohammed bey en cet endroit, les émirs se portèrent à Birket el Hadj, où ils l'attendirent. Il y arriva dans les premiers jours de Radjab et fit au Caire une entrée superbe et magnifique. Les savants et les plus grands personnages vinrent dans sa maison le saluer et le féliciter, et les poètes donnèrent libre cours à leur imagination, qui enfanta en son honneur bon nombre de poésies élogieuses.

Vers le milieu de Radjab, Aly bey révoqua Abd-el-Rahman, aga des Moustahfezan, et le fit remplacer par le préfet de police Selim aga. Les fonctions de ce dernier furent confiées à Moussa aga, un de ses suivants. Aly bey ordonna ensuite à Abd-el-Rahman aga de partir pour Ghaza et de tuer Salit, le chef des bédouins de cette contrée, homme rebelle et méchant qui s'était fait une renommée terrible par sa cruauté et son audace. C'était le commencement de l'exécution des projets de Aly bey sur la Syrie. Abd-el-Rahman se rendit à Ghaza, où il réussit, à force de ruses et de tromperies, à tuer Salit, et avec lui ses frères et ses enfants.

En ce temps là Aly bey s'occupait de mettre sur pied des armées immenses. Des quantités énormes de biscuit, de poudre, de munitions, de provisions, etc., furent fabriquées et une armée considérable commandée par Ismaïl bey, auquel étaient adjoints Aly bey el Tantaoui et Aly bey el Habachi, sortit du Caire et se rendit à El Adeliah. Elle y séjourna pendant quelques jours, et, quand tous les préparatifs furent terminés, elle se mit en marche pour la Syrie.

Le 21 du même mois, une autre armée, commandée par Soliman bey Omar Kachef, s'embarqua à Damiette, se dirigeant vers la Syrie par voie de mer.

Le 10 Zilkâdeh, on apprit au Caire que des engagements avaient eu lieu en Syrie entre les troupes égyptiennes et les soldats levés par les autorités de la Syrie et la famille de El Adm.

Vers le milieu du même mois, une troisième armée se rendit en Syrie par voie de terre.

Le 17, Aly bey fit venir Hassan aga, suivant du représentant de la Sublime-Porte, le Rouznamdji Ismaïl aga, le préfet de police et autres et leur extorqua une somme de 400 bourses environ.

A la fin du même mois, Aly bey frappa d'une contribution tous les villages de l'Egypte. Chacun d'eux devait fournir une somme de 100 talaris, plus 3 talaris à titre de droit de route. Les habitants murmurèrent inutilement. En plus de cette contribution, les Coptes durent payer une somme de 100,000 talaris et les Juifs 40,000 talaris. Toutes ces sommes furent perçues le plus rapidement possible.

NÉCROLOGIE.

Sont décédés en cette année :

Le méritant, le lettré, le poète habile, le prosateur éminent, cheikh Abdallah, fils d'Abdallah, fils de Salama el Edkaoui el Massri el Chaffeï, connu sous le nom de El Moazzen. Il naquit à Edkou, village situé à une petite distance de Rosette, en 1104, ainsi qu'il le disait lui-même. Il y apprit le Coran et vint au Caire, où il suivit les cours des savants de son époque. Il excella surtout dans les belles-lettres et s'attacha ensuite à l'illustre lettré Sayed Aly effendi Bourhan Zadeh, nazir de la mosquée de El Achraf. Celui-ci le fit loger chez lui et subvint à tous ses besoins; il avait pour lui des égards et il fit de lui son confident. Il avait avec lui des causeries charmantes et ils firent ensemble, en 1147, le pèlerinage de la Mecque. Après avoir visité le tombeau du Prophète — que Dieu le bénisse et le salue! — le cheikh Abdallah revint au Caire, où il se consacra à l'étude des belles-lettres. Il fit des poésies magnifiques, des morceaux de prose superbes et parvint à une grande habileté.

Cheikh Abdallah fit plusieurs voyages à Rosette, à Fouah et à Alexandrie; il eut des entrevues avec les personnages les plus importants de ces villes et composa en leur honneur des poésies élogieuses.

En 1189, j'ai vu deux vers de sa composition écrits de sa main, sur un des murs de la mosquée de Ibn Nasrallah à Fouah. Ces vers avaient été écrits par lui en 1145.

Après la mort de son protecteur El Sayed Aly effendi, le cheikh Abdallah se maria et quelque temps après il devint chef de famille ; sa situation n'était pas précisément florissante et il regrettait amèrement les jours passés en la compagnie de son protecteur défunt. Dans cette situation, il recourut au plus grand savant de son époque, le cheikh el Chabraoui, s'attacha à lui et composa en son honneur ses meilleures poésies. Il avait pour ce savant une très grande considération et lui portait une vénération sincère. A la mort de Cheikh el Chabraoui, le poète s'attacha au savant de l'époque, El Chams El Hefni, et il l'accompagna dans ses voyages ; il chanta ses éloges dans des poésies admirables.

On doit au cheikh Abdallah des écrits magnifiques et des poésies pareilles à des colliers de perles, entre autres :

El Dourrah el Faridah (la perle unique) ;

El Monah el Rabbaniah (sagesse) ;

Une poésie en l'honneur du Prophète, composée sur l'ordre de Aly pacha Hakin Ogli ;

Un abrégé du commentaire fait par El Siouty sur la poésie qui commence par ces mots « Soad s'est éloigné » ;

El Fawaïeh el Djananiah (les parfums du paradis), recueil de poésies composées en l'honneur de l'émir Radouan El Djelfi ;

Hidayat el Mathoumine (réfutation des mensonges des astrologues) ;

El Nozhat el Zahia, qui est la science du partage des successions mise en vers du genre *ghazal* ;

Okoud el Dorar, traité de versification. Chaque vers de ce traité commence par des paroles du Prophète ;

El Dorr el Thamine (traité de Tadmine ; genre qui consiste à citer ou à faire allusion à des vers ou des paroles dites par un autre, sans y rien changer)

Bidaat el Arib (poésie) ;

La séance Tashifiah ;

Une séance obscène ;

Un *takhmiss* de « Soad s'est éloigné ». Ce *takhmiss* commence par un discours d'une grande beauté et forme un ouvrage à part ;

Son fameux recueil arrangé par ordre alphabétique, et d'autres écrits.

Cheikk Abdallah écrivit de son écriture magnifique plusieurs grands ouvrages, recueils de poésies et relations de voyage merveilleuses et étranges. Son genre de calligraphie est très apprécié au Caire et j'ai vu beaucoup de livres écrits par lui.

Parmi les recueils écrits par lui, citons les poésies de Hassan ibn Sabet; il les copia avec un art calligraphique admirable. L'ouvrage était orné avec un grand talent et portait en marge l'explication des mots barbares ou difficiles employés par l'auteur.

Citons encore l'ouvrage intitulé *Nozhat el Albab*, recueil de tout se qui rattache aux belles-lettres.

Cheikh Abdallah avait avec les poètes, ses contemporains, des discussions charmantes; il vécut d'une vie aisée jusqu'à la mort du Sayed el Hefni. La disparition de ce cheikh porta le coup de grâce à la prospérité du poète, qui était arrivé à être le plus grand poète de l'époque. De prospère, sa situation devint précaire; avec la gêne arrivèrent les soucis de la maladie, puis la mort, qui emporta le poète le jeudi 5 Djamad Awel. Le lendemain, les prières mortuaires furent dites sur son corps à la mosquée d'El Azhar, et il fut enterré à El Moudjawerine, près du tombeau de cheikh El Hefni.

Voici quelques-uns de ses vers :

Dieu ! je t'en conjure par le guide, l'intercesseur Mohammed,
Pour qui ce monde a été créé ;
Par les glorieux membres de sa famille et par ses bons disciples,
O toi dont la générosité satisfait aux besoins de l'univers au jour du jugement dernier,
Prête-moi ton aide ;
Et en ce monde épargne-moi les soucis de l'existence.
Dans ta générosité, mets un voile sur mes défauts,
Pardonne-moi et guéris mon cœur.

Demande à Dieu, le grand généreux, et ne t'adresse pas
A d'autres. Dieu te donne ce que tu désires ;

Et contente-toi, homme raisonnable,
Du moindre que tu peux obtenir.

On lui doit aussi les vers suivants, composés en l'honneur de la famille du Prophète. Ces vers contiennent un emprunt :

Descendants du Prophète, dépositaires de toute vérité,
Le Coran inspiré confirme votre pureté ;
Votre lumière dissipe l'obscurité de toute fatigue,
Regardez-nous pour que nous empruntions de votre lumière.

Parmi les meilleures créations de Cheikh Abdallah est le genre dont il est le créateur, et qui a pour nom *la vaste érudition*. Il l'a divisé en quatre genres :

Le premier consiste en ce que les mots du vers commencent tous par la même lettre.

Le deuxième genre, consiste en ce que chaque lettre de chaque mot, selon qu'elle ait ou non des points, soit précédée ou suivie par une lettre en opposition avec elle.

Le troisième genre consiste en ce que les mots qui composent le vers soient formés, l'un de lettres non pointées et le suivant de lettres pointées, et ainsi de suite. Ce genre est nommé *el Akhiaf*.

Enfin le quatrième genre consiste en ce que tous les mots composant le vers ne sont formés que de lettres pointées.

On doit aussi au cheikh Abdallah les vers qui, lus dans l'ordre normal ou au rebours, auront toujours la même prononciation et la même signification. La lecture au rebours a pour nom : *El Inikasse* (renversement).

Dans le genre de la « Vaste érudition », il existe encore une espèce qui consiste à commencer le premier mot du vers ou de l'hémistiche suivant par la lettre finale du dernier mot du vers ou de l'hémistiche précédent ; la rime est souvent exceptée.

On doit aussi au même poète les vers suivants qui sont du genre, lyrique :

> Sa fierté vis-à-vis des amants ne fait que grandir ;
> Il guérirait ma maladie par ses faveurs.
> Amis, sa fierté augmente,
> Surtout depuis qu'il est près de moi.
> Ses faveurs sont le remède de mon cœur,
> Elles couperaient ma maladie et épargneraient ma vie ;
> Ses faveurs sont mon remède,
> Fasse Dieu que je les obtienne de nouveau.
>   Etc., etc., etc.

On lui doit également le vers suivant, dans lequel il fait mention de la construction de la mosquée de Cheikh Mathar :

> C'est celui qui croit en Dieu, et qui est convaincu
> Du bonheur dans l'autre monde, qui bâtit les mosquées.
>   (Ce vers contient la date de l'année).

On lui doit également une césure de la poésie de Zafir el Haddad :

> S'il s'était accroché à la patience,
> Le doux sommeil n'aurait pas fui ses yeux, etc., etc.

Le cheikh el Edkaoui avait composé en l'honneur d'un des émirs de l'Egypte, une poésie de félicitations à l'occasion de l'an 1164. Le vers final de cette poésie contenait six dates de l'an 1164, chaque hémistiche de ce vers constituait une date de cette année ; les lettres pointées des deux hémistiches constituaient, réunies, une date de l'année en question et il en était de même des lettres sans points. Ajoutons encore que les lettres sans points du premier réunies aux lettres pointées du deuxième hémistiche, donnent la même date et vice-versa.

On doit également au même poète les vers suivants :

> Votre amant est venu pour vous voir
> Plusieurs fois, mais Dieu refusa de le satisfaire.
> Soyez généreux une fois, faites qu'il vous voie,
> Et vous le revêtirez d'une robe de fierté.

Cheikh Abdallah se trouvait une fois dans une réunion qui comptait dans son sein des sommités littéraires et des calligraphes. Il fut invité à en faire le portrait et voilà ce qu'il improvisa séance tenante:

> Regarde cette réunion d'écrivains, pareils
> Aux étoiles qui guident le voyageur nocturne ;
> Ils ont remporté les palmes de l'habileté
> Et cueilli des lettres ornées d'éclat.
> Chacun d'eux par son habileté provoque
> Cette idée : « Que le créateur est sage ! »

On lui doit encore les vers suivants par lesquels il chante l'apparition des favoris chez l'objet de son amour :

> Que Dieu soit bienveillant pour un temps de joie passé
> En ta compagnie, homme aux belles manières !
> Alors que la rose de tes joues était florissante,
> O branche, qui se balance et avait la beauté pour fruit !
> Alors que matin et soir.
> Le sort m'était docile.
> Obéissant à mes ordres et que ma bonne chance
> Me permettait de te voir, me comblant ainsi de bonheur.
> Mais depuis que le myrte de tes joues a paru,
> Et s'est mis à boire l'eau rosée de tes joues,
> Tu te détournas de moi, croyant que j'avais oublié,
> Et pourtant j'ai pour toi un culte qui me ravit.
> — Je ne me suis pas détourné de toi, dit-il, mais
> Ce que tu hais est venu, que comptes-tu faire ?
> — O tout ce que je désire, dis-je, tes joues sont devenues
> Un jardin qui attire les cœurs malgré eux.
> — Compare donc mes favoris, dit-il, et alors je dis que c'était
> Du musc qui demande l'aumône à la rose.

On lui doit également les vers suivants, dont l'idée a une origine persane :

> Les viveurs se sont plaints à moi, de ce que le mois de jeûne
> Coïncidait avec l'époque de la récolte des vins.
> Hommes, leur dis-je, si ce mois venait à exiger
> De vous le jeûne, mangez-le.

Et les suivants :

> Le surveillant a pris place sur la joue ravissante
> A côté du myrte.
> Il a l'air du froid de février
> Vis-à-vis de la saison du printemps.

On lui doit les vers suivants par lesquels il implore :

Je t'en conjure, Seigneur, par notre vieille amitié,
Par nos causeries gaies et joyeuses,
Par ton homonyme vaillant, raccourcis le temps
Et conserve mon amitié.
Ma patience s'est envolée, les désirs sont venus
Et je ne sais plus que faire.
Par ton abandon, tu as annulé mes forces ;
Ton éloignement a fondu mes entrailles, toi seul peux me guérir.
Je t'en jure par ce que j'ai souffert, je serai l'ami fidèle
Toujours, quoique tu persistes dans ton abandon.
Je suis criminel, pardonne-moi, seigneur,
Il est dans la nature des nobles seigneurs de pardonner.

On lui doit également les vers suivants :

> Voyons, que pensez-vous d'un amant passionné,
> Que votre amour empêche de dormir ?
> Accordez-lui vos faveurs, ou traitez-le avec douceur
> Peut-être les rêves le visiteront-ils.

Et les suivants qui contiennent des considérations sur le néant de cette vie :

> Dites-moi, mes amis, si ma fin venant à s'approcher,
> Vous m'aviez préparé ma tombe,
> Et si, m'ayant conduit dans un endroit
> D'où l'on ne revient pas,
> On venait à passer la terre au crible,
> Trouverait-on un atome de moi? Malheur à moi !
> Malheur à cette vie qui déchire les cœurs !
> Je suis déposé dans l'endroit désert, la tombe,
> Dépourvu de munitions et de monture.
> Homme, si tu veux connaître quel sort t'est réservé
> Dans l'autre monde,

> Regarde, au jour du jugement dernier, les actes
> Que ta main à tracés sur le tableau.

Certaines circonstances l'ont forcé à composer les vers suivants :

> J'ai délaissé une mauvaise compagnie
> Et m'en suis détourné,
> Or, quelques-uns m'en blamèrent.
> Ne sont-ils pas dignes de tes attentions? dirent-ils.
> — Mon éloignement de ces réunions
> Est grandement justifié, leur dis-je,
> Nous sommes des gens qui vivons de nos plumes,
> Tandis que c'est le vice qui fait vivre cette compagnie.

On lui doit les vers suivants, par lesquels il réfute les dires des astrologues :

> Dieu sait ce qu'il en est, ce que les vents
> Font mouvoir et pourquoi le firmament roule.
> Laisse l'astrologue errer dans ses mensonges,
> Méprise ses prédictions ; tout ce qu'il te dit est faux,
> Garde-toi de le croire, autrement tu périras damné
> Comme tant d'autres, toi qui prétends avoir la foi.
> Les secrets de Dieu, Dieu ne les dévoile
> Qu'à l'ange ou aux prophètes qu'il lui plaît.
> Voilà ma croyance ; par elle je verrai Dieu
> Et passerai du côté des élus.
> Que Dieu bénisse le Prophète, sa famille
> Et ses disciples, tant que la clarté succédera à l'obscurité !

Un lettré de nationalité turque lui avait récité un vers turc qui contenait des chronogrammes et avait prétendu que les Arabes n'étaient pas à même de faire de pareils tours de force. Le cheikh El Edkaoui composa, pour démentir le turc, la nuit même, les vers suivants. Ils appartiennent à un genre dont il est le créateur :

> Voilà une nouvelle année qui arrive avec la félicité,
> Et l'on doit parler de choses agréables
> Elle est venue à nous, qu'elle soit la bienvenue.

Dieu, accorde-nous dans son cours des dons réjouissants.
Le sort clair et serein me dit :
Il n'y aura rien d'attristant.
Fais le portrait du nouvel an et qu'il soit digne ;
C'est sous le jour que tu lui donneras qu'il sera connu,
Et, présenté par moi, je dis alors
Un vers charmant digne d'être rapporté.

En faisant les calculs, l'on s'aperçoit que chacun des deux hémistiches, que les lettres pointées réunies des deux hémistiches, que les lettres sans points réunies des deux hémistiches, que les lettres pointées du deuxième hémistiche et les lettres sans points du premier réunies, et vice-versa, donnent tous la même date de l'an 1144, ce qui fait que ce seul vers a donné six fois la date de cette année.

Le cheikh El Edkaoui est l'auteur d'une césure admirable, de la fameuse *Lamiah* de Ibn el Wardy. On lui doit sur la piété et la ferveur les vers suivants :

Dieu n'a pas d'associé, pas plus que d'égal,
De rival ou de partisans.
Il ordonne et exécute ce que sa perfection exige,
Louanges à lui !

On lui doit un *takhmisse* des deux fameux vers de « El Rakmatein ».

Je ne dors plus, ou plutôt je suis stupéfait,
Depuis que la belle aux grands yeux noirs m'a délaissé.
Mais depuis qu'elle m'a annoncé sa fidélité à l'amour,
Elle vit la lune du ciel et me rappela ainsi
Les nuits passées près d'elle à El Rakmatein.
Elle étala à mes sens ses grâces ravissantes,
Et un visage capable de séduire la pleine lune,
Et me dit, quand je n'avais plus rien à craindre :
Chacun de nous voit la lune oui, mais
Elle voyait par mes yeux et je voyais par les siens.

On lui doit également les vers suivants :

Je n'ai pas dit que ma chance s'est endormie,
Mais je me suis endormi pendant qu'elle veillait.
Dieu, le Très-Haut, peut dans sa puissance
Me garder et veiller sur moi.

On lui doit les vers suivants, par lesquels il dit qu'il ne faut pas préférer les anciens aux modernes, ni ceux-ci à ceux-là :

Au contemporain prête ton aide,
Que de grandes actions sont dues aux anciens !
Et ne méprise pas les nouveaux venus,
Il y en a beaucoup qui sont des perles.
Laisse-là ton parti pris
Pour les anciens ou les modernes,
Et rallie toi à tout homme
Qui surpasse les autres.

Et les suivants qu'il a composés en l'honneur de El Chams el Hefni :

A chaque lever du soleil, je promène mes regards
Dans un jardin éclairé par ton beau visage,
O ornement de l'époque, ô chemin de tout honneur,
O toi qui as ressuscité la religion !
Louanges à Dieu qui, par l'affection, m'a approché
De ton cœur pur de toute tache et éclairé par lui,
Et je le prie de faire durer cette affection
Tant que mon âme habitera mon corps,
Seigneur, dis *amen*, afin qu'il soit exaucé,
Le vœu de celui qui te souhaite une vie éternelle, ô grand savant!

Lorsqu'il entendit ces vers, El Chams el Hefni prononça avec son éloquence habituelle ces mots :

Amen, Dieu, amen !

Et les vers suivants qui, eux aussi, contiennent un emprunt :

Mes amis m'ont dit : Tu as quitté la patrie !
Trêve de reproches, leur dis-je, je ne vous écouterai pas,
Je ne m'aperçois pas que j'ai quitté ma patrie
Quand je le fais en compagnie du Dinar (de l'argent).

On lui doit également les vers suivants qui contiennent un proverbe :

> Celui que j'aime m'a fait don d'un baiser,
> Lui qui me fuyait,
> O cœur, espère, dis-je alors,
> Les rares goutelettes annoncent la pluie.

On lui doit un éloge superbe de l'ouvrage dû à notre seigneur le cheikh el Sadât, et dans lequel ce maître commenta le traité composé par cheikh El Aïdarouss, sur le nom collectif et le nom propre. Voici en partie cet éloge :

> Voici la science d'un savant qui a su et enseigné et l'intelligence et la perspicacité de ce savant illustre qui a compris et fait comprendre.
> Voilà un genre unique, unique entre les uniques et une perle recueillie dans une mer de science. Il a exhibé des bijoux cachés qui ont charmé leurs amateurs et déchiré le voile qui couvrait le visage d'une belle qui s'était voilée pour d'autres que ses adorateurs. J'ai promené mon regard sur les beautés de ses inventions et j'ai fixé mes yeux sur les merveilles de ses explications, et je me suis dit : Que l'œil de Dieu veille sur ce chef au regard sûr et aux idées justes qui a porté toute son attention à la critique et qui arrange si bien le texte et le commentaire qu'il ressemble à un collier de perles qui entoure le cou. Pouvait-il en être autrement ? l'auteur est le personnage marquant entre les connaisseurs ; il est de ceux qui sont sans cesse occupés à faire des actions louables et qui s'éloignent du mal ; il est un de ceux :

> Qui sont l'ornement du monde et sa gaieté,
> Auxquels nous recourons au moment du danger,
> Notamment, notre seigneur, le vénérable, l'imam,
> Mohammed, le descendant des véridiques Wafa.
> Que celui qui lui a donné le mérite le garde,
> Pour nous faire voir des merveilles aimées des gens intelligents.
> Qu'il le défende contre les envieux, lui donne
> Ce qu'il désire et le préserve. Cela suffit.

Et les vers suivants par lesquels il célèbre l'arrivée en abondance à la Mecque de l'eau d'une source :

> Dieu, le généreux, nous a rendu la source
> Que nous avions perdue.

Elle jette l'eau en grande abondance
Grâce à Dieu,
Et pour en perpétuer la mémoire je dis :
La générosité de Dieu l'a fait couler. (1178).

On lui doit également des césures des deux vers anémoniens dus à notre maître, le cheikh Abd-el-Ghani el Maplousi :

Dans un langage qui charme les esprits,
Les anémones dans les prés nous ont dit :
Si tu tiens à sentir notre parfum,
Délaisse la joue enflammée de l'aimé.
Les favoris ont-ils jamais produit quelque chose de pareil à nous ?
Voici un spectacle qu'on désire voir en rêve.
Par notre beauté nous dominons les fleurs.
Silence ! leur dis-je, le calomniateur ne doit pas être écouté

Autre césure :

Les anémones dans les prés nous ont dit :
Viens dans notre jardin, c'est le paradis et le salut.
Celui qui vient à nous et aspire notre parfum dit :
Délaisse la joue enflammée de l'aimé,
Les favoris ont-ils jamais produit quelque chose qui nous ressemble ?
Pour la beauté et l'éclat qui inspirent l'amour,
Et cette joue n'a-t-elle pas été confondue par notre beau parfum ?
Silence ! leur dis-je, le calomniateur ne doit pas être écouté.

Autre césure :

Les anémones dans les prés nous ont dit :
Les rois sont épris de notre beauté resplendissante.
Fier de nous, le Nooman dit :
Délaisse la joue enflammée de l'aimé,
Les favoris ont-ils jamais produit quelque chose qui nous ressemble ?
Vous dont la beauté étonne et ravit.
Ne savent-ils pas que nous les dépassons en charmes,
Silence ! leur dis-je, le calomniateur ne doit pas être écouté ?

Encore une autre césure :

Les anémones dans les prés nous ont dit :
Nous sommes les imams des fleurs ;

Elles sont fières de nons et celui qui voit notre beauté dit :
Délaisse la joue enflammée de l'aimé.
Les favoris ont-ils jamais produit quelque chose qui nous ressemble ?
Et leurs roses sont-elles noircies par la poussière
Nous sommes toujours florissantes et épanouies.
Silence ! leur dis-je, le calomniateur ne doit pas être écouté.

Et cette césure :

Les anémones dans les prés nous ont dit,
Après un préambule clair, non équivoque,
La conclusion de la preuve de ma fortune est :
Délaisse la joue enflammée de l'aimé.
Les favoris ont-ils jamais produit quelque chose qui nous ressemble ?
Qui leur ait donné la vertu d'inspirer l'amour.
Mais silence ! leur dis-je, le calomniateur ne doit pas être écouté.

Et la césure suivante, qui contient des allusions astronomiques :

Les anémones dans les prés nous ont dit :
La Balance de mes honneurs est toujours haute.
La brillante Vénus a dit.
Délaisse la joue enflammée de l'aimé
Les favoris ont-ils jamais produit
Un astre qui prête la clarté?
Ne voyez-vous pas que nous ressemblons aux Pléiades pour l'éclat !
Silence ! leur dis-je, le calomniateur ne doit pas être écouté.

On lui doit les vers suivants, dans lesquels il s'adresse au maître El Hefni :

Seigneur, ta grandeur est sublime,
Tout l'univers s'est incliné devant toi.
Dans sa générosité, Dieu a dissipé
Les chagrins qui m'obsédaient
Et coupé court à la plainte qui a usé mes os,
Et je n'ai à me plaindre que de l'indigence.

Et les vers d'amour qui suivent :

Celui que j'aime passe quelquefois devant moi,
Et je souhaite alors qu'il m'adresse un regard.
Mais lui, remarque ce souhait et fait le fier.

Cheikh Abdallah avait contracté une maladie que les médecins ont été impuissants à guérir, et qui inspirait de la pitié à ses ennemis mêmes. Mais Dieu voulut qu'il guérit, et, à l'occasion de son retour à la santé, il composa les vers suivants :

> Le destin n'a pas été cruel, et Dieu
> A éloigné de moi ce que je craignais,
> Je ne me plaindrais jamais à d'autre qu'à lui.
> Louanges à Dieu l'unique !

On lui doit les vers suivants :

> Dieu, je t'en conjure par ton envoyé, le choisi,
> Taha, le pur de toute souillure,
> Sois bienveillant pour moi,
> Et sauve-moi de mes souffrances.
>
> La bienveillance divine
> M'a sauvé de ma maladie.
> Louanges à Dieu
> Qui a dissipé ma tristesse !
>
> Dieu a eu pitié de moi,
> Après de dures souffrances,
> Louanges et grâces à Dieu
> Qui a dissipé mes chagrins et mes soucis !

On lui doit les vers suivants, dont la signification a une origine persane :

> Je fais des vœux, ô beau, pour que les hommes
> Ne disent pas de toi que tu es un voleur.
> Vole des perles d'idées ou de qualités,
> Mais jamais de perles appartenant aux hommes.

Et les vers suivants qu'il écrivit sur une fontaine destinée aux ablutions :

O toi qui contemples la beauté de ma construction,
Je suis devenue le chemin du salut.
Et c'est pourquoi je suis
Une fontaine pour les ablutions et les prières (*chronogramme 1178*).

Et les vers suivants, dans lesquels il adresse la parole à El Chams el Hefni, à l'occasion d'une fête :

> Votre personne donne la joie à la fête,
> Et accroît sa clarté et sa splendeur,
> Que Dieu, le grand, vous garde éternellement,
> O rempart de l'islamisme !

Je me suis marié en 1182, et à cette occasion, le poète adressa à mon père les vers suivants :

> Glorieux, dont les paroles et les actions
> Empruntent leurs charmes à ton nom,
> Trésor des chercheurs des connaissances
> Qui proviennent en grande partie des perles de la mer,
> Je te félicite au sujet de ton fils, l'adorateur,
> Du miséricordieux dont les honneurs grandissent de ta gloire.
> Tu lui as donné le comble de la félicité,
> Tu lui as procuré la jouissance unique de l'époque,
> Tu l'as marié aux beautés vierges,
> Et il répète sa reconnaissance pour toi.
> Que Dieu le généreux le garde
> Jouissant de te voir en bonne santé.
> Voici les félicitations et c'est là la félicité
> De l'ami qui fait des vœux pour ta grandeur,
> Et pour chanter ce mariage je dis :
> Le soleil de la splendeur a été marié à votre lune *(chronogramme)*.

En 1173, une discussion, suivie d'un désaccord, était survenue entre les desservants du mausolée de Setti Nafissa ; voici à quelle occasion ce désaccord avait eu lieu. C'est une chèvre qui joua le principal rôle dans cette affaire.

Dans le courant de l'année 1173, les desservants du mausolée de la descendante du Prophète exhibèrent une chèvre laitière, et ils accompagnèrent cette exhibition de la fable suivante :

Des prisonniers en captivité chez les Chrétiens avaient invoqué l'assistance de Setti Nafissah, et amené ensuite cette chèvre pour l'égorger, dans une nuit où ils avaient décidé de tenir une séance d'invocations et de prières pour leur délivrance. L'impie (le roi des chrétiens) avait eu connaissance de leur projet et leur avait défendu, avec force injures, de le mettre à exécution et d'égorger la chèvre. Mais, pendant la nuit, cet homme fit un rêve tellement effrayant que, le lendemain même, il donna la liberté aux captifs et les renvoya dans leur pays, après leur avoir distribué de l'argent. Ceux-ci revinrent donc en Égypte, emmenant avec eux la chèvre, et, à leur arrivée au Caire, ils se rendirent avec cette chèvre au mausolée de Setti Nafissah.

Plusieurs autres absurdités étaient débitées par les desservants, sur le compte de la chèvre; quelques-uns d'entre eux prétendaient l'avoir vue un matin, au haut du minaret, ou sur le tombeau même. D'autres prétendaient l'avoir entendue parler, et le cheikh du mausolée, le nommé Abd-el-Latif, prétendait avoir entendu Setti Nafissah, dans sa tombe, lui recommander cette chèvre et, en conséquence, il avait toujours la chèvre à ses côtés dans les réunions. Il débitait aux auditeurs des mensonges et des absurdités dont le but réel était d'amasser des richesses, et ses inventions fausses s'étant répandues, la foule, hommes et femmes, vint de tous les côtés pour visiter la sainte chèvre et lui offrir des présents. Le cheikh Abd-el-Latif avait dit à ces visiteurs que la chèvre sacrée ne mangeait que des noyaux d'amandes et des pistaches, et qu'elle ne buvait que de l'eau de rose, que du sucre fondu et raffiné, etc. Les visiteurs lui offrirent alors des quantités énormes de ces denrées. Les femmes tissèrent pour la chèvre des tresses dorées, des colliers, et lui offrirent des bijoux : elles l'aimèrent et s'en éprirent ; la renommée de cette chèvre parvint aux grandes dames et franchit le seuil de leurs demeures princières ; chacune d'elles envoya un présent en rapport avec sa situation, et plusieurs s'en furent visiter la chèvre à la renommée universelle. Voulant couper court à cette supercherie, Abd-el-Rahman Katkhoda envoya dire au cheikh Abd-el-Latif de venir dans sa maison avec la chèvre ; il voulait, disait-il, être béni avec sa famille par son contact. A la réception de ce message, le cheikh Abd-el-Latif monta sa mule et se rendit chez Abd-el-Rahman, accompagné d'une foule imposante, précédée de drapeaux, de flûtes, de tambours, etc. Pendant la durée du trajet, il tenait la chèvre sur ses genoux ; à son arrivée dans la maison de l'émir, il la porta dans ses bras. L'émir se frotta contre la chèvre et ordonna ensuite qu'elle fut introduite dans le Harem. On dirigea la chèvre de ce côté, mais l'intendant, qui avait des instructions de son maître, conduisit la chèvre à la cuisine et la fit égorger. Elle fut ensuite préparée avec soin et quelque temps après, le déjeûner, comptant plusieurs mets, entre autres la chair de la chèvre, était servi. L'émir et ses visiteurs se mirent à table. Le cheikh Abd-el-Latif trouva cette chèvre succulente et y fit honneur. Le Katkhoda lui dit souvent: «Mange, cheikh Abd-el-Latif, de ce petit mouton gras, » et le cheikh de répondre, entre une bouchée et l'autre ; « Par Dieu ce mouton est gras. » Les assistants riaient et échangeaient entre eux des regards d'intelligence. Le repas fini, on but le café, après quoi le cheikh réclama sa chèvre à l'émir. Le Katkhoda lui apprit que le mouton dont il avait dévoré à lui seul une grande partie n'était autre que la chèvre. Le cheikh fut stupéfait de cette déclaration ; l'émir lui fit alors des reproches et le renvoya chez lui, la tête couverte par dessus le turban, avec de la peau de la chèvre, et le même cortège qui l'avait accompagné chez l'émir dut, par ordre de celui-ci, le reconduire chez lui.

Le cheikh Abdallah el Edkaoui composa à cette occasion les vers suivants :

Attache-toi à Nefissah, la descendante du Prophète,
D'heureuse mémoire, et tu obtiendras tout ce que tu désires.
Exige de sa générosité toute bonne chose, ami,

A ceux qui l'invoquent, elle est plus utile qu'un trésor.
Parmi les choses merveilleuses, il est un bouc
Qui employa des chèvres pour étaler des mensonges
Qu'il débitait, voulant prouver combien était
Grande l'affection qu'il lui portait.
Mais immédiatement Dieu fit égorger la chèvre,
Et le bouc fut ainsi confondu.

Parmi ses compositions très nombreuses et qui pourraient facilement faire un grand recueil, se trouvent les vers suivants qui contiennent un calembour :

Le masseur Moussa a préparé une retraite
Si charmante qu'elle ressuscite les âmes.
Qu'y feras-tu ? m'a-t-on demandé.
J'y emploierai Moussa, répondis-je [1].

Si l'individu ne vous aide pas quand il est dans l'aisance,
Quand la prospérité lui sourit, et s'il ne pense pas à vous,
Tracez son portrait au charbon dans les lieux d'aisances,
Et à chaque occasion urinez sur lui.

On lui doit également un *takhmisse* de ces vers. Voici ce takhmisse :

Si l'individu ne vous aide pas quand il est dans l'aisance,
Si l'orgueil et la vanité le revêtent de leur robe,
Et s'il commence à trouver lourd le fardeau de l'amitié,
Et s'il ne pense plus à vous,
Au charbon, tracez-en le portrait dans les lieux d'aisances
Mais soyez dans l'obscurité au moment de le tracer,
Et ordonnez à tous ceux qui ont le ventre trop plein
De le vider bravement sur sa tête,
Et à chaque occasion, urinez sur lui.

Et d'autres compositions, trop longues à rapporter.

Enfin les infirmités vinrent et accablèrent le cheikh El Edkaoui ; vainement, il essaya de lutter contre leur action pernicieuse ; la mort le terrassa. Il succomba le jeudi 5 Djamad Awel de cette année. Que Dieu lui soit miséricordieux ! Quelques

---

[1] Le mot Moussa, dans cette dernière strophe, veut dire rasoir.

années après moururent son fils, le grand savant El Sayed Ahmed, dit Katikt, le mufti des Chafeïtes à Alexandrie, et le Sayed Helal el Kotbi (le libraire). Un autre de ses fils, le cheikh Saleh el Sahaff, est encore en vie. Que Dieu le fasse triompher du sort!

L'Imam savant, le juriste habile, le cheikh Djaffar Ibn Hassan, Ibn Abd-el-Kérim, Ibn Mohammed, Ibn Rassoul El Husseini el Barzandji el Madani, le mufti des Chaféites à Médine. Il naquit à Médine et y étudia sous la direction de son père et du cheikh Mohammed Haïat; il fut autorisé à enseigner par le Sayed Moustapha el Bakri. Il donnait des leçons de jurisprudence dans l'intérieur de Bab el Salam; il était merveilleux pour la beauté de sa lecture, le charme de sa parole et la connaissance des ramifications de la doctrine chaféite. Il exerça à Médine, pendant plus de vingt ans, les fonctions de mufti et d'imam, et il n'a jamais trahi la vérité. Il s'est rencontré avec le cheikh Soliman Ibn Yehia, le cheikh des cheikhs, il l'a cité dans son « Voyage » et en a fait un portrait charmant et élogieux. On lui doit de nombreux écrits, entre autres:

El Birr il Adjel, réponse aux théories de cheikh Mohammed Ghafel.

El Faïd el Latif, réponse au juge.

Fath el Rahman, critique des réponses de El Sayed Ramadan.

Il mourut dans le courant de cette année; d'aucuns disent qu'il fut empoisonné.

Le saint mystique, l'halluciné sincère, le maître, le cheikh Ahmed Ibn Hassan el Nacharty, connu sous le nom de El Erian. Il avait des aventures merveilleuses et faisait des miracles. Il était né au commencement du siècle. Dans les commencements de son hallucination, il était toujours éveillé, mais au bout de quelque temps, l'ivresse religieuse s'empara de lui et il restait souvent sans connaissance. Aux débuts de ses hallucinations, il lui arrivait de faire des actions étranges : il frappait avec sa canne ceux qui venaient le visiter. Il faisait chaque année le pèlerinage de la Mecque et assistait aux foires qui se tenaient à Tantah, en l'honneur de Sidi Ahmed El Badaoui. Il ne savait ni lire ni écrire, et pourtant lorsque quelqu'un de ceux qui lisaient devant lui faisait une faute, il l'interrompait dans cette lecture et lui faisait remarquer son erreur. Il s'habillait d'une façon grossière, un manteau en laine, un turban en laine rouge qu'il enroulait par dessus un bonnet de laine, tel était son vêtement pendant toute l'année. Il montait une mule à marche rapide ; il jouissait d'une grande réputation et le peuple avait une grande confiance en lui. Les émirs venaient le visiter et lui demander sa bénédiction ; il en tirait des sommes considérables, qu'il employait pour subvenir aux besoins des pauvres qui s'étaient attachés à sa fortune. Il fit élever, vis-à-vis de El Zahed et dans le voisinage de sa maison, la mosquée qui porte son nom, près de laquelle il fit creuser une citerne. Il fit, en outre, creuser à l'avance des tombes pour lui, pour sa famille et ses parents, et pour ses suivants. Il se rencontra ensuite avec notre maître, le Sayed Ahmed El Aroussi et s'attacha à lui, à tel point qu'il ne s'en séparait plus. Il lui donna en mariage une de ses filles, celle de laquelle le cheikh Ahmed eut ses enfants, et il lui annonça son élévation future à la dignité de cheikh de la mosquée d'El Azhar. Sa prédiction s'accomplit dans la suite ; il était célèbre pour connaître l'avenir. Il mourut dans le milieu du mois de Rabi Awel, et après les prières funèbres qui furent dites sur son corps, dans la mosquée de El Azhar, il fut inhumé dans la tombe qu'il s'était fait creuser dans la mosquée élevée par lui.

Le bon, le pieux, le jurisconsulte, le cheikh Aly Ibn Ahmed, Ibn Abd-el-Latif el Bachbichy el Chafeï. Il avait étudié sous la direction de son père, l'élève de El Babeli. Il mourut à la fin du mois de Rabi El Thani de cette année.

Le vénérable, le bon, le pieux, le cheikh Ahmed el Mollawi, cheikh de la secte Mollawiahs, à la mosquée de El Mozaffar. C'était un homme simple, réservé dans ses relations avec les hommes et ne se mêlant à eux que quand les circonstances l'exigeaient. Il mourut le 27 Rabi Akher de cette année.

L'audacieux, le généreux, l'énergique, le fier, Chams-el-Dine Hammoudah, cheikh du village de Barnah (Menoufieh). Il avait étudié sous la direction de cheikh El Hefni, qu'il respectait beaucoup et en qui il avait une grande confiance. Il aimait les hommes de bien, il avait confiance dans les âmes pieuses et il accueillait avec beaucoup d'égard ses visiteurs et ses hôtes. Il avait une belle figure, une taille haute et il s'habillait avec élégance. Il mourut le jeudi, 11 Radjab de cette année, en laissant des enfants, dont un nommé Mohammed el Hefni, nom qu'il lui avait donné par affection pour le cheikh el Hefni. Deux autres enfants se nommaient, l'un Ahmed et l'autre Chams-el-Dine.

Le cheikh Ahmed, le descendant du maître, Abd-el-Wahab El Charâni; il était le cheikh de la secte Charâniah. C'était un homme de mœurs respectables et pures, sa conduite était honorable et il ne fréquentait le monde que dans les limites du nécessaire. Il mourut le samedi 8 Saffar de cette année; il laissait un fils déjà adolescent, Sidi Abd-el-Rahman qui lui succéda dans sa dignité, conjointement avec son parent, cheikh Ahmed, qui avait épousé sa mère.

L'Imam, le grand savant, le jurisconsulte, le bon, l'éternel jeûneur, le cheikh Mohammed El Chobari El Hanafi. Il avait étudié la loi sous la direction de Cheikh El Eskaty et de Cheikh El Seoudy, et après leur mort il s'attacha à mon père sous la direction duquel il étudia beaucoup. C'était un homme respectable, réservé, jeûnant continuellement et vivant dans la solitude. Il possedait une maison à Kantaret el Emir Hussein et, ses études terminées, il s'y retirait pour n'en plus sortir.

ANNÉE
MIL CENT QUATRE-VINGT-CINQ.

Une armée immense est levée par Aly bey; le commandement en chef en est confié à Mohammed bey Aboul Zahab et celui-ci est accompagné de Ayoub bey, de Radouan bey et d'autres kachefs et fonctionnaires, suivis de leurs mamlouks et de leurs suivants. L'armée comptant plusieurs milliers de soldats moghrabins, turcs, indiens, arabes du Yemen et Metwalys, quitta le Caire au milieu d'un cortège imposant. Des préparatifs immenses ont été faits; les munitions, les bagages, les tentes, les cuisines ambulantes, les canons, etc., étaient portés sur une quantité innombrable de chameaux et l'armée se mit en marche au son des tambours et des flûtes et aux acclamations de la foule. De Damiette, l'armée se transporta en Syrie.

A leur arrivée devant Jaffa, les troupes égyptiennes mirent le siège devant la ville et la cernèrent; elles s'en emparèrent après plusieurs jours de blocus. Les troupes égyptiennes se répandirent ensuite dans la Syrie, massacrant tout sur leur chemin, mettant en fuite les armées qui essayaient de s'opposer à leur marche et s'emparant des villes et des villages. Elles conquirent ainsi toute la partie de la Syrie qui s'étend depuis Jaffa jusqu'à Alep et ces victoires furent annoncées au Caire. Des illuminations, des fêtes magnifiques, eurent lieu à Boulak et au Vieux-Caire. Elles durèrent trois jours et trois nuits. Ceci se passait dans le mois de Rabi el Awal de cette année.

Aly bey s'enorgueillit du succès de ses armes. Il donna l'ordre à Mohammed bey de nommer des gouverneurs, pris parmi les émirs, dans les provinces conquises et de continuer sa marche conquérante. Il devait se porter en avant, franchir les limites de la Syrie et s'emparer de tous les pays, sans s'inquiéter de leurs possesseurs. Les renforts ne lui feraient pas défaut. Aly bey devait lui en envoyer toujours et sans interruption.

A la réception de ces ordres, Mohammed bey convoqua dans un endroit retiré ses émirs et ses principaux collègues et les leur communiqua. Ceux-ci se fâchèrent. Ils étaient las des guerres et des batailles, ils avaient combattu pendant très longtemps et ils aspiraient au retour dans leur patrie. Mohammed bey partageait leur manière de voir, mais, déguisant sa pensée, il dit aux émirs : « Eh bien, que dites-vous ? — Qu'avons nous à dire, répondirent-ils ; tu es notre chef et nous obéirons à tes ordres, quels qu'ils soient. — Mais, ils se pourrait, fit-il, que je sois d'un avis contraire à celui de notre maître. — Fût-il contraire, nous le suivrons, dirent-ils. — Je ne vous dirai rien, repartit-il, avant que nous n'ayons juré d'agir en conformité de l'avis qui sera adopté. » Ils jurèrent alors sur le Coran de suivre l'avis que donnerait Mohammed bey et celui-ci, prenant alors la parole, leur dit : « Votre maître et le mien veut que nous passions notre vie à l'étranger et loin de notre patrie. Une tâche terminée, il nous en indique une autre qui, achevée, cède la place à une troisième et ainsi de suite. Je suis donc d'avis de ne former ensemble qu'un seul homme et de revenir en Egypte. Nous avons fait ce que nous étions venus faire en Syrie et nous n'y avons plus rien à faire. Si Aly bey tient à entreprendre d'autres conquêtes, qu'il en charge d'autres émirs que nous ; quant à nous, nous en avons assez et nous voudrions bien rentrer dans nos foyers et nous reposer de nos fatigues, au sein de nos familles. » Quand Mohammed bey eut fini de parler, les émirs dirent d'une seule voix : « Nous partageons votre avis et votre manière de voir. » Le lendemain, ils se mirent en route pour l'Egypte et ils y arrivèrent vers les derniers jours de Radjab, contre la volonté de leur maître, qui sut dissimuler sa colère. Quelque temps après, Aly bey nomma Ayoub bey aux fonctions de gouverneur de Djerdja, et celui-ci se rendit à son nouveau poste avec ses hommes et ses suivants.

Les mois de Chaban et de Ramadan s'écoulèrent sans que rien fut changé dans la situation apparente de chacun des émirs. Mais il n'en était pas de même de leur situation réelle. Aly bey insistait pour que Mohammed bey retournât en Syrie, et celui-ci, de son côté, s'obstinait dans son refus. L'animosité grandissait de jour en jour, et chaque jour écoulé emportait avec lui un lambeau de l'amitié qui liait jadis Mohammed bey et son patron. Celui-ci n'y put tenir longtemps; la nuit du 4 Chawal, il convint avec Aly bey el Tantaoui et d'autres émirs de surprendre Mohammed bey et de le faire assassiner. La nuit venue, ils montèrent à cheval, cernèrent la maison de Mohammed bey, et des troupes armées prirent position dans toutes les rues voisines pour l'empêcher de se sauver. Mais Mohammed bey, à la tête de sa suite, fendit leurs masses et parvint à gagner Bassatin, d'où il partit pour le Saïd.

A son arrivée dans la Haute Egypte, Mohammed bey vit venir à lui plusieurs émirs et, entre autres, Aly Kachef, de la suite de Soliman Effendi, Kachef des provinces situées à l'est de Awlad Yehïa; ces émirs lui firent des présents et lui offrirent toutes les tentes dont ils pouvaient disposer; ils lui fournirent des subsides en nature et en argent. A son arrivée à Djerdja, il fut accueilli par son collègue, Ayoub bey, qui, à cette occasion, manifesta une grande affection pour Mohammed bey et lui fit des présents comprenant entre autres choses des tentes et des chevaux.

Très peu de temps après son arrivée à Djerdja, un des espions que Mohammed bey avait échelonnés au long de la route, saisit un homme porteur d'une lettre adressée à Ayoub bey. Par cette lettre, Aly bey le pressait d'employer tous les moyens, y compris la ruse, pour tuer Mohammed bey ; il lui promettait en échange les propriétés et les dignités de celui-ci. Après avoir pris connaissance de ce message, Mohammed bey fit des largesses au messager et lui en promit d'autres s'il voulait faire parvenir la lettre à Ayoub bey et lui rapporter la réponse de ce dernier. Le messager se rendit auprès de Ayoub bey, lui remit la lettre de Aly bey et demanda la réponse. Ayoub bey la lui remit ; elle portait qu'il n'attendait pour tuer Mohammed bey qu'une occasion favorable et qu'il travaillait activement à faire naître cette occasion. Le messager s'en fut tout droit donner connaissance de la réponse à Mohammed bey qui, en présence de cette preuve écrasante de la perfidie et de la trahison de Ayoub bey, résolut d'en tirer vengeance. Il donna des ordres en conséquence aux personnes de sa suite et leur prescrivit les mesures à prendre à l'égard de Ayoub bey et de ses suivants, lorsque celui-ci viendrait chez lui.

Le lendemain, Ayoub bey, qui ne se doutait pas le moins du monde que ses projets avaient été dévoilés, se rendit comme d'habitude chez Mohammed bey pour lui présenter ses hommages. Mohammed bey prit place avec lui dans un endroit écarté et les personnes de sa suite se mêlèrent aux personnes de la suite de Ayoub bey. Quelques instants après, Mohammed bey s'adressa à Ayoub bey et lui dit : « Dis-moi, sommes-nous toujours amis et liés par le serment de fidélité que nous avons fait en Syrie ? — Plus que jamais, répondit Ayoub bey. — Et quel traitement, dit Mohammed bey, doit être infligé au parjure ? — Lui couper la langue par laquelle il a prononcé le serment et la main qu'il a mise sur le Coran, fit Ayoub bey. » Mohammed bey lui dit alors : « J'ai appris que tu as reçu une lettre de notre maître Aly bey. » Ayoub bey nia. « Et que tu lui as envoyé la réponse de sa lettre. Est-ce vrai ? — C'est faux, s'écria Ayoub bey, pouvez-vous imaginer que je vous cacherai cette lettre et la réponse que j'y aurais faite, s'il était vrai que j'en eusse reçu une. » Mohammed bey exhiba alors la lettre interceptée, il la mit sous les yeux de Ayoub bey, et, pour le confondre complètement, il fit venir le messager en sa présence. Ayoub bey fut entièrement atterré. Il ne savait plus que dire; ses lèvres articulaient des sons indistincts et confus, des mots vides de sens et sans force qui composèrent à la fin des excuses banales et inacceptables. Mohammed bey lui dit alors : « Je n'ai que faire de ta compagnie, vas rejoindre ton maître. » Il donna ensuite l'ordre de s'en saisir ; Ayoub bey fut saisi et traîné jusqu'au bateau ; ses tentes et ses demeures furent cernées et tous ses hommes l'abandonnèrent. Mohammed bey envoya ensuite à Abd-el-Rahman aga, qui se trouvait dans la Haute-Egypte, l'ordre de se rendre auprès de lui, et à son arrivée il lui dit : « Inflige à Ayoub bey la punition prononcée par lui-même ; que sa langue et sa main soient coupées. » Abd-el-Rahman se rendit sur le bateau en compagnie du bourreau ; la main droite d'Ayoub bey fut coupée, un crochet fut ensuite passé dans sa langue et on allait la lui couper, quand Ayoub bey parvint à échapper à ceux qui le tenaient et se jeta dans le Nil où il trouva la mort. Mohammed bey n'avait pas voulu sa mort ; il avait voulu le mutiler et l'envoyer dans cet état à son maître, au Caire. Le corps de Ayoub bey fut retiré des eaux, enveloppé de linceuls et enterré.

L'aventure malheureuse de Ayoub bey et la sévérité de Mohammed bey à son égard levèrent les doutes qui existaient dans les esprits sur la gravité et la réalité du désaccord qui régnait entre Mohammed bey et son maître Aly bey. Les troupes disséminées dans les provinces du Saïd, les émirs exilés, les suivants des Kassémites et des Hawaras persécutés et dépouillés par Aly bey et autres se joignirent à Mohammed bey. Celui-ci les accueillit avec des égards et de la bienveillance; il regretta devant eux le passé et leur confia des charges et des dignités. De leur côté, ils s'attachèrent à lui et se firent remarquer par une obéissance entière et complète à ses ordres. Ces nouvelles arrivèrent au Caire; plusieurs des mamlouks de Ayoub bey et de ses suivants accoururent vers Mohammed bey et s'attachèrent à son service.

Il n'y a rien qui puisse peindre la fureur qui s'empara de Aly bey à la réception de ces nouvelles. Il procéda à la levée d'une armée considérable; des préparatifs immenses furent faits; Aly bey surveillait tout par lui-même, et à la fin de Zilkadeh les troupes se dirigèrent vers la Haute-Egypte, une partie par voie de terre et de l'autre par la voie du Nil.

Lorsque les troupes de Mohammed bey se rencontrèrent avec les troupes de Aly bey, Ismaïl bey, qui commandait celles ci, se ralia à Mohammed bey. Son exemple fut suivi par la majorité des émirs qui l'accompagnaient. Quelques-uns seulement, refusant de passer à l'ennemi, revinrent au Caire et avertirent Aly bey de ce qui venait de se passer. Aly bey faillit mourir de chagrin à la réception de cette nouvelle; il vit clairement que sa puissance était ruinée. Néanmoins, il leva une armée qui fut prête en deux jours et cette armée se mit en marche sous le commandement de Moustapha bey, de Hassan bey, de Mourad bey, de Hamzah bey, de Yehia bey, de Khalil bey Khoussa et de Moustapha bey. Ces sept chefs venaient d'être nommés émirs par Aly bey. Aly bey se rendit en personne à El Bassatine; il procéda à la levée d'une nouvelle armée dont il confia le commandement à Aly bey el Tantaoui. Il fit mettre à la disposition de cette armée des canons et des munitions en quantités immenses, et ordonna la construction d'une ligne de retranchements, s'étendant du Nil jusqu'à la montagne.

Sur ce, finit l'année de 1185.

NÉCROLOGIES.

Parmi les personnages qui moururent en l'an 1185, nous citerons :

L'imam, le jurisconsulte, le bon, le pieux, le cheikh Aly Ibn Saleh, Ibn Moussa Ibn Ahmed, Ibn Amara El Chaweri El Maleki, moufti de Farchout. Il avait étudié à la mosquée de El Azhar et s'était attaché au grand savant cheikh Aly El Edoui, sous la direction duquel il étudia la loi. Ses professeurs de Hadith furent le cheikh Ahmed Ibn Moustapha El Iskandari et autres. De retour à Farchout, il remplit la charge de moufti des Malékites et il s'en acquitta d'une manière satisfaisante. Pendant qu'il se trouvait dans cette localité, il reçut la visite de Ibn el Taïeb; ce cheikh était revenu de Constantinople depuis peu de temps. Le cheikh Aly étudia sous sa direction quelques ouvrages et fut autorisé par lui à enseigner. Le fameux chef arabe Houmam Ibn Youssouf lui portait une amitié sincère et avait soin de lui. Les demandes, les intercessions des savants étaient favorablement accueillies par ce chef, à cause de l'amitié qui le liait à Cheikh Aly. Cette circonstance donna à ce dernier une réputation universelle et sa renommée s'étendit. C'était un homme d'une conversation charmante. Il était très réservé, il s'habillait décemment et jouissait d'un grand respect. Pendant son voyage à Farchout, le Sayed Mohammed Mortada fut l'hôte de Cheikh Aly, qui fit de lui au chef arabe un portrait si flatteur que celui-ci eut pour le Sayed des égards inouïs. C'est en l'honneur de Cheikh Aly et pendant qu'il était l'hôte de celui-ci que le Sayed Mohammed écrivit l'ouvrage intitulé *Nachk el Gawali* (l'Aspiration des parfuns), ouvrage de Hadith. Quand eurent lieu au Saïd les événements que nous avons rapportés, le cheikh Aly rentra au Caire, en compagnie du fils de Houmam. Il y demeura pendant quelques temps et se rendit ensuite à Tantah. Il visita le tombeau de Sidi Ahmed el Badaoui et il revint au Caire. Il était atteint d'une maladie de vessie et cette affection lui causait des souffrances si vives qu'elles le forçaient à garder le lit pendant plusieurs jours de suite. Elle finit par l'emporter le mardi 13 Chaban de cette année, jour de son arrivé à Boulak, au retour de Tantah. C'était une journée d'orage et de pluie.

Lorsqu'on apprit à la mosquée de El Azhar la nouvelle de la mort de cheikh Aly, plusieurs savants, entre autres le cheikh Aly el Saïdi, se rendirent auprès du défunt. Le corps fut lavé, enveloppé de linceuls et porté à la mosquée ou les prières funéraires furent recitées. La cérémonie religieuse terminée, le cheikh El Saïdi voulut inhumer le corps dans le tombeau que Abd-el-Rahman Katkhoda avait préparé pour lui-même, la pluie ne permettant pas que la corps fut porté à El Karafat; on finit enfin par l'enterrer au cimetière Medjawerine, près du tombeau qui recueillit dans la suite la dépouille mortelle de Cheikh el Saïdi.

Le jurisconsulte, le vertueux, l'homme de mérite, le grand savant, cheikh Aly Ibn Abd-el-Rahman, Ibn Soliman Ibn Issa, Ibn Soliman el Katib el Djedini el Edoui el Maleki el Azhari, connu sous le nom de El Kharaity. Il naquit au commencement du siècle et quand il eut grandi, il vint à la mosquée d'El Azhar, où il suivit les cours de quelques-uns des meilleurs savants de l'époque. Il s'attacha spécialement à son compatriote, le cheikh Aly el Saïdi, et il enseigna à son tour. C'était un vieillard d'une bonne conduite, son caractère était doux et il était dans sa nature de venir en aide à ses amis. Il avait un goût très vif pour la science du Hadith et il regrettait le temps qu'il avait consacré à d'autres études que celle de cette science. Il aimait à citer et à entendre rapporter les discours des ancêtres; il en approfondissait le sens avec soin, avec une conviction parfaite et une foi entière. Il mourut la veille du Mercredi 2 Moharram de l'an 1185.

L'Imam, le grand savant, l'habile, le cheikh Mohammed, Ibn Ismaïl, Ibn Mohammed Ibn Ismaïl Ibn Khodr el Nafraoui El Maleki. Son père était un homme reconnu pour sa piété, sa science et son désintéressement; il était mort en 1178, à l'âge de plus de cent ans. Son fils, le cheikh Mohammed, dont nous traçons la biographie, avait été élevé par lui et sous ses yeux. Il apprit le Coran et plusieurs ouvrages de texte et il suivit les cours du cheikh Salem el Nafraoui, du cheikh Khalil el Maleki et d'autres. Il étudia la jurisprudence et la métaphysique, sous la direction de plusieurs savants de mérite, et il y excella. Il avait une mémoire vive et heureuse et une grande intelligence. Il saisissait facilement le sens caché des questions les plus ardues et les plus délicates. Il répondait, séance tenante, à toutes les questions légales.

Quand Cheikh Mohammed posséda à fond les sciences véridiques, le désir le prit d'étudier les sciences mathématiques et la philosophie. Son père le confia alors aux soins de mon père et pria ce dernier de permettre à son fils d'étudier sous sa direction. Mon père accueillit cordialement l'élève, ceci se passait en 1171; le cheikh était alors âgé de vingt et quelques années. Mon père remarqua l'intelligence et la capacité de son élève et cela le réjouit; il lui accorda toute son attention, lui donna la clef d'une armoire dans sa maison pour y mettre ses livres et ses effets et il lui acheta un âne. Il lui fixa en outre une somme d'argent pour ses dépenses et il subvint à son habillement. Il se l'attacha à tel point qu'il l'envoyait en mission de sa part chez les grands personnages tels que Aly bey, Abd-el-Rahman Katkhoda et autres. Le cheikh Mohammed el Nafraoui s'acquittait de ces missions avec un tact, une intelligence et une politesse qui lui gagnaient tous les cœurs. Il composa en l'honneur des grands personnages des poésies dont aucune ne m'est parvenue.

Cheikh Mohammed ne rentrait chez lui que rarement et cela dans la nuit; l'aube venue, il revenait à la mosquée et il donnait deux leçons. Il se reposait ensuite jusqu'à l'asr, heure à laquelle il revenait à la mosquée pour y donner des leçons de métaphysique; ces leçons terminées, il se reposait jusqu'au lendemain, et la même vie recommençait tous les jours. Il avait étudié, sous la direction de mon père, la science des éphémérides, l'astronomie, la géométrie, l'ouvrage intitulé *Hidayet el Hekma* (sagesse) et son commentaire par Cadi Zadah; l'ouvrage dû à El Djaghmini, les ouvrages intitulés *El Mabady*, *El Gayat* et *El Makassed*. Il les avait étudiés attentivement et les avait appris en peu de temps. Il avait en outre assisté aux cours que mon père faisait et dans lesquels il enseignait *El Metawal El Mawakef* et *El Zülan* ouvrages de jurisprudence. Ces cours étaient faits à El Azhar, au Rouak de Djabart. Il apprit également sous la direction de mon père la science de *El Awfak*, à l'étude de laquelle il s'appliqua énormément, et qu'il finit par posséder à fond. Il fut autorisé à enseigner par El Mallawi, par El Djohari, par El Hefni, par El Afifi et autres.

Pendant son exil à El Noussat, Aly bey envoya prier mon père de lui envoyer, avec le savant dont nous traçons la biographie, certains objets dont il avait besoin. Mon père les lui expédia avec la personne désignée; celle-ci se rendit chez Aly bey, passa quelques jours en sa compagnie et rentra enfin au Caire sans que personne se fut douté qu'il avait été chez Aly bey.

Cheikh Mohammed avait une jolie écriture qu'il perfectionna encore sous la direction de cheikh Ahmed Hadjazi, dit Abou El Ez, et il écrivit plusieurs livres de sa main.

Il est l'auteur d'une étude sur le commentaire fait par El Essam sur *El Samarkandiah*, et d'une réponse aux cinq questions que le cheikh Ahmed el Damanhoury avait posées aux savants de l'époque. L'auteur de ces questions, le cheikh Ahmed, les avait soumises à Aly bey, en lui disant : « Invitez les savants qui sont honorés de votre bienveillance à répondre à ces questions. Si, comme ils le prétendent, ils sont des vrais savants, ils sauront trouver la réponse exacte. » Aly bey transmit le papier qui les contenait à mon père et lui répéta ce que le cheikh Ahmed avait dit. Mon père réfléchit quelques instants et dit à Aly bey : « Ces questions sont très difficiles, mais, si ardues qu'elles soient, notre élève le cheikh Mohammed El Nafraoui les résoudra. » Voici quelles étaient ces questions :

1° Y a-t-il oui ou non une chose indivisible ?

2° Qu'a voulu dire Ibn Sina par cette phrase : « Dieu est l'existence ».

3° Comment mettre en accord la pensée émise par Abou Mansour el Matridi : « Que la connaissance de Dieu est possible », et ce principe « Il est impossible de connaître une chose ignorée, mais complètement ignorée sous tous ses aspects » ?

4° Comment répondre à ces mots de El Bargigli : « Nous ne pouvons pas affirmer que tel musulman qui meurt est mort dans la religion mahométane » ?

5° L'exception qui existe dans la formule : « Il n'y a de Dieu que Dieu » est-elle *détachée ou attachée ?*

Mon père chargea donc le cheikh Mohammed el Nafraoui de résoudre ces questions ; la solution que donna celui-ci démontre comme le jour son habileté, sa profonde érudition et ses vastes connaissances philosophiques.

Le cheikh Mohammed s'adonna en outre au dessin ; il traça de sa main plusieurs inclinaisons et calcula plusieurs règles et formules. Il enseignait aux élèves qui venaient des diverses contrées pour étudier les sciences les plus élevées, et parmi les écrits qu'on lui doit figurent ceux-ci :

Une annotation sur *El Idah,* ouvrage de jurisprudence.

Un traité intitulé *El Tiraz el Mouzahab*, ouvrage de jurisprudence, et qui est en quelque sorte une réponse à une question en vers envoyée d'Alexandrie au Caire. Il écrivait avec beaucoup de facilité, aussi bien en vers qu'en prose, et lorsque Mohammed Effendi Sayed vint au Caire en 1181 prendre possession des fonctions de Cadi qui venaient de lui être confiées, le cheikh Mohammed composa en son honneur une poésie magnifique. Malheureusement, je n'ai pu la retrouver et c'est pourquoi je ne puis la reproduire.

Lorsque l'émir Abd-el-Rahman Katkhoda reconstruisit le mausolée de la Sayedah Nefissah, le cheikh Mohammed composa ces vers, qui furent gravés en lettres d'or sur la porte de marbre du mausolée :

> Le trône des vérités, le dépôt des mystères divins,
> Est le tombeau de Néfissah, la fille
> De Hassan, fils de Zeid, fils de Hassan, fils
> De l'Imam Aly, le cousin du Prophète.

Et ces vers qu'il écrivit sur la porte de la voûte :

> Abd-el-Rahman, espérant le pardon de Dieu,
> A bâti cette voûte; c'est un lieu de délices pour les visiteurs.
> Je la chante et je dis:
> Pénétrez-y en toute sécurité. *(chronogramme 1173)*.

On lui doit plusieurs autres compositions poétiques dont je ne me souviens plus.

Le cheikh El Nafraoui avait un caractère violent et cette vivacité fut la cause de sa mort ; voici comment : un désaccord s'était élevé entre lui et le cheikh Soliman el Badjirmi. Celui-ci alla porter plainte au cheikh el Damanhouri, alors cheikh de la mosquée de El Azhar. Ce dernier envoya chercher le cheikh Mohammed et lorsque celui-ci eut prit place, le cheikh El Damanhouri lui fit des reproches immérités; le cheikh Mohammed fut outré de dépit, il quitta la salle en proie à une violente colère; il en fut malade quelques jours et mourut dans le courant de Djamad el Thani de cette année. Sa perte fut vivement ressentie par le cheikh El Marhoumy, que le chagrin força à garder la chambre pendant quelques jours.

On doit à cheikh Mohammed cette formule de prière :

« Dieu, bénis le symbole de la beauté, la source de la perfection, l'homme sur qui les révélations sont tombées d'en haut et l'origine de tout ordre et de toute défense, les membres de sa famille et ses disciples et salue-les ». Je me rappelle aussi de lui ces deux vers :

> Que les grandeurs et la sécurité vous accompagnent.
> La fortune vous a marqués de son empreinte.
> Que l'affabilité divine et l'honorabilité
> Vous préservent jusqu'au jour dernier.

L'imam, le jurisconsulte, le grand savant, le moufti, le cheikh Ibrahim, fils de cheikh Abdallah el Charkaoui El Chafeï. Il avait étudié la loi sous la direction des savants de son temps et il avait suivi les cours des principaux d'entre eux, tels que le cheikh el Mallawi, le cheikh el Hefni, le cheikh el Baraoui, le cheikh Ahmed Razzah et le cheikh Atiah El Adjhoury. Il devint très habile en jurisprudence et il enseigna cette science. Il jugeait les différends entre les villageois, surtout ceux de ses concitoyens, et il donnait des Fetwas. On était sûr de le trouver à son étude tous les jours, depuis le matin jusqu'au coucher du soleil. Pendant longtemps, il fut le seul à donner des Fetwas d'après le rite chafeïte et presque tous les Fetwas délivrés à cette époque portent son nom. Il mourut le 3 Rabi el Thani de cette année, après quelques jours de maladie.

Le perspicace, l'intelligent, le méritant, le bon, le cheikh Aly Ibn Mohammed El Djezaïerly, connu sous le nom de Ibn El Tourdjouman. Il était né à Alger en l'an 1130 et il prétendait descendre de la famille du Prophète. Il rivalisa d'ardeur avec les savants dans l'étude des sciences et il fut autorisé par Sidi cheikh Mohammed el Monawar El Telemçani. Il fit plusieurs voyages à Constantinople ; il visita les principaux personnages de l'empire et reçut de leur part un accueil très favorable. Il revint ensuite au Caire et s'y fit bâtir une charmante maison dans le voisinage de la mosquée de El Azhar. Il disait lui-même qu'il ne pouvait se passer de la femme un seul jour, et c'est pourquoi il avait toujours avec lui, même dans ses voyages, une ou deux femmes.

Lorsque l'émir Ahmed Aga (plus tard Ahmed pacha) vint au Caire, en qualité de directeur de l'Hôtel des Monnaies, le cheikh Aly s'attacha à lui et fut assidu auprès de sa personne. L'aga trouvait du charme dans sa société ; il récompensa magnifiquement son attachement et il le combla de ses dons.

Sur la fin de sa vie, le cheikh Aly se rendit à Constantinople ; il trouva cette ville dans une agitation indescriptible, à cause de la guerre qui se préparait. Le cheikh eut alors une idée qu'il mit tout de suite à exécution et qui devait lui coûter la liberté, si ce n'était la vie. Il présenta au sultan une requête par laquelle il disait que la victoire serait le partage de celui qui, au milieu du combat, citerait la prière composée par Abou Medine. La requête fut soumise au sultan Moustapha qui jugea que l'auteur de cette pétition devait être lui même chargé de réciter, en temps et lieu opportuns, la prière dont il s'agissait. Le cheikh regretta, mais trop tard, son intervention, il ne lui plaisait pas de risquer sa vie, mais la chose ne dépendait plus de sa volonté. Il fut donc inscrit sur les cadres et dirigé sur le camp général où, à peine arrivé, il dut lire à l'armée la fameuse prière. Enfin le jour de la bataille arriva, et les Ottomans et les Russes en vinrent aux mains. L'incurie et l'incapacité des généraux ottomans amenèrent la déroute des Musulmans, qui prirent la fuite en laissant plusieurs des leurs entre les mains des Russes. Le cheikh Aly fut conduit en captivité à Moscou, où il mourut en cette année, sans que personne ait songé à le tirer de la captivité.

Le bon, le pieux, le très grand savant, cheikh Aly El Fayoumi El Maleki, chef du rouak des Fayoumites à la mosquée de El Azhar. Il avait suivi les cours de cheikh Ibrahim el Fayoumi et de notre cheikh Aly el Saïdi. Il avait étudié dans leurs rouaks. Il avait une conception très rapide et il était doué d'une intelligence supérieure et d'une remarquable aptitude pour l'éloquence. Il avait épousé la fille du cheikh Ahmed el Hamaki El Hanifi. Il mourut le 2 Ramadan de cette année, et fut enterré au cimetière de El Moudjawerine.

Le vertueux, le méritant, le bon, le cheikh Aly el Chébini el Chaféï, qui avait fait de Djerdja sa résidence habituelle. Il avait étudié sous la direction de plusieurs savants et il possédait à fond la langue et la jurisprudence. De retour dans la Haute-Egypte, il s'introduisit dans la tribu des Tamam, bédouins Hawaras très influents et très respectés à Bidj el Karamoum. Ces chefs le prirent en affection ; il demeura chez eux pendant quelque temps et se transféra ensuite à Djerdja, qu'il quitta à différentes reprises pour venir faire des visites au Caire. Il voyait souvent notre beau-frère, Aly effendi Derwiche, qui m'a toujours vanté sa science, sa piété, sa causerie agréable et ses manières charmantes et variées de lire le Coran. Lorsque le Saïd fut troublé par les événements que nous avons déjà rapportés, le cheikh Aly vint au Caire, où il passa le reste de ses jours. Il mourut le 19 Ramadan, dans la maison d'un de ses amis ; les prières funèbres furent dites par le cheikh Ahmed, fils de Mohammed El Rachedy, et son corps fut ensuite enterré à El Moudjawerine.

L'habile, l'érudit, le prosateur charmant, le cheikh Abdallah, fils de Mansour El Telbani el Chaféï, neveu (du côté de sa mère) de cheikh Ahmed, fils de Chaban el Zebeli. Il naquit vers l'an 1098 et il fit ses études sous le cheikh El Azizi, le cheikh El Achmaoui, le cheikh El Nafraoui et d'autres cheikhs de ce temps-là. Il était très versé dans la langue et dans la lecture du Coran. Il possédait une riche bibliothèque, garnie des ouvrages les plus estimés. Mais leur valeur ne l'empêchait pas de les prêter à ceux qui, par leurs connaissances, étaient dignes de les lire. C'était un grand savant et les savants de son époque le respectaient et le tenaient en grande considération. Il fut l'ami du cheikh Ibn el Taïeb, qui professa pour lui une très grande affection. Grâce à lui, la souscription enleva l'étude sur le *Camousse*, que le cheikh avait faite et qui forme deux grands volumes. Il fit l'éloge du *Commentaire de El Badiah*, l'ouvrage dû à Aly, fils de Tadj-el-Dine el Kolaii. Il mourut le 23 Chaban de cette année; les prières mortuaires furent dites pour le repos de son âme, à la mosquée de El Azhar. Le corps fut ensuite enterré à l'est du mausolée élevé à Sidi Abdallah el Menoufi, au cimetière de El Moudjawerine.

L'émir honoré, Ibrahim effendi el Hayatem, du corps des Djamalyah; il mourut de la peste, le mercredi 23 Moharram de cette année.

ANNÉE
MIL CENT QUATRE-VINGT-SIX.

En Moharram de l'an 1186, Aly bey s'était porté, ainsi que nous l'avons dit, à El Bassatine; il ordonna la construction de retranchements qui, aussitôt terminés, furent garnis de canons. La ligne des retranchements s'étendait depuis le Nil jusqu'à la montagne. Il pressait en même temps les préparatifs nécessaires pour l'armée qu'il venait de lever contre Mohammed bey Aboul Zahab, Ismaïl bey et les autres rebelles.

Vers le milieu du mois tout était terminé, et l'armée, sous le commandement suprême de Aly bey el Tantaoui, se mit en route. Elle se rencontra avec les rebelles dans un endroit appelé Baïadah et une bataille acharnée et terrible s'engagea. Les Kassémites, et principalement les anciens suivants de feu Saleh bey et ceux de Aly aga el Mémar, firent dans cette journée des prodiges de valeur ; ils étaient partout, chargeant, attaquant, frappant les ennemis, dédaignant leurs masses compactes et leurs escadrons épais. Les troupes égyptiennes ne pouvaient tenir devant de pareils adversaires ; elles lâchèrent pied et cherchèrent leur salut dans la fuite. La cavalerie ennemie les poursuivit dans leur retraite ; les fuyards se jetèrent dans le Nil et parvinrent, après des peines inouïes, à gagner la rive sur laquelle s'élevait Deir el Tin, où Aly bey avait sa résidence.

Celui-ci faillit mourir de colère à la vue de ses troupes battues et mises en déroute, et il ne sut plus que faire. Néanmoins, il n'en fit rien paraître ; il ordonna certaines mesures, fit placer des canons un peu partout et resta à Deir el Tine jusqu'au soir, bien que la majeure partie de ses soldats moghrabins l'eût abandonné, et que Mohammed bey eût dressé ses tentes et établi son camp sur la rive qui faisait face au Deir. Mais sa tranquillité n'était qu'apparente et sa sérénité factice ; la crainte s'était frayée un passage vers son cœur, depuis que son ancien lieutenant avait campé en face de lui, et les pensées qui se succédaient dans son cerveau l'agitaient beaucoup. Vers le coucher du soleil, il monta à cheval et prit la route du Caire ; il y pénétra par Bab el Karafah et se rendit à la caserne des Azab, où il passa une partie de la nuit. Le bruit se répandit aussitôt qu'il allait se retrancher dans la citadelle, et cette nouvelle prit une grande consistance. Pendant que tout le monde s'en occupait, Aly bey se rendit dans sa maison, emporta ses bagages et ses richesses et, quittant le Caire, il se dirigea vers la Syrie, accompagné de Aly bey el Tantaoui et de ses autres émis, mamlouks et suivants.

Ceci se passait le 25 Moharram au. soir. Le lendemain 26 Moharram, Mohammed bey ordonna le pillage du Deir el Tin, qui fut ensuite livré aux flammes. Puis il pénétra dans la ville du Caire, qui le reconnut pour son chef. Les agents de police parcoururent la ville en invitant le peuple à ne recueillir aucun des suivants ou des partisans de Aly bey.

Celui-ci fuyait vers la Syrie, laissant le pouvoir à son ancien favori, qui pénétra dans la ville du Caire après en avoir été absent pendant soixante-dix jours. Il prit possession du pouvoir et de l'autorité arrachés à son maître.

Mohammed bey inaugura son arrivée au pouvoir par une exécution capitale. Sur son ordre, Abd-el-Rahman, aga des Moustahfezan, se rendit dans la maison de Abdallah, le lieutenant du Waly, le saisit et lui trancha la tête. Mohammed bey ordonna ensuite que la monnaie frappée sur l'ordre du lieutenant par le chrétien Rizk fut retirée de la circulation. Elle consistait en pièces d'une piastre, de deux piastres, de dix paras, de cinq paras et de vingt paras, portant toutes le nom de Aly bey.

NÉCROLOGIE.

L'Iman, le très grand savant, le jurisconsulte, le tradionniste éminent, le Sayed (noble) Aly, fils de Moussa, fils de Moustapha, fils de Mohammed, fils de Chams-el-Dine, fils de Moheb-el-Dine, fils de Kérim-el-Dine, fils de Bouha-el-Dine Daoud fils de Soliman, fils de Chams-el-Dine fils de Bouha-el-Dine Daoud el Kébir, fils de Abd-el-Haez, fils de Aboul Wafa

Mohammed el Badri, fils de Aboul Hassan Aly, fils de Chehab-el-Dine Ahmed, fils de Bouha-el-Dine Daoud, fils de Abd-el-Hafez, fils de Mohammed, fils de Badr, l'habitant de Wady el Nossour (vallée des aigles), fils de Youssouf, fils de Badran, fils de Yacoub, fils de Matar, fils de Zaki-el-Dine Salem, fils de Mohammed, fils de Mohammed, fils de Zeid, fils de Hassan, fils de Sayed Arid el Mourtady el Akbar, fils de l'imam Zeid le martyr, fils de l'imam Aly Zeïn-el-Abedine, fils du Sayed martyr, l'imam el Hussein, fils de l'imam Aly, fils d'Abou Taleb.

Le Sayed Aly était connu sous le nom de Ibn el Nakib parce que ses ancêtres avaient tour à tour occupé à Jérusalem la dignité de Nakib el Achraf. Il naquit vers 1125, à Jérusalem. Il y fut élevé et y apprit le Coran sous la direction de cheikh Moustapha El Aradji el Massri, du cheikh Moussa Kabeibah, et de Mohammed, fils de Nassibah el Fadli el Macqui. Ses professeurs en théologie, ceux sous la direction desquels il étudia à Jérusalem, furent l'oncle de sa mère, le mystique Hussein el Elmi qui habitait Led, et Bakr, fils de Hamed el Elmi, ainsi que cheikh Abd-el-Môti El Khalily. A Damas, où il se rendit dans la suite, il suivit les cours de cheikh Ahmed el Mattyty, de cheikh Ismaïl el Adjlouny et de cheikh Abd-el-Ghani el Naplousi. Il se rencontra avec le cheikh Saleh el Béchiri, l'élève du Khodr (saint Georges) avec Amer ibn Naïr, Ahmed el Katnany et avec Moustapha fils de Amr el Demechki. Il s'aboucha également avec Ahmed el Mehalawi qui avait le don de connaître l'avenir, avec Mohammed, fils de Emeirah, avec Amran el Demechki avec Zeïd el Yabedaoui, avec Radouan el Zawi, avec Ahmed el Safady le mystique, et avec le cheikh Moustapha, fils de Sewar. Il fit un voyage à Hamah, où il étudia pendant quelque temps sous la direction du chef des mystiques Yassin el Kaderi, et de là il se rendit à Alep. Dans cette ville, il fut l'élève de Ahmed el Banni et de Abd-el-Rahman el Samman, tous deux élèves de cheikh Ahmed el Kotby. Il suivit égalementment à Alep les cours de cheikh Mohammed ibn Helal el Ramehdany et de cheikh Abd-el-Kérim el Chorabaty. Il revint ensuite à Jérusalem et s'y rencontra encore avec le cheikh Abd-el-Ghani el Naplousi. Lors de son retour de Bagdad à Alep, il se rencontra avec le Sayed Moustapha el Bakri, qui l'initia à la secte Khalwatyah, et lui fit du Caire en particulier et de l'Egypte en général un portrait si agréable qu'il lui donna l'envie de s'y rendre. Il y vint en effet. Il suivit les cours de Chams el Sedjini, de Moustapha el Azizi, de Sayed Aly el Darir el Hanafi, de Ahmed Ibn Moustapha el Sabbagh, des deux Chehab, El Mallawy et El Djohary, de Chams el Hefni, de Ahmed el Amaoui et de Soliman el Mansouri, le cheikh du rite Hanéfite.

Sayed Aly fut autorisé à enseigner par Sidi Youssouf, fils de Nassir el Derii, par Ahmed el Arabi, par Ahmed ibn Abd-el-Latif Zarouk, par Sidi Mohammed el Aïachi el Atrouche et par le cheikh Ibn el Tayeb. Il devint le chef du rite et enseigna dans le mausolée de El Husseiny, le commentaire du Coran, la jurisprudence et le Hadith. La renommée de sa profonde connaissance des principes et des ramifications, des règles et des subtilités de la Loi s'étendit partout, et il suffit de jeter un regard sur les *fetwas* donnés par lui pour voir que son style était aussi charmant que son érudition était profonde.

Sayed Aly était généreux à l'extrême, secourable, et rien ne lui coûtait quand il s'agissait pour lui d'obliger un solliciteur ou de combler de bienfaits ceux qui s'étaient attachés à lui. Sa maison, située près du mausolée el Husseiny, était le rendez-vous des solliciteurs et le but des visiteurs. Il affectionnait les chevaux de pur sang et il était profondément versé dans la connaissance de leurs généalogies. Il avait toujours dans son écurie deux ou trois chevaux de cette classe qu'il soignait lui-même. Il veillait à leurs besoins et il ne laissait échapper aucune occasion d'en acheter d'autres, car il était très habile à tirer de l'arc et à manier aussi bien le sabre que la pique, le tout à cheval. Lorsque, à cause du grand nombre des visiteurs et de ses chevaux, sa maison ne put plus suffire à ses besoins, il la quitta pour une autre située à El Husseinyah, à l'extrémité de la ville, mettant ainsi en pratique l'adage qui dit : aux extrémités habitent les nobles. Il la restaura, ainsi que la mosquée avoisinante, et les réparations lui coûtèrent des sommes considérables.

En 1177, les dettes de Sayed Aly avaient considérablement augmenté et ses créanciers étaient devenus intraitables. Les circonstances ne lui étaient pas favorables et, pour comble de malheur, Abd-el-Rahman Katkhoda voulait démolir le mausolée El Husseiny, où le cheikh faisait ses cours, pour le rééditier dans la forme actuelle. Voyant qu'il devait chômer longtemps avant que la reconstruction du mausolée El Husseiny fut achevée, et pressé par les réclamations de ses créanciers, il partit pour Constantinople où il donna dans différentes mosquées des conférences sur le Hadith. Il ne pouvait tarder à se faire un nom très illustre dans cette ville ; aussi les élèves affluèrent-ils à ses cours et quelque temps après son arrivée dans la capitale de l'empire turc, il fut désigné par les habitants de la ville sous le nom de « le traditionniste ». Les personnages alors au pouvoir et les émirs le prirent en affection et il jouit d'une grande considération. Mais cette situation de tous points enviable ne devait point durer : ses intempérances de langages la lui firent perdre. Dans ses conférences, il faisait toujours une sortie contre les rois, les riches et les personnages haut placés, qu'il accusait d'injustice, de cruauté et de tyrannie. Des envieux rapportèrent ses paroles et provoquèrent son expulsion. Il quitta donc Constantinople, où il s'était marié, et il revint au Caire.

A son arrivée à Boulak, il fut reçu par plusieurs hommes distingués et de mérite qui lui firent un accueil bienveillant. Il se retira dans sa maison et il reprit au mausolée ses anciens cours. Ceci se passait en 1183 ; il était toujours aussi généreux qu'auparavant à l'égard des visiteurs et de ses hôtes, ainsi que de ceux qui imploraient son aide. Le penchant sexuel le dévorait sans cesse et il avait toujours chez lui trois femmes choisies parmi celles des trois nationalités suivantes: syrienne, égyptienne et turque. Quand il allait à la campagne ou à une promenade, il se faisait accompagner par l'une d'elles ; à son arrivée à destination, il dressait pour les besoins de cette femme une tente munie des ustensiles nécessaires pour la toilette, et cette installation durait un ou deux jours et quelquefois plus.

Sur la fin de sa vie, il se trouva quelque temps dans la gêne; dans cette situation il alla faire visite à l'émir Mohammed bey Aboul Zahab. Ce sandjak le reçut comme d'ordinaire avec affabilité et causa avec lui. Entre autres choses, Mohammed bey lui dit: « Quel souvenir avez-vous apporté des habitants de Constantinople et quel est votre jugement sur eux ? » Il répondit à Mohammed bey : « Les habitants de Constantinople, aussi bien que ceux de l'Egypte, ne comptent plus parmi eux un homme qui fasse cas des gens de bien. Les méchants seuls leur plaisent et obtiennent leurs faveurs, tandis que les savants et les nobles sont condamnés à mourir de faim. » L'émir Mohammed bey comprit l'allusion et ordonna qu'on payât à Sidi Aly, à titre de gratification, une somme de cent mille paras, à prendre à l'hôtel des monnaies. Sayed Aly acquitta ses dettes avec une partie de cette somme et employa le reste à l'usage des pauvres.

Quarante jours après, un abcès se forma dans une partie de son corps, un Juif, mandé pour la circonstance, le saigna avec un bistouri qu'on dit avoir été empoisonné et qui fut ainsi cause de sa mort. Il mourut dans l'après-midi du dimanche 6 Châban de cette année. Le lundi matin, le corps était complétement préparé pour recevoir la sépulture, il fut conduit au milieu d'une foule considérable à la mosquée de El Azhar, où les prières mortuaires furent récitées, et de là au cimetière de Bab el Nasre, où une tombe lui était préparée sur un monticule. A sa mort, chacun des notables et des principaux personnages apporta un linceul et prétendit que le mort devait y être enveloppé. Pour satisfaire tout le monde et ne fâcher personne, on prit un morceau de chaque linceul et on lui fit de tous ces morceaux un linceul dans lequel on l'enveloppa.

L'Emir Mohammed bey donna à notre maître le Sayed Badr-el-Dine, frère du défunt, une somme de cinq cents talaris pour payer les obsèques du défunt.

Son frère Sayed Badr-el-Dine lui succéda dans l'enseignement du Hadith au mausolée de El Husseiny et il marcha sur les traces du maître défunt. Comme lui, il pratiqua la générosité à l'égard de ceux qui le visitaient ou qui recouraient à lui. Il visitait fréquemment les émirs et les principaux personnages ; il terminait, autant qu'il était en son pouvoir, les affaires qu'on lui soumettait, et il ne laissait passer aucune occasion de défendre les habitants de son quartier contre leurs agresseurs et de prendre leur parti, même contre les émirs. Il se fit ainsi leur arbitre et on s'adressait à lui dans toutes les occasions. Ses protégés lui témoignaient une très grande considération ; ils avaient pour lui un respect illimité et ils le redoutaient.

Badr-el-Dine démolit la mosquée et tout ce qui l'entourait et éleva sur son emplacement une mosquée magnifique. Il édifia dans la mosquée une chaire et il y attacha un imam, un orateur et un desservant. Près de cette mosquée, il fit établir un bassin pour les ablutions et un lieu pour les prières. Ces bâtiments étaient, ainsi que les cabinets d'aisances, très élégamment construits et on y arrivait par un couloir indépendant ayant sa porte à part. Badr-el-Dine se fit ensuite bâtir dans le voisinage de la mosquée une maison charmante et il s'y transporta avec sa famille. Il bâtit, dans l'intérieur de la mosquée, un mausolée à la mémoire de son frère et il y transporta son corps. Ceci se passait en 1205.

Le Sayed Badr-el-Dine n'assista pas en simple spectateur à la révolte de la ville du Caire contre les troupes françaises. Dans cette affaire, qui coûta la vie au général Dupuis, le Sayed Badr-el-Dine commandait un ramassis de gens recrutés parmi les habitants du quartier El Husseinyah et des localités situées dans la banlieue de la ville, et il fit tout son possible pour assurer la victoire aux Musulmans. Mais ses espérances furent déçues ; les Musulmans furent vaincus et l'insurrection étouffée. Le Sayed ne pouvait plus continuer à vivre en Egypte ; aussi s'empressa-t-il, après la défaite de ses coreligionnaires de fuir en Syrie. Les Français n'entendaient pas qu'il échappât à leur vengeance et des espions furent chargés de découvrir le lieu de sa retraite. Mais ce fut en vain. Les Français se vengèrent alors sur sa maison ; ils la pillèrent et en démolirent ensuite une partie. Le reste fut jeté bas par la populace de la ville. La mosquée fut également détruite par les Français, qui démolirent en même temps toutes les constructions avoisinant le rempart. Le Sayed Badr-el-Dine se trouvait dans les rangs des Turcs lorsque ceux-ci vinrent en Egypte avec les troupes anglaises, et, lorsque les Français évacuèrent l'Egypte, il rentra alors au Caire. Il reconstruisit dans une forme plus élégante sa maison et la mosquée, et il habita cette demeure (1122). Cette maison est le rendez-vous des amis et des solliciteurs, que Dieu en bénisse le propriétaire !

Le jurisconsulte achevé, le très grand savant, le cheikh Aly, fils de Chams-el-Dine, fils de Mohammed, fils de Zahran, fils de Aly el Chaféi el Rachidi, connu sous le nom de El Khodary. Il naquit à Rosette en 1124 ; sa mère est Amnah, fille de El Hadj Amer, fils de Ahmed el Eraki et de Saleha, fille du noble El Hadj Aly Zéïtar, un des principaux négociants de Rosette.

Cheikh Aly apprit sous la direction de Cheikh Youssouf el

Kechachi *El Djazariah, Ibn Akil* et *El Kotr*; sous la direction de cheikh Abdallah ibn Merii, il étudia en 1141 *Djam' el Djawameh* et *El Manhadje* et il donna des leçons sur ces ouvrages en présence de son professeur. Il étudia également sous sa direction *Moukhtassar el Saad*; les commentaires de Abdel-Salam, fils d'Abdallah ibn Merii et de El Manaoui sur *El Chamayel* et *El Bokhari*; le commentaire de Ibn Hidjr, sur *El Arbeïne* et sur *El Mawaheb*; sous la direction de El Chams Mohammed Ibn Omar El Zohéïri, il étudia la majeure partie du *El Bokhari, Ibn Akil*; le commentaire de El Achmouny sur *El Kholassah, Djam' el Djawameh*; le commentaire de El Moussannef, sur *Oum el Barahine*; la moitié du commentaire de El Nafaraoui sur *El Rissalah*.

En 1138, le cheikh Atiah el Adjhouri vint à Rosette, le cheikh Aly profita de l'occasion pour étudier sous sa direction *El Issam*, ouvrage concernant les figures et les allégories. Il eut encore pour professeur le cheikh Mohammed el Edkaoui, sous la direction duquel il étudia le commentaire de El Siouty sur *El Kholassah*, le commentaire de El Chanchoury sur *El Rahabiah* et *El Tahrir*, ouvrage dû à Cheikh el Islam.

En l'an 1143, il vint à la mosquée de El Azhar, où il se fit étudiant pendant trois années. Il suivit ainsi les cours de Cheikh Moustapha el Azizi, sous la direction duquel il lut deux fois le commentaire de *El Manhaje* et apprit *El Chamayel* et *El Khatib*.

En 1146, son professeur l'autorisa à enseigner et à donner des *fetwas* (consultations). L'élève et le maître étaient liés entre eux par des sentiments d'amour quasi-filial d'une part, et d'affection tendre, on peut dire paternelle, de l'autre. Plusieurs circonstances ont mis en évidence l'attention toute particulière que le professeur accordait à son élève. Le souvenir que celui-ci garda de son maître et le respect dont il entoura sa mémoire après sa mort prouvent qu'il le considérait plus que n'importe quel autre homme.

Cheikh Aly étudia également sous la direction de Aly el Hanafi le savant aveugle et noble, l'ouvrage intitulé *El Achmouny, Djam' el Djawameh, El Moghni* ; une partie de *El Mounfaridja, El Kastelani* (commentaire sur *El Boukhary*) et le *Tasrif* par Ezi. Sous la direction de Cheikh Chams Mohammed el Doladji *El Moghni* en entier ; *El Khatib, Djam' el Djawameh.* Le cheikh Aly Kaît Bay lui enseigna seulement le *El Khatib* ; le cheikh el Hefni lui enseigna *El Khatib, El Manhaje, Djam' el Djawameh, El Achmouny, Moukhtassar el Saad, Alfiet el Moustalah, Meradje el Gheity.* Sous la direction de son frère, cheikh Youssef, il étudia *El Achmouny, El Moukhtassar* et *Rissalat el Wad'.* Le cheikh Atiah el Adjhoury lui enseigna *El Manhadje, El Moukhtassar* et *El Soullam.* Sous la direction de Ahmed el Chobramelsi el Chaféï, il étudia *El Moukhtassar, El Tahrir* ; une partie de *El Essam,* et un traité en vers des traditions contestées. Le cheikh Mohammed el Sedjini fut également son professeur ; sous la direction de ce savant, il étudia *El Chamayel* et une partie de *El Manhadje.* Le cheikh El Chabraoui l'autorisa à enseigner les six ouvrages de Hadith, après lui en avoir enseigné quelques parties. Sous la direction de cheikh Ahmed, fils de Sabih el Zoboli, il lut deux fois *El Manhadje* en entier. Sous la direction de Cheikh Ahmed el Makoudy, il étudia *El Koubra,* ouvrage dû à El Senoussy et une partie du résumé de cet ouvrage. Sous la direction de cheikh Mohammed el Manawar el Telemçani, le maître du cheikh el Nekoudy, il étudia *Oum el Barahine,* et enfin sous la direction du cheikh Ahmed el Emaoui el Maléki, il étudia une partie des *Sounan* de Abou Daoud, *Djam' el Djawameh, El Moghni* et *El Azhariah.*

Cheikh Aly revint alors à Rosette ; dans cette ville, il s'attacha au cheikh Chams-el-Dine el Foui, l'imam de la mosquée de El Mohalla et récita en sa présence, et de mémoire, une grande partie du texte de *El Zabad, El Manhadje* et son commentaire *El Chanchoury* et le texte de *El Ebab*. C'était le cheikh Chams-el-Dine lui-même qui lui avait indiqué cet ouvrage et lui avait appris la manière de composer les *fetwas* et d'en rédiger les réponses, Chams-el-Dine disait souvent : « Ebab est indispensable à tout homme qui se mêle de donner des *fetwas*, sa clarté, son étendue, etc. » Le cheikh Aly fut autorisé par cheikh Chalaby el Bourollossy, par cheikh Abd-el-Dayem, fils de Ahmed el Maleki et par Ahmed, fils de Ahmed, fils de Kassim el Wany. On lui doit des écrits superbes, entre autres un commentaire sur *Louktat Ajalan*, une étude sur le commentaire des *Arbeïne*, ouvrage dû à El Chabchiri. Ces œuvres dénotent de profondes recherches et beaucoup d'esprit. Je les ai vues à Rosette chez son fils, le Sayed Ahmed.

Cheikh Aly mourut le 25 Chaban de cette année.

Le bon, le vertueux, l'intelligent, le très grand savant, le perspicace, le cheikh Mohammed, fils de Abd-el-Wahed, fils de Abd-el-Khalek el Banani. Son père, son grand-père et son oncle étaient des principaux négociants du Caire et ils jouissaient d'une fortune considérable. Il fut élevé dans les principes de la piété et de la chasteté ; quand il fut un peu grand, il apprit le Coran et les textes religieux, et l'étude de ces ouvrages lui donna le désir d'étudier les sciences. Il se livra à l'étude avec une ardeur digne de tous éloges et il veillait souvent la nuit. Sa mémoire, son intelligence et une aptitude naturelle aidant, il parvint en peu de temps à une habileté qu'aucun autre n'eût pu acquérir dans un temps beaucoup plus long. Il s'attacha à Cheikh Mohammed El Djenahi, dit El Chaféï, à tel point qu'il ne le quittait plus. Sous sa direction, il étudia la jurisprudence, la métaphysique, la logique, l'allégorie, les règles concernant les successions, l'arithmétique, les tables de Ibn el Hayem et autres choses. Il assista aux cours de cheikh el Saïdi, de cheikh el Dardir et d'autres, et persista dans l'étude juaqu'à ce qu'il eût tout appris à fond. Il cessa alors d'étudier ; les savants de l'époque se réunirent et le reconnurent pour un homme supérieur et il fut classé parmi les maîtres les plus éminents. Le destin cruel ne prolongea pas la vie de cet astre ; la mort l'emporta à l'âge de trente ans. Il était le cousin du très grand savant, l'imam Moustapha, fils de Mohammed, fils de Abd-el-Khalek, qui est aujourd'hui l'un des plus grands savants de l'Egypte.

Le jurisconsulte, le vertueux, le méritant, le cheikh Ahmed, fils de Hamed el Hamamy El Chaféï el Azhari. Il naquit au Caire et se consacra aux sciences depuis son enfance ; son amour pour la science lui fit aimer les savants. Il s'attacha au cheikh Issa el Barawi ; il fut assidu auprès de lui jusqu'à ce qu'il eut excellé dans les matières qu'il lui enseignait. Il suivit alors les cours de El Chams el Hefni, de cheikh Aly el Saïdi et d'autres, et il fut autorisé par eux. En l'an 1185, il fit le pèlerinage de la Mecque, en compagnie de cheikh Moustapha el Tüi et ils revinrent ensemble au Caire.

Le cheikh Ahmed enseigna et fit des cours du vivant de ses maîtres ; il fréquentait spécialement la mosquée de cheikh El Khodeïri. Il avait aussi une chaire à El Darghatehmiah. On lui doit une étude très bien écrite sur le cheikh Abd-el-Salam, et une autre qu'il ne put achever, sur *El Djam' el Seghir*, l'ouvrage de El Siouty. C'était un homme pieux et rempli de la crainte de Dieu. Il mourut le mercredi 9 Rabi Awal de cette année et il fut enterré dans le voisinage du cimetière des Sayeds Malekites. Une foule immense accompagna à sa dernière demeure la dépouille mortelle du défunt.

Le vénérable soufi, l'imam, le cheikh Aly, fils de Mohammed, fils de Ahmed, fils de Abd-el-Kaddous, fils du chef des mystiques, Chams-el-Dine Mohammed el Chennaoui El Rouhy el Ahmady, dit Boundok. Il naquit dans le siècle passé et étudia sous la direction de ses deux oncles, Mohammed el Alem et Aly el Massri, tous deux élèves de leur oncle El Chams Mohammed, fils de Abd-el-Kaddous, connu sous le nom de El Danaty, élève de son cousin El Chehab Khamy. Il était le chef reconnu de tous les chefs de la secte Ahmadiah et le grand maître véritable de cette secte. Il vécut plus de cent ans et il jouit toujours de la plénitude de ses facultés. Il avait sur la terrasse de sa maison une pièce qui lui servait de retraite ; elle avait une lucarne d'où la vue s'étendait dans la direction de Tantah. Assis ou couché, on pouvait, de cette lucarne, voir les vestiges de cette ville, et les enfants de cet imam m'ont dit que leur père avait contracté depuis longtemps cette habitude de contempler continuellement Tantah et qu'il n'y dérogeait pas. Il mourut vers le commencement de Djamad Awel de cette année. Ses obsèques furent célébrées en grande pompe ; une foule considérable, parmi laquelle on remarquait le Sayed Mohammed Moudjahed El Ahmadi, le cheikh Mohammed El Mouadjah, le Sayed Ahmed Taki-el-Dine et autres, l'accompagna à sa dernière demeure, au cimetière de ses ancêtres, à Mehallet Roh.

L'Émir Khalil bey, fils de l'émir Ibrahim bey Boulghiah. Il avait été élevé à la dignité de sandjak après la mort de son père et il se montra, tant par sa générosité et ses libéralités que par la grandeur de son âme et la noblesse de son caractère, digne du haut grade auquel il venait d'être élevé. Il commanda en 1181 la caravane du pèlerinage et il la ramena au Caire sans que sa sécurité ait été troublée. Il la commanda également l'année suivante, mais cette fois la caravane revint au Caire sans lui, car la mort l'avait surpris au Hedjaz. Ce fut son frère Abd-el-Rahman Aga Boulghiah qui ramena les pèlerins en Egypte.

Le Raïs Mohammed, suivant de feu Mohammed Missou el Djeddaoui, oda bacha du corps des Moustahfezan. A la mort de mon grand-père, Missou Mohammed lui succéda comme mari de la mère de feu mon père et le mariage fut célébré en l'an 1114. Il habita avec elle Djeddah. Il eut d'elle deux enfants, Mohammed et Hussein, et il mourut en 1154. Il laissait ces deux enfants et un enfant, nommé Mohammed, issu d'un autre mariage, sans compter les affranchis. Parmi ceux-ci se trouvait le raïs Mohammed dont nous faisons la biographie. Il fut élevé par l'enfant de feu son maître, mon oncle Hussein, qui eut soin de lui et veilla à son éducation. Quand il fut arrivé à l'âge d'homme, le raïs Mohammed se livra au commerce et fut à différentes reprises capitaine (raïs) de bateaux dans la mer Rouge. Avec le temps, il finit par acquérir une grande réputation d'habileté et des richesses considérables. Il eut des maisons à Djeddah et au Caire. Il revenait en Egypte lorsque la mort le surprit en Syrie ; la nouvelle de son décès parvint au Caire, le 27 Rabi el Thani. Que Dieu l'ait en sa miséricorde !

Le négociant, le bon, El Hadj Mohammed, fils de Abd-el-Aziz el Bindari. C'était un homme simple et bon dans toute l'acception du mot. Il a élevé à ses frais à Tantah des mosquées et autres constructions qui portent son nom. Il mourut le 1ᵉʳ Rabi Awal de cette année.

ANNÉE
MIL CENT QUATRE-VINGT-SEPT.

En cette année, la nouvelle arriva que Aly bey revenait en Egypte à la tête de troupes levées en Syrie et qu'il était appuyé par les fils de El Zaher Omar. Mohammed bey se prépara à la lutte ; il dressa ses tentes à El Adeliah, et il alla lui-même habiter sous la grande tente qui avait appartenu autrefois à Saleh bey. C'était une tente très grande, très élevée et excessivement large. Elle était doublée en satin rouge, les basques étaient en draps et les colonnades en cuivre doré.

A l'arrivée de la nouvelle que Aly bey et ses troupes étaient arrivées à El Salehiah, Mohammed bey se transporta aussi dans cette localité. Ceci se passait le 5 du mois de Saffar; Mohammed bey se rencontra avec Aly bey et une bataille s'engagea entre les deux adversaires. Elle fut fatale pour Aly bey. Ses troupes furent mises en déroute et lui-même, criblé de blessures à la face, tomba à terre. Il fut entouré et transporté dans la tente de Mohammed bey, qui se porta à sa rencontre et lui baisa la main.

Dans cette affaire, qui eut lieu le vendredi 8 Saffer, périrent Aly bey El Tantaoui, Soliman Katkhoda, Omar Chawiche et autres.

Le samedi matin Mohammed bey rentra au Caire, précédé de la nouvelle de la victoire. Il fit loger son maître, Aly bey, dans la maison qu'il possédait à l'Ezbekiah, rue de Abd-el-Hak, et des médecins furent chargés par lui de traiter le blessé.

Le 15 Saffer, la caravane du pèlerinage rentra au Caire; elle était commandée par Ibrahim bey Mohammed.

Aly bey mourut la nuit même des suites de ses blessures. Il y avait sept jours qu'il était au Caire. D'aucuns prétendent qu'on avait empoisonné ses blessures. Il fut lavé, enveloppé dans des linceuls et enterré à El Karafa avec ses prédécesseurs.

Le 17 Rabi Awal, Khalil pacha, le nouveau Waly de l'Egypte, arriva au Caire et monta à la citadelle au milieu d'un cortége imposant. Des salves d'artillerie furent tirées en son honneur. Il tint le Divan d'usage et il distribua des robes d'honneur.

En cette année moururent :

L'Imam vénéré, le cheikh respecté, le bon, le pieux, le cheikh Ahmed, fils de cheikh Chehab-el-Dine, Ahmed, fils de El Hassan, el Djohari, el Khaledy, el Chaféï. Il naquit au Caire en 1132 et il y fut élevé ; il étudia beaucoup sous la direction de son père, de El Chehab El Mallaoui, l'illustre savant et d'autres. Il donna des leçons du vivant de son père, il fit le pèlerinage de la Mecque en sa compagnie et il demeura à la Mecque en qualité d'étudiant pendant une année entière. C'était un homme doué de belles qualités et d'un caractère agréable et doux. Il mourut, après une maladie de quelques jours, le 11 Rabi Awal de cette année. Les prières mortuaires furent dites sur son corps à la mosquée de El Azhar, en présence d'une assistance imposante et il fut ensuite enterré à côté de son père, dans la Zawiah el Kaderiah, rue de Chams-el-Dolah.

Le respecté, le vénéré, le bon, le vertueux, le méritant, Aly, fils de Mohammed, fils du chef des mystiques, le Sayed Mohammed Mourad el Husseiny. Aly, par sa famille, était originaire de Boukhara, mais il avait vu le jour à Damas et il appartenait au rite Hanafite. On l'appelait encore « El Mouarady », du nom de son aïeul, le chef des mystiques. Ainsi que nous l'avons dit, il était né à Damas ; il y étudia sous la direction de son père et d'autres savants, tels que Aly ibn Sadek el Daghestany et autres. C'était un homme de noble caractère, respecté et considéré. Sa maison était le rendez-vous préféré des solliciteurs et des amis. Il est le père de Khalil effendi el Demechki, le mufti de Damas. Il donna l'hospitalité au Sayed el Aïdarouss et il eut pour lui tous les égards imaginables. Il mourut cette année et il fut suivi dans la tombe, deux mois après, par son frère Hussein effendi el Mourady. Que Dieu lui soit miséricordieux !

Le lettré habile, le poète charmant, le cheikh Ibrahim, fils de Mohammed Saïd, fils de Djaffar el Hassany el Edrissi el Menoufi, el Macqui, el Chaffei. Il naquit à la Mecque à la fin du XIme siècle et il y étudia sous la direction des principaux savants, tels que El Bassri, El Nakhli, Tadj-el-Dine el Kalaii et El Adjami. Il eut encore pour professeurs des savants d'un moindre mérite que ceux-là, tels que Aly el Sekaoui et Ibn Akilah, et il ne dédaignait pas de s'instruire auprès des savants qui se rendaient dans les Lieux Saints. Il fut autorisé par le cheikh Ibrahim el Kourany. Il est l'auteur de poésies charmantes et très estimées qui forment un recueil. Il entretenait une correspondance avec le Sayed Djaffar el Beiti et le Sayed el Aïdarouss. Ce dernier disait de lui : « Il est l'écrivain le plus accompli de la péninsule arabique. » Le cheikh Ibrahim fut une fois envoyé par le chérif de la Mecque en mission aux Indes. Il reçut de la part de ceux auxquels il était adressé un accueil très flatteur, et lorsqu'il fut de retour auprès du chérif, celui-ci le nomma son secrétaire. Il écrivait en son nom des lettres aux personnages qui étaient alors à la tête des affaires de l'empire turc et à d'autres, et ses lettres étaient remarquables par leur charme et leur délicatesse. Son style était aussi coulant que sa parole, et souvent il dictait un verset du Coran pendant qu'il en écrivait un autre, sans se tromper en quoi que ce fût. Il finissait en même temps de dicter et d'écrire, sans qu'en dictant ou en écrivant une seule erreur, si légère qu'elle fût, eut été commise par lui. Il avait aussi des connaissances suffisantes en médecine. Sa prose était unique pour sa douceur et l'harmonie de ses rimes ; quant à ses poésies, elles sont hors ligne et ne craignent pas les comparaisons. Voici un spécimen de ses compositions poétiques :

> Je blâme la gazelle quand elle se retourne,
> Et je l'excuse quand elle va dans les lieux écartés.
> Est-ce parce qu'elle a vu la gazelle humaine apprivoisée

> Qu'elle a, par ses regards, inspiré l'amour ?
> Ou bien a-t-elle été fâchée de voir les amants
> Dire à cette dernière: tu es unique en tout ?
> Fi de l'amant qui demande l'oubli,
> Et ignore qu'en amour, la mort est la vie !
> Sans l'éloignement et sans la séparation
> Quels charmes auraient les faveurs et la rencontre ?

Et les vers suivants:

> Comment peut-il rester, l'amant
> Que son aimée appelle ?
> Nous avons pitié de toi, nous acceptons
> L'excuse et pardonnons les fautes.

On lui doit un recueil intitulé *El Sabah Manayel*, dans lequel il chante les éloges du Prophète et un traité de médecine fort utile. Il mourut en cette année.

Le lecteur habile, le traditionniste intelligent, le cheikh Abd-el-Kader, fils de Kalil, fils de Abdallah, connu sous le nom de Kadak Zadah. Il était d'origine turque et il naquit à Médine en 1140. Il fut élevé dans cette ville ; il y apprit le Coran et il se perfecfectionna dans la lecture sous la direction du chef des lecteurs, le cheikh Chams-el-Dine Mohammed el Sedjï, qui habitait Médine et qui avait été l'élève de El Bakary el Kébir. Il apprit *El Chatbiah* et il étudia les sciences sous la direction des savants de Médine et de ceux qui s'y rendaient. Il étudia la plupart des ouvrages de *Hadith* sous la direction de Cheikh Ibn el Tayeb et de Cheikh Mohammed Hayat. Il s'attacha très étroitement à Cheikh Ibn el Tayeb et il devint enfin le répétiteur de ses leçons. Il avait une intonation charmante et une voix superbe. Ses aptitudes et sa science le firent désigner aux fonctions de prieur et d'imam d'El Rodah. Lorsque dans l'exercice de ces fonstions, il s'approchait du *Mehrab* pour réciter des prières publiques, tout le monde se pressait et se mettait à une distance très rapprochée de lui pour l'entendre réciter le Coran.

Cheikh Abd-el-Kader vint dans la suite en Egypte et il y trouva encore en vie le cheikh Daoud ibn Soliman el Kherbetaouï qui lui enseigna diverses choses et lui délivra un diplôme. Ceci se passait en 1168. Il assista également aux cours du cheikh El Mallaoui, du cheikh El Djohari, du cheikh el Hefni et de Cheikh El Beleidi et il apprit auprès d'eux beaucoup de choses.

Il se maria dans cet intervalle et il partit pour Constantinople. Il passa quelque temps dans cette ville et revint ensuite à Médine. Mais, ne pouvant s'y fixer, il vint de nouveau au Caire où il suivit les cours des cheikhs, aux conférences desquels il n'avait pas assisté lors de son premier voyage. Il fut pris en affection par le Sayed Ismaïl ibn Moustapha el Kenakhi et il prit l'habitude de passer une partie de ses journées dans la demeure de ce personnage, qui était contiguë à la mosquée de Kossoun. Le Sayed voulait obtenir pour son ami la charge d'imam de cette mosquée; il la lui acheta, en paya le prix et termina tout sans que son ami eût dépensé une obole. Le nouvel imam prêchait à la façon des cheikhs de Médine et ses auditeurs augmentaient tous les jours.

Cheikh Abd-el-Kader acquit une très grande réputation ; il se remaria, vendit sa charge, et partit pour Constantinople, où il passa quelques temps à ne rien faire. Un jour qu'il lisait le Coran, le sultan l'entendit et sa voix lui ayant plu, il souhaita que cet homme fût son imam. Le cheikh Abd-el-Kader allait donc être nommé imam du sultan, lorsque le titulaire de cette charge réussit à lui faire accepter une invitation chez lui et à lui faire avaler un ingrédient ayant la propriété d'abîmer la voix. Le cheikh Abd-el-Kader devina, mais alors qu'il n'en était plus temps, la perfidie de son hôte, et il s'empressa de s'enfuir de Constantinople.

Il revint en Egypte où il travailla au Hadith et à la composition du *Môdjam*, ouvrage où il fit les portraits de ses professeurs et des savants qu'il avait rencontrés dans les pays étrangers. Il partit ensuite pour Alep ; là, il vit le cheikh Abou el Mawaheb el Kadery. Il étudia sous sa direction une partie de *Sahih el Bokhary* et il fut autorisé par lui. Il étudia également sous la direction du Sayed Ibrahim, fils de Mohammed el Taroboussi el Naquib et de Derwiche Moustapha el Molka. Il partit pour Tripoli de Syrie et fut autorisé à enseigner par le cheikh Abd-el-Kader el Chekhaoui. De là, il se porta à Khadem où il se rencontra avec le cheikh nommé le mufti de Khadem. Il voulut étudier sous sa direction l'ouvrage intitulé *El Awaliah* ; mais il vit que ce cheikh ne pouvait pas citer d'autorité à l'appui de ses théories et qu'il n'était qu'un métaphysicien. Il revint alors en Egypte et il s'y rencontra avec notre cheikh le Sayed Mortada ; il étudia sous sa direction le Hadith, appuyé de l'autorité nécessaire, et lorsqu'il y fut devenu très fort, il revint au Lieux Saints. De là, il se rendit dans le Yemen et il étudia sous la direction des cheikhs qui ne l'avaient pas encore eu pour élève. A Sanâa, il composa deux poésies, l'une en l'honneur du Waly du Yemen et l'autre en l'honneur de l'imam. Il s'attira ainsi leurs bonnes grâces et les faveurs du peuple. Il eut des entrevues avec les savants de cette ville et des discussions s'engagèrent un moment entre lui et le cheikh Ahmed Katen. Il se transporta ensuite à Kokaban, et là il vit l'unique de son époque, le Sayed Abd-el-Kader, fils de Ahmed el Husseini, de l'illustre descendance de Aly. De Kokaban, il partit pour Cheban ; dans cette ville, il vit le Sayed Ibrahim Ibn Issa et après avoir passé quelque temps à Cheban, il se transporta à El Zehiah où il vit le cheikh Issa Zereik. Ceci se passait en 1185. Il revint enfin au Caire ayant considérablement augmenté ses connaissances littéraires et scientifiques, et apportant en outre avec lui un fonds inépuisable d'anecdotes et d'historiettes. Il revint en Egypte par El Kosseir, il pénétra dans le Saïd, visita les chefs des bédouins Hawaras et composa en leur honneur des poésies magnifiques. Ils récompensèrent dignement sa politesse et lui prodiguèrent des honneurs.

Avant de partir pour le long voyage dont nous avons parlé, notre poète avait consigné dans un recueil ses poésies et celles qu'il avait jusqu'alors composées en l'honneur des grands personnages et des mystiques. Ce recueil ne contient pas celles qu'il composa dans le cours de ce voyage et qui, disons-le, ne sont pas les plus mauvaises de ses compositions. Bien au contraire, elles sont, pour la plupart, des merveilles du genre. Chez lui, la sublimité des idées ne le cédait en rien à la beauté de la phrase. La forme brillait aussi bien que le fond. Cet ouvrage transportait les esprits, et enlevait la raison. Si ce poète s'était fixé dans un endroit quelconque, son talent eût rempli le monde de son éclat; mais il passa sa vie à l'étranger, se transportant d'un endroit à un autre, méprisant les fatigues et dédaignant les peines. Le cheikh Mohammed el Saffarini l'autorisa à enseigner, et lui délivra à cet effet un diplôme qui forme à lui seul cinq cahiers.

Parmi les compositions de notre poète se trouvent les vers suivants adressés par lui à l'un de ses amis :

A la recrudescence de mon mal, j'ai respiré l'odeur de votre terre,
Et immédiatement j'ai été guéri,
Donnez-moi une grande quantité de cette terre,
Ou faites m'en connaître la composition.

Sur la fin de sa vie, il partit pour Jérusalem, il visita les nobles endroits et les tombeaux des Prophètes, que Dieu les bénisse et les salue ! De cette ville sacrée, il se rendit à Naplouse et il y fut l'hôte du cadi, le Sayed Moussa el Taminn, qui eut pour son visiteur beaucoup d'égards et d'attentions. Au bout de quelque temps, il tomba malade, et peu de temps après, à la fin de Djamad el Tani, il mourut. La nouvelle de sa mort parvint en Egypte où elle causa un chagrin universel. Sa mort à l'étranger fit perdre à l'Egypte tous ses écrits, qui ne furent plus retrouvés, entre autres, *El Modjam*.

Le bon, le cheikh Mohammed, fils de Hassan el Djezayerli el Hanafi el Azhari. Il naquit vers l'an 1160 à la Mecque où son père faisait le commerce et celui-ci vint dans la suite avec lui en Egypte. L'enfant s'attacha au cheikh Hassan el Makdessi, alors *Moufti* du rite Hanéfite. Il étudia sous sa direction des textes de jurisprudence, et en peu de temps il apprit la manière de rédiger des *fatwas*. Au bout de quelque temps d'étude, il devint le répétiteur des cours de son professeur; il rédigeait ses questions, et, avec l'autorisation de celui-ci, il écrivait quelquefois des consultations. Dans cet intervalle, il étudia la métaphysique sous la direction du cheikh el Saïdi, du cheikh Mohammed el Emir, du cheikh El Biali et d'autres. Il étudia encore quelques notions de sciences et il acquit une réputation de savoir universelle. Son professeur lui fit obtenir à El Darghetchmiah une chaire pour enseigner le Hadith. Le cheikh Mohammed y enseignait chaque vendredi le *Sahih el Boukhary*. Son maître le maria en outre à une femme riche qui possédait une maison à l'Ezbékiah. A la mort du maître, l'élève lui succéda dans sa chaire et il fut, depuis, considéré comme un grand savant. Mais sa vie ne fut pas longue. Il mourut cette année dans la fleur de l'âge. Le bruit courut qu'il avait été empoisonné par sa femme.

L'illustre émir, le grand chef, Aly bey, que ses hauts faits ont illustré. Il fut dans sa jeunesse un des mamlouks de Ibrahim Katkhoda, suivant de Soliman Chawiche, suivant de Moustapha Katkhoda el Kazdogli. Aly bey fut élevé à la dignité de sandjak en 1168, après la mort de son patron. C'était un homme d'un grand caractère, ambitieux, visant très haut et jugeant indigne de lui tout autre condition que la souveraineté.

Sérieux et réfléchi, grave et posé, il dédaignait les amusements et méprisait les jeux. Son ambition et l'élévation de ses aspirations se firent jour quand il était encore un petit enfant, et l'âge ne fit que leur donner la consistance en même temps qu'il développait l'énergie inouïe de ce caractère de fer. Une fois des émirs tinrent un conseil dans lequel ils délibérèrent sur l'opportunité de l'élever à la dignité d'émir. Leur conversation fut rapportée mot par mot à Aly bey et comme on lui disait que tel avait appuyé ses prétentions, mais que tel autre les avait combattues : « Je n'ai besoin d'aucun appui, s'écria-t-il. Je serai émir par la force de mon sabre, et non grâce à la protection. »

Aly, ne fit depuis que s'élever de grade en grade; sa réputation s'étendait et sa considération croissait tous les jours. On l'appelait quelquefois Djenn Aly et quelquefois Balout Caban. Comme son intérêt lui commandait d'être en bons rapports avec Abd-el-Rahman Katkhoda, il prodigua à cet émir tous les soins et le trompa par les apparences séduisantes d'une amitié sans bornes. Abd-el-Rahman Katkhoda fut si bien trompé qu'il se donna corps et âme à Aly bey. Il eut foi en ses protestations d'amitié et il crut à sa sincérité. Il l'appuya, et il ne lui marchanda pas son aide toutes les fois que l'occasion s'en présentait. Abd-el-Rahman voulait lui donner de la force et de l'autorité afin de s'en faire une arme contre les anciens, ses rivaux.

L'occasion tant attendue par Aly bey de sortir de la situation, pourtant fort enviable, dans laquelle il se trouvait, se présenta enfin. Voici ce qui arriva :

Ahmed Chaouiche el Madjnoun, suivant de Abd-el-Rahman Katkhoda, avait commis des actes qui lui avaient attiré la haine des soldats de son corps. Les lois et conventions qui régissaient son odjak prescrivaient la peine de l'exil contre Ahmed Chawiche pour les actes qu'il venait de commettre. Les chefs soumirent, en conséquence, le cas à Abd-el-Rahman Katkhoda et lui demandèrent d'appliquer la loi. Celui-ci jugea qu'il était indigne de lui de sanctionner un ordre d'exil frappant son suivant et en conséquence il refusa de le ratifier. Les chefs insistèrent et quelques-uns d'entre eux demandèrent que le coupable fût au moins exilé pour quelques jours à Tersa, près de Djizah, afin, dirent-ils de sauver la dignité du corps. Abd-el-Rahman persista dans son refus et s'emporta. Le lendemain, les émirs s'étaient comme d'habitude rendus chez lui, ainsi que les principaux personnages de l'odjak, et ils s'étaient à peine assis que Abd-el-Rahman, s'adressant à eux, leur dit : « Emirs, et vous, chefs, qui suis-je ? — Notre maître, le fils de notre maître et la personne à laquelle nous nous sommes attachés, dirent-ils, tous à la fois. — Ainsi, vous seriez prêts, dit Abd-el-Rahman, à exécuter l'ordre que je vous donnerai ? — Oui, firent-ils, d'une seule voix ! — Eh bien, fit Abd-el-Rahman, je vous propose Aly bey pour notre chef à tous et pour chef de notre ville. Pour moi, je serai le premier à lui obéir et le dernier à désobéir à ses ordres. » Les émirs et les chefs avaient donné leur parole et ils ne pouvaient plus la retirer. Ils furent obligés de consentir à la proposition de leur commandant et force fût pour eux d'accepter Aly bey pour chef.

Le lendemain matin Abd-el-Rahman se rendit chez Aly bey ; les émirs et les chefs en firent autant et sa maison devint le siège du divan. C'était une grande puissance qu'on venait de lui décerner et une véritable autorité dont on l'investissait.

Peu de temps après, Aly bey condamna à l'exil Ahmed Chawiche, qui avait été cause du désaccord entre Abd-el-Rahman Katkhoda et les chefs du corps, Hassan Katkhoda el Châraoui et Soliman bey el Chaboury. Ensuite, vint le tour de Abd-el-Rahman Katkhoda : Aly bey le fit exiler dans le Hedjaz. Saleh bey avait été désigné par Aly pour conduire Abd-el-Rahman Katkhoda à Suez et il y était à peine arrivé avec l'exilé qu'un ordre paraissait prescrivant l'exil de Saleh bey à Ghaza. Au bout de quelque temps, Saleh fut ramené de

Ghaza à Rosette et nous avons déjà dit qu'il s'était échappé de Rosette et qu'il avait gagné Miniah où il s'était retranché. Aly bey fit alors marcher des troupes contre lui et de son côté, Saleh bey se tint toujours ferme à Miniah. Les choses en étaient arrivées à ce point, lorsque les collègues de Aly bey se liguèrent contre leur chef, l'exilèrent à El Noussat, et de El Noussat l'envoyèrent à Suez.

Après le meurtre de Hassan bey el Ezbekaoui, après la mort de Osman bey el Djerdjaoui, Aly bey fut conduit dans la Haute-Egypte et nous avons dit, d'autre part, comment il parvint à se réconcilier avec Saleh bey, qui se joignit à lui dans sa marche sur le Caire. Ils firent une entrée triomphale dans la ville ; Aly bey ressaisit le pouvoir qu'un complot lui avait arraché et se vengea par l'exil et le meurtre de ceux de ses collègues qui y avaient trempé. Il vécut quelque temps en bons termes avec Saley bey, et lorsque celui-ci eut perdu les derniers doutes qui lui restaient sur la sincérité de Aly bey, lorsqu'il crut n'avoir plus rien à craindre de lui et pouvoir se fier à lui, Aly bey le fit assassiner.

Depuis, Aly bey ne mit plus de réserve dans sa conduite ; il exila les notables, les émirs et les chefs qui lui portaient ombrage, ils les éloigna de leurs pays et les fit tuer dans l'exil. Personne ne pouvait se dire à l'abri de ses soupçons et ses coups abattaient aussi bien les têtes des grands que celles des petits. Il dispersa ceux qui s'étaient, pour une raison quelconque, attiré sa haine ; il les ruina et les força à vivre loin de leur patrie. Les Arabes, les Bédouins de Djezirah et les Hanady furent écrasés par lui, exterminés pour ainsi dire, et il leur enleva toute puissance. Il acheta un grand nombre de mamlouks, leva des armées dans le rang desquelles étaient représentées presque toutes les nationalités, et enleva le Saïd à la domination des chefs Hawaras. Il fit tant que depuis Alexandrie jusqu'à Assouan, il n'y avait d'autorité que la sienne ; il était l'unique souverain de toute l'Egypte, le seul qui pût y donner des ordres.

Quand Aly bey eut solidement assis sa domination en Egypte, il tourna ses regards vers le Hedjaz. Des armées conduites par Mohammed bey Aboul Zahab s'emparèrent de ce pays, pénétrèrent dans la Mecque et appelèrent au pouvoir le chérif Abdallah, protégé de Aly bey.

Après l'Arabie, la Syrie attira l'attention de Aly bey; des armées nombreuses, placées sous le commandement suprême de Mohammed bey, le conquérant de l'Arabie, firent la conquête de la Syrie. Jaffa résista pendant quatre mois aux attaques de l'ennemi qui l'assiégeait, mais force lui fut à la fin d'ouvrir ses portes. Par ordre d'Aly bey, les forts d'Alexandrie et de Damiette furent rebâtis, des garnisons égyptiennes à sa dévotion furent détachées dans ces villes et il défendit à la Porte d'envoyer des walys en Egypte. Il lisait l'histoire des rois de l'Egypte et disait souvent à quelques-uns de ses confidents : « Ainsi que nous, les rois de l'Egypte étaient des mamlouks, le sultan Bibars, le sultan Kalâoune et leurs enfants étaient les mamlouks des Kurdes. Les sultans circassiens ont été, à leur tour, les mamlouks des Kalâounes et quant aux ottomans, c'est au sabre et à la perfidie des habitants de l'Egypte qu'ils doivent leur domination sur cette province. » Il disait de ces choses qui trahissaient ses desseins et son ambition et, si son mamlouk Mohammed bey ne l'eût pas trahi, il eût sans nul doute rétabli les choses dans leur cours normal.

Aly bey ne fréquentait que les personnes posées, sérieuses et avancées en âge, comme Mohammed effendi, le chef écrivain du corps des janissaires, Moustapha effendi Tokali, Abdallah, le lieutenant de Mohammed pacha el Hakin, Mortada aga et Ahmed effendi. Ils lui tenaient compagnie à tour de rôle, à certaines heures déterminées et veillaient toujours à ce que leurs paroles fussent brèves et sages. Le cheikh Mohammed el Helbaoui el Damanhouri était chargé de sa correspondance arabe ; quant à sa correspondance turque, elle était tenue par Moustapha effendi el Achkar et Naaman effendi ; ce dernier remplissait en outre les fonctions d'astrologue auprès de Aly bey.

Parmi les savants que Aly bey respectait se trouvaient mon père, le cheikh Ahmed el Damanhoury, le cheikh Aly el Edoui, le cheikh Ahmed el Hanaky. Le Moallem Rizk, l'écrivain copte de Aly bey, parvint, grâce à l'autorité de son maître, à une position que jamais Copte n'avait atteinte.

Au milieu des graves affaires qui l'occupaient, Aly bey sut trouver le temps pour punir les gens de mauvaise foi qui se mêlaient aux procès, et grâce à leur argent entravaient la marche de la justice. Les coups, la mort et l'exil furent les moyens que Aly bey employa pour punir ces individus et la peine frappait le coupable sans pitié et sans aucun égard pour sa situation. L'homme au turban aussi bien que le jurisconsulte, le juge aussi bien que l'écrivain, le grand aussi bien que le petit étaient tués ou exilés. Les perturbateurs, les brigands et les bédouins qui infestaient les routes furent traités avec la dernière rigueur ; les chefs de guet furent tenus de garder chacun la division qui formait sa circonscription et les chefs étaient punis pour la négligence des inférieurs. Grâce à ces mesures, les routes devinrent sûres, les gens de mauvaise foi mirent un terme à leurs dépradations et renoncèrent à leurs actes répréhensibles. La sécurité devint si grande qu'un homme porteur de sommes considérables pouvait partir seul pendant la nuit et coucher, sans aucun risque, dans n'importe quel désert ou dans n'importe quel lieu abandonné.

Aly bey avait un aspect très imposant ; il y eut des personnes qui moururent de la crainte qu'il leur inspirait et plusieurs émirs tremblaient quand ils étaient admis en sa présence. Aly bey leur tenait alors des propos encourageants et leur inspirait ainsi un peu de calme. Il était très intelligent et il avait un coup d'œil très sûr, il comprenait, sans l'aide d'un interprète et sans qu'on lui fît savoir, le point de litige dans un procès, et il lisait lui-même les actes, les contrats et autres écrits, si mal calligraphiés qu'ils fussent. Jamais il n'a apposé son cachet sur une pièce sans l'avoir, au préalable, lue en entier et selon qu'elle lui plaisait ou non, il la cachetait, la signait ou la mettait en pièces.

Il fit porter à ses écuyers des bonnets (kaouk) en drap jaune, pour qu'ils fussent distingués de ceux des autres émirs.

Il gouverna sans contrôle l'Egypte, personne ne songeait à discuter ses actes et les chefs et les émirs de cette province étaient tous ses mamlouks et ses suivants.

Cette situation souveraine ne suffisait pas à son ambition ; ce royaume qui fit la gloire des Pharaons et les éleva au-dessus des autres rois, Aly bey ne s'en contenta pas, son ambition avait soif de conquêtes et il voulait étendre son royaume et sa domination. Après l'Egypte, l'Arabie, et lorsque celle-ci eut reconnu son autorité, il tourna ses regards vers la Syrie, que ses lieutenants conquirent pour son compte. Tout autre prince se serait contenté de posséder le tiers des provinces que Aly bey gouvernait et sur lesquelles il régnait, mais pour lui c'était toute autre chose. Plus sa domination s'étendait, plus son ambition était altérée de conquêtes. L'Egypte, l'Arabie et la Syrie, réunies sous sa domination, reconnaissant ses lois et obéissant à ses ordres ne lui suffirent pas et il invita ses lieutenants à continuer, sans s'inquiéter de rien, leur marche en avant, à s'emparer de toute localité qui se présenterait sur leur route sans s'inquiéter de son souverain légitime. Mais ses lieutenants, si obéissants qu'ils fussent à ses ordres, n'en tenaient pas moins à revenir dans leurs foyers et les combats dans les régions étrangères et les royaumes éloignés les avaient rebutés. La conquête de la Syrie terminée, Mohammed bey, généralissime des troupes égyptiennes, revint en Egypte sans l'autorisation et contre la volonté de Aly bey son maître. L'animosité grandissait tous les jours entre le souverain et son général et la haine allait sans cesse en augmentant. Aly bey essaya de faire assassiner son ancien favori, mais celui parvint à échapper aux assassins et à gagner le Saïd. Nous avons dit ailleurs comment une première armée, commandée par Ismaïl bey, s'était ralliée, général en tête, à Mohammed bey, qu'elle devait combattre, et comment, trahi par la fortune qui l'avait si bien servi jusqu'alors et abandonné de ses troupes, Aly bey s'était enfui en Syrie. Là, il leva des troupes nombreuses, à la tête desquelles il rentra en Egypte, voulant coûte que coûte ressaisir son royaume. A Salhiah, ses troupes se rencontrèrent avec les troupes égyptiennes commandées par Mohammed bey, une bataille terrible s'engagea dans laquelle plusieurs des lieutenants de Aly bey perdirent la vie et lui-même fut blessé au visage et fait prisonnier. Après cette victoire, Mohammed bey rentra au Caire, ayant avec lui son ancien maître, qui, à cause de ses blessures, était porté dans une litière. Aly bey fut logé dans une maison qu'il possédait, rue Abd-el-Hak ; des médecins soignèrent ses blessures, mais sept jours après il mourut. Dieu sait si sa mort fut naturelle.

L'ancien souverain de l'Egypte mourut le 15 Saffar de l'année 1187, son corps fut préparé pour recevoir la sépulture et les prières d'usage furent récitées au Moussalla el Momenïne, en présence d'une foule innombrable. Après la cérémonie religieuse, le corps fut transporté au cimetière dit El Karafáh el Soghra et enterré dans le voisinage de l'imam el Chafféi, près de Ibrahim Katkhoda qui fut le patron de Aly bey. En face de leur cimetière est un sébil que surmonte un kiosque ouvert de tous les côtés.

On doit à Aly bey la grande mosquée de Sidi Ahmed el Badaoui, le dôme qui surmonte le mausolée du saint, les écoles qui y sont annexées, le grand bassin des ablutions, les prises d'eau, les grands et vastes cabinets d'aisances, les deux grands et magnifiques minarets, le sébil qui fait face au dôme, le grand bâtiment aux deux entrées qui y donnent accès. Ce bâtiment contient des boutiques et des magasins et il est appelé El Ghouriah parce que les négociants du quartier El Ghouriah, au Caire, déposent dans ce bâtiment, les marchandises que, pendant les jours de foire, ils emportent avec eux pour les écouler. La surveillance de la construction de ce bâtiment avait été confiée au maître maçon Hassan Abd-el-Môti, homme énergique et actif. Aly bey le nomma, en outre, surveillant et gardien du tombeau en remplacement des enfants de Saad, le desservant en fonctions, que leur mauvaise conduite exposa à la colère de Aly bey. Celui-ci les punit de leurs agissements blâmables, leur fit payer des sommes considérables, et cet argent fut employé dans la construction de ce grand bâtiment dont nous avons parlé. Des wakfs furent affectés aux dépenses de la mosquée ; plusieurs jurisconsultes et professeurs furent attachés à ce temple, et ces maîtres, ainsi qu'un nombre déterminé d'élèves et de Moudjawers, recevaient chaque jour des rations, du pain et de la soupe.

Aly bey reconstruisit également le dôme qui surmonte la mosquée de l'imam El Chaféi, enleva le plomb qui le plaquait et qui datait du règne du roi ayoubite El Kamel. Il mit à la place du bois vermoulu sur lequel s'étendait le plomb, du bois neuf et de belle qualité ; sur ce bois, il fit étendre des plaques de plomb récemment fondu, et ces plaques furent attachées au bois au moyen de grands clous. Il renouvela les décorations qui ornaient l'intérieur du dôme et ne ménagea dans ces dessins ni l'azur ni l'or. Autour du dôme, Saleh effendi écrivit des vers magnifiques composés par lui et qui donnaient la date de ces réparations. Aly bey fit démolir le bassin des ablutions de forme octogonale, que Abd-el-Rahman Katkhoda avait édifié. Il était insuffisant pour le besoin des fidèles et il le remplaça par le grand et spacieux bassin qui existe aujourd'hui et auquel il donna une forme carrée. Il établit auprès de ce bassin des robinets d'eau, et autour, des cabinets d'aisances à bassins vastes qui déversaient l'un dans l'autre une eau extrêmement salée.

On doit également à Aly bey la grande construction qui s'élève à Boulak sur la rive du Nil. C'est un grand bazar ayant deux portes donnant l'une au sud, l'autre au nord. Il fit également élever un khan d'une étendue immense surmontée de maisons sur toute sa longueur. En dehors de ce khan, sur le cours du fleuve, on creusa tant qu'on atteignit l'eau et on jeta alors les fondements de ce grand bâtiment qui contient des maisons, des boutiques, des magasins et des *chounahs*. Aly bey mourut avant l'achèvement de cette construction, qui fut commencée en 1185 et qui fut l'une des plus néfastes constructions qui aient jamais été élevées. Le Nil, à cause de cette bâtisse, n'arriva plus au littoral de Boulaq, et son courant dévia du côté de Embabah. Depuis, la terre ne fit que s'amonceler et s'élever entre l'angle de cette bâtisse et la *chounah* des céréales; la terre s'éleva à tel point que, sauf à l'époque de la crue, l'eau ne pouvait y parvenir, et encore fallait-il une forte inondation pour porter l'eau au sommet. Et cette situation s'aggrava lorsque des cafés et des maisons furent élevés au nord de la construction. Les constructeurs jetaient la terre des fouilles dans l'eau sans que personne songeât à les en empêcher, et l'eau fuyait devant la terre. A la fin, il y eut un monticule dont l'aspect repoussant était rendu plus hideux par la chaleur qu'il dégageait quand le soleil dans son plein venait le frapper. Et dire que ce monticule s'est élevé en un endroit qui était jadis la promenade la plus charmante du Caire! Avant la construction de cette bâtisse, le courant du Nil passait de Boulaq el Dakrour à cet endroit et de là parcourait avec toute sa force, hiver et été, sans que rien le ralentît, tout l'espace qui longe les maisons et les okelles situés au sud, les chounahs, l'okelle des grains, la mosquée de El Senaniah et Rabhel Kharnoub jusqu'à El Djianiah. Là, faisant une courbe, il longeait le Kasr el Hely et le Kasr cheikh Faradje. Personne ne pouvait, sans s'exposer à un châtiment sévère, jeter quelque ordure sur la rive du Nil ou quelque autre chose, et quand le coupable restait inconnu, le gardien payait pour lui.

Le dernier chef que nous avons connu s'occupant de cette question a été Abd-el-Rahman$_2$ aga des Moustahfezan. Il veillait à ce que les routes fussent toujours propres et bien entretenues. Mais après lui, la vigilance diminua et finit par ne plus exister du tout, à tel point que quelques-unes des routes qui mènent à Boulaq furent obstruées par les ordures que les habitants y jetaient. A cause de cette construction, la terre s'éleva en cet endroit plus de quatre fois la hauteur d'un homme. Lorsque nous habitions l'okelle des marchands de grains, c'était avant la construction du bâtiment en question, cette okelle avait vue du côté du Nil. On y montait par un escalier de vingt et quelques degrés, et il en était de même pour la maison du cheikh Abdallah El Kamary. Ces escaliers furent ensevelis sous la terre qui les couvrit entièrement.

On doit encore à Aly bey sa maison, située rue Abd-el-Hak, qui donnait sur le bassin de l'Ezbékiah, et dans laquelle il mourut, ainsi que la sakieh, le réservoir et le moulin qui l'avoisinent. Cette maison est habitée actuellement par la dame Nefissah.

Nous aurions trop à dire si nous voulions reproduire tout ce qui se rapporte à Aly bey ; les aventures et la vie de ce chef contiennent la matière d'une histoire en plusieurs volumes. Je me contente donc de ce que ma mémoire, affaiblie par les soucis et les chagrins, les malheurs et les calamités, m'a permis de me rappeler. Les choses sont changées ; les gens de basse condition sont au pouvoir et tout marche de travers. Peut-être pourtant, la branche reverdira-t-elle après sa flétrissure, l'astre réapparaîtra-t-il, le sort nous sourira-t-il après nous avoir menacés et nous regardera-t-il de son œil qui feint l'ignorance!

> Un temps comme un rêve, suivi
> D'un temps où nous nous berçons dans les rêves.

Attendre la délivrance est un acte méritoire aux yeux de Dieu ; demandons à Dieu de dissiper les malheurs et de nous faire aboutir à de bons résultats !

Le sultan Moustapha, fils de Ahmed Khan; il avait été élevé au trône en l'an 1171 ; il a donc régné seize ans. Il cultivait avec goût les sciences mathématiques et l'astronomie et il encourageait les savants ; il les honorait et les respectait ; il entretenait une correspondance avec le cheikh Ahmed El Damanhoury et avec mon père, et il leur envoyait souvent des cadeaux. Une fois il envoya à mon père, en guise de présent, trois des meilleurs ouvrages de sa bibliothèque ; c'étaient : *El Kahistany*, *Les fetwas de Ankaraoui* et *Nour el Aïn*. Deux d'entre ces livres étaient des traités de jurisprudence. On lui attribue également un remarquable ouvrage de jurisprudence. Le sultan Moustapha fut remplacé par le sultan Abd-el-Hamid Khan. Que Dieu lui accorde d'heureux jours !

L'émir Aly bey surnommé el Tantaoui. C'était un des mamlouks du fameux Aly bey, et il resta fidèle à ce grand chef. Il était renommé pour sa bravoure et réputé pour un homme d'un grand courage. Il fut tué à El Salehiah, en combattant sous les yeux de son maître.

L'émir Ismaïl effendi, chef du service des pensions. C'était un homme doux et affable, d'une conduite honorable. Il fut un grand écrivain. Vers la fin de sa vie, il fut atteint d'une ophtalmie. Le Hadj Soliman el Hakkak lui promit un peu de collyre en poudre. Il enveloppa la poudre dans un papier qu'il mit dans un pli de son turban. Malheureusement, son turban contenait un autre papier renfermant du sublimé corrosif et Soliman l'avait oublié. En arrivant chez l'émir Ismaïl, le Hadj Soliman donna à l'émir le papier qui contenait le poison ; il lui prescrivit de s'en saupoudrer les yeux avant de dormir et il revint chez lui. Quand il fut de retour dans sa maison, Soliman trouva le paquet de collyre dans son turban et alors il se rappela l'autre paquet. La grande distance qui séparait sa maison de celle de l'émir ne lui permit pas de courir chez ce dernier pour l'avertir de l'erreur, et l'eût-il fait que cela n'eut servi à rien. L'émir Ismaïl avait fait déjà la prière du soir et employé le remède et aussitôt il avait perdu la vue. Il fut aveugle pour le reste de ses jours, et il mourut le 16 Zilhodjeh à l'aube. Les prières furent dites à Sebil el Moumenine et il fut enterré près de Ibn Abou Djamrah, dans la tombe qu'il s'était fait préparer de son vivant. Que Dieu lui donne le paradis en compensation de ses malheurs !

Le bon, le pieux, l'émir Mourad aga, suivant de Kitas bey, de la famille de Katamèche, homme réservé dans ses relations s'il en fût, fréquentant peu le monde et content de sa situation. Il priait à tous les moments prescrits par la loi. Il mourut le mercredi 27 Chawal ; les prières furent dites à la mosquée de Ayoub bey et son corps fut ensuite inhumé à El Karafah.

L'émir Hassan el Kazdogli, dit Kara, katkhoda des Moustahfezan. C'était un émir très considéré et grandement estimé. Il avait joui aussi autrefois d'une grande autorité. Mais depuis longtemps, il était rentré dans la vie privée et il ne se mêlait plus aux affaires publiques. Il mourut le mardi 13 Zilkadeh de cette année. Il était atteint d'un cancer à la bouche et d'une enflure aux pieds. Il fut enterré à El Karafa, le jour même de sa mort.

Moustapha effendi el Achkar, qui faisait la correspondance turque de Aly bey. Après la mort de son maître, la Porte, qui depuis longtemps n'osait pas envoyer de waly en Egypte, nomma à ce poste Khalil pacha. Celui-ci y arriva et peu de temps après, le 27 Gamad awal, il fit étrangler à la citadelle Moustapha effendi. Il agissait ainsi en exécution d'un ordre impérial ordonnant la mort de Moustapha effendi, de Abdallah Katkhoda, de Nohman effendi et de Mortada aga. Abdallah Katkhoda avait déjà été mis à mort par Mohammed bey Aboul Zahab. Nohman effendi et Mortada aga avaient quitté l'Egypte aussitôt que Aly bey était mort, et il ne restait plus que Moustapha effendi qui, ainsi que nous l'avons dit, fut étranglé; sa tête fut ensuite scalpée et ses biens furent confisqués.

Le vénéré, l'habile, Ismaïl fils, de Abd-el-Rahman, connu sous le nom de El Wahby, chef de la corporation des calligraphes du Caire. Il était d'origine turque et il avait perfectionné sa calligraphie sous la direction du premier calligraphe de son époque, le sayed Mohammed el Noury. Il ne s'occupa que très peu de science et il porta toute son attention sur la calligraphie, où il devint très habile. Il écrivit de sa main plusieurs Corans et autres ouvrages. C'était un homme affable, bon, d'un caractère aimable et de belles qualités; la plupart des calligraphes vivant actuellement au Caire ont été ses élèves. Il était fier et énergique; il remplaçait son maître dans le commandement militaire et il écrivit de sa main plusieurs grands tableaux que, sur l'ordre d'un des émirs, il transporta à Médine. Il les suspendit en face du saint tombeau et il acquit ainsi une haute renommée. En 1181, le sultan ordonna à l'Egypte d'envoyer quelques détachements pour renforcer les troupes ottomanes qui faisaient la guerre. Ismaïl fut de ceux qui prirent part à cette expédition. Il se rendit donc à Alexandrie, et de là il partit pour la Turquie, théâtre de la guerre. Il se conduisit d'une manière honorable sur le champ de bataille et il ne se ménagea pas. Lorsque les troupes égyptiennes furent renvoyées dans leur pays, Ismaïl rentra en Egypte, mais brisé et n'ayant plus de forces. Les infirmités et les maladies ne lui laissaient pas de repos. Mais malgré cette situation douloureuse, il écrivait, délivrait des diplômes de calligraphie et assistait, selon son habitude, aux réunions des calligraphes. Il mourut la veille du dimanche 16 Zilhódjeh ; les prières furent dites sur son corps à Moussallala el Moumenine, au milieu d'une assistance nombreuse. Il fut ensuite inhumé dans une tombe que depuis longtemps il s'était préparée près de Ibn Abou Djamra, dans le voisinage de El Aiachi.

ANNÉE
MIL CENT QUATRE-VINGT-HUIT.

Le premier jour de cette année retrouva Khalil pacha valy d'Egypte. Mais Khalil pacha n'avait de ses fonctions que le titre, car toute l'administration du pays était entre les mains du grand émir Mohammed bey Aboul Zahab. Les émirs et les hauts fonctionnaires étaient tous ses mamlouks ou ses affranchis. Les affaires n'allaient pas très mal, elles étaient même dans un état satisfaisant ; un calme général reposait les esprits agités par les événements précédents. Les denrées se vendaient à bon marché ; les habitants de l'Egypte n'étaient pas encore complètement abattus et énervés et un reste de dignité se manifestait chez eux de temps en temps. En somme, c'était un calme trompeur, mais derrière ce calme, l'observateur pouvait entrevoir l'orage.

En cette année moururent :

Le très grand savant, le porte-étendard des connaissances, l'incomparable maître, l'unique écrivain, le philosophe de l'Islam, mon seigneur et mon père, la lune de la religion et des Mahométans, Hassan fils Bourhan-el-Dine Ibrahim, fils du très grand savant cheikh Hassan, fils de cheikh Nour-el-Dine Aly, fils du pieux mystique, Chams-el-Dine Mohammed, fils du cheikh Zein-el-Dine Abd-el-Rahman, el Zeilaï, el Djabarti, el Akili el Hanafi. Cette famille tire son nom « El Djabarti » de El Djabart ou Zeïlah, province abyssinienne habitée par des musulmans et qui fait partie du royaume du Négus, l'infidèle. Les habitants de cette province sont ou hanéfites ou chaféïtes et leur origine remonte à notre seigneur Aslam, fils de Akil, fils de Abou Taleb. Au temps du Prophète, que Dieu le bénisse et le salue ! le roi de ces contrées était le fameux Négus qui, sans voir le Prophète, crut en sa sainte mission. Par cet acte de foi, il s'attira la bienveillance du Prophète, qui lui envoya sa bénédiction.

Les musulmans de Djabarti sont très pieux; ils mènent une vie austère et quittent leur pays pour aller faire le pèlerinage et pour venir s'instruire à la mosquée d'El Azhar. Ils ont un *rouak* à Médine, un autre à la Mecque et un troisième à la mosquée d'El Azhar. Le fameux auteur El Makrisi a parlé d'eux, de leurs mœurs et de leur pays, dans un ouvrage très estimé.

Parmi les hommes remarquables que ce pays a produit nous pouvons citer :

Le grand chef des mystiques, le grand croyant, cheikh Ismaïl, fils de Soudekine el Djabarti, l'élève de cheikh Ibn el Arabi ; on le nommait le chef des mystiques du Yemen.

Le cheikh Abdallah, dont Hafez el Siouty a retracé la biographie dans son ouvrage intitulé *Hosn el Mohadara*. Le sultan Barkouk, dit El Malek el Zaher, croyait en sa sainteté, et c'est pourquoi, au moment de rendre l'âme, il demanda d'être enterré aux pieds de ce cheikh.

Le mystique qui connaissait Dieu, le cheikh Aly el Djabarti, qui jouissait de la confiance du sultan El Achraf Kaîtbay. Il s'était rendu au lac d'Edkou, entre Rosette et Alexandrie, et là il avait édifié à ses frais une grande mosquée. Il avait doté cette mosquée de Wakfs considérables consistant en bâtiments, terres, jardins, etc. Cette mosquée existe toujours à l'heure qu'il est, les fidèles s'y rendent et elle est sous ma direction. Malheureusement les sables en ont couvert la plus grande partie, mais malgré cela elle n'est pas complétement ruinée. Le cheikh Aly fit élever encore une mosquée à l'est du bâtiment édifié par le sultan Kaîtbay. Il fut à sa mort enterré dans cette mosquée, qui aujourd'hui est entièrement ruinée. Il ne reste debout que le tombeau du cheikh et un pan de muraille. Les fidèles visitent son tombeau. Parmi les miracles de ce cheikh, nous pouvons citer les suivants :

Dans les nuits obscures, une lueur se voit sur son tombeau, elle éclaire comme une lampe. Les habitants de ces parages voient cette lueur dont l'existence ne fait pas l'ombre d'un doute.

Les voyageurs et les caravanes arabes déposent leurs charges autour de ce tombeau et les laissent là plusieurs jours sans s'en inquiéter. Ils dorment en toute sécurité et personne ne songe à voler leurs marchandises. On est convaincu que celui qui volerait le moindre objet serait frappé ou dans sa santé ou dans sa fortune, et cette croyance existe encore aujourd'hui.

Citons aussi le jurisconsulte émérite, le maître dont l'autorité est indiscutable, Fakhre-el-Dine Abou Omar el Hanafi el Zeilaï qui, dans un ouvrage intitulé *Tabiine el Hakayek*, commenta le *Kenz*. Il est inhumé dans le cimetière où repose Sidi Akbah ibn Amer el Djehny.

Le cheikh el Zeilaï, dont la dépouille mortelle repose à El Karafa el Koubra.

En dehors de ceux-là, plusieurs autres personnages se sont distingués dans leur pays, au Hedjaz et en Égypte.

Parmi les rois, le Négus fut le premier qui crut à la mission du Prophète, et cela sans l'avoir vu. Il s'était converti à l'islamisme par le ministère de Djaffar ibn Abou Taleb, le cousin du Prophète. Après sa conversion, il maria Oum Habiba au Prophète et il la lui envoya de l'Abyssinie à Médine.

Celui qui voudra connaître quelles étaient les relations du Prophète avec le Négus, quels cadeaux ils se firent et les versets et les traditions qui regardent les Abyssins, devra lire l'ouvrage intitulé *El Tiraz el Mankouche fi Mahassem el Hebouche*, dû au grand savant Elâ-el-Dine Mohammed Ibn Adallah el Boukhary, l'imam de Médine. Le fameux savant Djelal-el-Dine el Siouty a composé sur les Abyssins un ouvrage intitulé *Raf' Chan el Hobchan*. Ibn el Djauzi a écrit sur les Abyssins et les Soudaniens son ouvrage *Tanwir el Ghabache fi fadaïel el Soudan oual Habach*. Dans l'ouvrage intitulé *Tafsir el Baghoui*, Abou Daoud rapporte que Aïecha a dit : « Lorsque le Négus fut mort, les voyageurs qui venaient de ce pays-là nous disaient qu'on voyait sur son tombeau une lumière permanente. »

Parmi les Abyssins qui connurent personnellement les compagnons du Prophète, nous citerons encore :

Le grand émigrant et le grand guerrier, Bilal ibn Rabah, le mouezzin du Prophète. Il avait été esclave de Abou Bakr el Saddik. L'ouvrage intitulé *El Awayel*, dû à El Siouty, dit que Bilal fut le premier mouezzin de l'Islam. Le *Tahzib el Asmah* dit que Bilal fut désigné par le Prophète pour être le trésorier du Beït-el-Mal. Bilal employait la lettre arabe *chine* au lieu de la lettre *sine*, et le Prophète dit à cette occasion : « Le *chine* de Bilal est un *sine* aux yeux de Dieu et aux miens. » Omar ibn el Khattab, le deuxième Khalife, disait : « Abou Bakre est notre seigneur et il a affranchi notre seigneur, c'est-à-dire Bilal. »

Plusieurs des principaux compagnons du Prophète, entre autres Abou Bakre, Omar, Aly, Ibn Massoud, Ibn Omar, Oussamah ibn Zeïd, Djaber et autres rapportèrent les dires de Bilal. Que Dieu soit satisfait d'eux tous !

Chokran, l'esclave du Prophète, qui avait, en outre, plusieurs domestique libres de nationalité abyssinie.

Oum Ayman, dite Zat el Hadjratein, qui fut la nourrice et la bonne du Prophète; Halymah el Saadiah, Thoueibah, Barakah, la suivante de Oum Habibah, Barirah, l'esclave de Aycha, Nabaà, la suivante de Oum Hany, fille de Abou Taleb, Ghafrah, Seirah et les esclaves des Sahabah (compagnons du Prophète).

Mihdjah, esclave de Omar ibn el Khattab, Il fut le premier qui perdit la vie dans la journée de Badre. C'était un des premiers Mouhadjers et le Prophète l'a mis au nombre des seigneurs du Paradis. Le Prophète a dit de lui : « Le jour où fut tué le seigneur des martyrs Mihdjah. » Et cette phrase : « Il sera le premier appelé à la porte du Paradis. »

Aslam, l'esclave de Omar ibn el Khattab, Ayman el Habachi (l'Abyssin) el Mecqui, père de Abd-el-Wahed ibn Ayman et Yassar, l'esclave de El Moghirah ibn Chaâba. Dans son ouvrage intitulé *Karamat el Awlia*, El Hassan ibn Mohammed el Khallal rapporte le fait suivant qui aurait été conté par Abou Harirah :

« Je suis entré une fois chez le Prophète, dit Abou Harirah, et quand j'eus pris place, il me dit : « Dans peu d'instants entrera chez moi, par cette porte, un homme des plus respectables d'entre les sept, qui par leurs vertus, empêchent Dieu de déverser sa colère sur la terre. » Il avait à peine fini de parler qu'un Abyssin tout chauve parut à la porte, il portait sur sa tête une jarre remplie d'eau. A son apparition, le Prophète me dit : « Voilà cet homme, Abou Harirah. » Il retourna ensuite du côté de l'homme et lui dit à trois reprises : « Sois le bien venu, Yassar. »

Yassar arrosait la mosquée et la balayait ; il mourut du vivant du Prophète.

Les Abyssins, de condition libre, qui servaient le Prophète, ses compagnons, et les membres de sa maison, étaient très nombreux et il serait trop long de les énumérer. On ne saurait prétendre consigner dans un ouvrage de cadre si restreint tous les noms des enfants que les Coreichites eurent de leurs mariages avec des Abyssines, et qui, bien que nés en Abyssinie, s'attachèrent à la personne du Prophète. Nous citons, à titre de mémoire, Safouan ibn Oumayah ibn Khalaf el Djomhi, Amr' Ibn el Ass, Abdallah ibn Djaffar, Ibn Abou Taleb. Ce dernier est le premier musulman qui ait vu le jour en Abyssinie; on le surnommait *la mer de la générosité* et ses actes de libéralités sont célèbres. Nous citons encore les noms de El Harth ibn Hatib, de Mohammed ibn Hatib et de Amr' ibn Abou Selmah.

Les Abyssins sont intelligents, sincères, loyaux et de bonnes mœurs. Lokman, le sage, était Abyssin. Les Abyssins sont divisés en plusieurs tribus, dont les plus remarquables sont : les Saharti et les Amhari. Les membres de ces tribus se distinguent des autres par leur beauté, leur éloquence, leur libéralité, la finesse de leur peau et la souplesse de leur taille. C'est en parlant de l'une de leurs femmes que le grand savant le cheikh Abd-el-Berr Ibn el Chohnah dit :

> Je lui ai demandé quelle était sa tribu.
> Elle sourit et montra des dents comme des perles ;
> Je lui demandais alors des nouvelles de ce qui était caché.
> Je suis Amharite ? Que demandez-vous de plus ? dit-elle »

La femme Amharite est plus tendre, plus charmante et d'un caractère plus doux que la Sahratiah, mais celle-ci est plus altière et plus emportée. On prétend que le Négus et que le béni Arfedah, qui joûtèrent en présence du Prophète, étaient des Amharyas ou des Sahraty, etc., etc.

Le Négus était Sahrati.

Revenons maintenant à notre biographie :

Le cheikh Abd-el-Rahman el Djabarti est le septième aïeul dont le nom me soit parvenu. Il quitta son pays, ainsi que nous disent ses descendants, et vint à Djeddah par mer. De Djeddah, il se rendit à la Mecque où il se fit Moudjawer, et il accomplit plusieurs fois le pèlerinage. Il se rendit dans la suite à Médine et s'y fit Moudjawer pendant deux années. Il étudia sous la direction des savants qu'il rencontra dans les Lieux-Saints, il revint ensuite à Djeddah et de là, par la mer Rouge, il se rendit en Egypte. Il vint à la mosquée d'El Azhar, dans les commencements du Xme siècle, il se fit Moudjawer au *rouak* d'El Djabart. Il fut assidu aux cours des professeurs, il étudia avec beaucoup d'ardeur, il devint après quelque temps chef de son *rouak* et des Abyssins qui s'y trouvaient. Il se maria au Caire et il eut des enfants.

A sa mort, son fils, le cheikh Chams-el-Dine Mohammed était encore dans la fleur de l'âge. Il se conduisit d'après les principes de la piété et de la vertu et il cultiva les sciences. Il succéda à son père comme chef du *rouak* de El Djabart et il y donna des leçons de jurisprudence et de métaphysique. Il était très pieux : il obéissait rigoureusement aux dispositions de la loi et il y conformait sa conduite. Il aimait l'étude à tel point qu'il dormait à peine une ou deux fois par semaine dans sa maison; il passait les autres nuits au *rouak*. Au commencement de la nuit, il recevait les visiteurs et vers la fin, il procédait à ses prières. Une fois, dans une nuit d'hiver, la lampe à la clarté de laquelle il veillait s'était éteinte ; il réveilla son second pour qu'il lui en allumât une autre. Le second se leva en maugréant et de mauvaise humeur, il prit une lampe et s'en alla pour l'allumer. Quand il revint, il aperçut de loin une lumière dans le *rouak*, il cacha alors la lampe qu'il tenait à la main et s'approcha pour voir d'où venait cette lumière qui éclairait le *rouak*, et ô miracle !, le cheikh tenait à la main gauche un livre qu'il lisait, tandis que le pouce de sa main droite, levé en l'air, brûlait comme une lampe et éclairait la pièce. Le second entra et aussitôt la lumière qui émanait du pouce du cheikh disparut. Le second fit part alors au cheikh de ce qu'il venait de voir ; celui-ci lui reprocha son espionnage et lui recommanda en même temps de garder le secret. Le cheikh ne vécut que peu de jours après cette aventure, il mourut en laissant un enfant, le cheikh Aly, qui marcha sur les traces de ses ancêtres. Comme eux, il s'adonna aux sciences et à l'étude ; il amassa une grande fortune et il épousa Zeinab, la fille du grand savant, l'imam habile, le cadi Abd-el-Rahman El Djouini. Il mourut en laissant deux enfants, le cheikh Hassan, ce grand savant qui mourut en l'an 1097 et son frère le cheikh Abd-el-Rahman qui mourut en 1089, du vivant de son frère. La dame Zeinab possédait des propriétés et des maisons, elle les érigea en wakfs, en faveur des enfants de son mari.

Le cheikh Hassan mourut laissant un enfant encore à la mamelle, le cheikh Ibrahim. La mère de cet enfant prit soin de son éducation et l'éleva dans les principes de la religion et de la piété. Elle s'appelait Mariam, et était la fille du cheikh Mohammed, fils de Omar el Manzali El Ansari. Quand il fut arrivé à l'âge de raison, Ibrahim fut marié à Seteitah, fille de Abd-el-Wahab effendi El Doladji, et leur mariage fut célébré en l'an 1108. En 1110, Seteitah mit au monde mon père ; mon aïeul, Ibrahim, mourut à l'âge de seize ans et laissa mon père âgé d'un mois. Ma grand'mère Seteitah prit soin de mon père et l'éleva sous les regards de son tuteur, le cheikh Mohammed el Nacharti et de la dame Mariam, son aïeule.

Ainsi que ses ancêtres, mon père occupa les fonctions de cheikh du *rouak* de El Djabart. Il apprit le Coran quand il n'avait encore que dix ans ; il s'occupa ensuite des sciences et il apprit *El Alfiah*, *El Djoharah*, *El Kenz*, sans commentaire,

El Sullam, également sans commentaire, *El Rahabiah*, le traité en vers dû à Ibn el Chohnah, sur le partage des successions, et d'autres ouvrages.

A l'âge de treize ans, il lui arriva une aventure que je ne puis me dispenser de reproduire. Il passait avec un de ses domestiques du côté de El Azhar, quand il vit la foule se presser pour baiser la main d'un vieillard à la barbe blanche et à l'aspect imposant. Mon père demanda qui était ce cheikh ; il sut que c'était le fils du cheikh El Cheronbelali et il s'avança pour lui baiser la main comme les autres. Le cheikh le regarda fixement, garda sa main dans la sienne et dit : « Qui est ce garçon et qui est son père ? » On lui apprit qui il était ; il sourit alors et dit : « La ressemblance ne m'avait pas trompé. » Il s'adressa ensuite à mon père et lui dit : « Écoute, mon enfant, ce que je vais te dire ; j'ai étudié sous la direction de ton grand-père qui a étudié sous celle de mon père. Je désire, mon enfant, que tu lises quelque chose sous ma direction afin que je t'autorise à enseigner. Ainsi la parenté scientifique s'établira entre toi et moi et les petits-fils n'auront rien à envier à leurs aïeux. » Mon père se rendit à son désir ; il se montra assidu à ses cours et il étudia sous sa direction le texte de *Nour el Idah*, ouvrage de jurisprudence dû au père de son professeur. Celui-ci lui délivra un diplôme écrit de sa main et ainsi conçu :

« Louanges à Dieu, qui a fait à son serviteur la grâce de lui faire voir le droit chemin et de goûter la douceur de la connaissance de sa religion ! J'atteste qu'il n'y a de Dieu que Dieu, qu'il est unique, qu'il distribue toutes les faveurs et j'atteste que Mohammed, notre seigneur et appui est son serviteur et son Prophète, qui nous guide vers le bien parfait. Chacun est son obligé et par lui tous sont préservés du démon, de sa perfidie et de ses tentations. Que Dieu le salue et le bénisse ainsi que les membres de sa famille qui sont purs de tout péché, et ses compagnons, les hommes justes ! Après ces louanges obligatoires et charmantes et cette attestation obligée et captivante par sa douceur, je déclare, moi Hassan, fils de Hassan el Cheronbelali, que l'intelligent, l'habile, le perspicace, le descendant des savants, Nour-el-Dine Hassan, fils de Bourhan-el-Dine Ibrahim, fils du mufti, le grand savant, le cheikh Hassan el Djabarti, — que Dieu le bénisse et soit miséricordieux pour ses ancêtres ! — a étudié sous ma direction le texte de *Nour el Idah* en entier, ouvrage dû à mon père et seigneur, feu le grand savant, cheikh Hassan ibn Amar el Cheronbelali ;

Et que je l'ai autorisé d'une façon générale à enseigner, selon mes théories, cet ouvrage, et tout ce qu'il m'est permis d'enseigner, ainsi que la jurisprudence Hanafite qu'il a étudié sous la direction de cheikh Aly el Mokadessi, le commentateur du *Kenz*. Il l'enseignera, comme la lui a apprise ce savant, élève du grand savant El Chalabi, le commentateur du *Kenz* l'élève de El Cadi, Abd-el-Berr, ibn el Chohnah, élève du fameux savant el Hamal ibn el Hamam, élève de Siradje-el-Dine, élève de Ela-el-Dine el Siramy, élève du Sayed Djelal-el-Dine el Siouty, le commentateur de *El Hidáyah*, élève de Ala-el-Dine, ibn Abd-el-Aziz el Boukhary, élève de Hafiz-el-Dine, l'auteur du *Kenz*, élève de El Kordi, élève de Bourhan-el-Dine, l'auteur de *El Hidáyah*, élève de la gloire de l'islamisme El Bazdeoui, élève de El Serkhassi le fameux maître, élève du très grand savant El Halaouany, élève du cadi Ibn Aly el Nasfy, élève de l'imam Mohammed ibn el Fadle el Boukhary, élève de Abdallah el Sandamouny, élève de l'émir Abdallah ibn Abou Hafs el Boukhary, élève de son père, élève de l'imam Mohammed ibn el Hassan el Chaibani, élève de l'imam Abou Youssouf, élève du grand imam Abou Hanifah el Nohmân ibn Sabet, élève de l'imam Hamad ibn Soliman, élève de Ibrahim el Nakhii, élève de l'imam Alkamah, élève de Abdallah ibn Massaud qui a reçu les enseignements du Prophète — que Dieu le bénisse et le salue ! — et qui lui-même a été instruit par l'ange

Gabriel d'aprés l'ordre de Dieu. Je lui recommande la piété et la crainte de Dieu ; Dieu le favorisera, rendra ses connaissances utiles et nous remettra, ainsi que lui, sur le chemin qu'ont suivi nos ancêtres dans la religion.

Fait le 3 Rabi Awal de l'an 1123.

Le cheikh Hassan mourut vers la fin de cette année 1123, âgé de plus de 90 ans ; mon père étudia alors sous la direction des savants de l'époque. tels que El Sayed Aly el Siwassi qui lui enseigna le commentaire du *Kenz* par El Aïni, *El Dorr el Mokhtar*, *El Achbâh Wal Nazayer* de Ibn Nedjim, le commentaire de *El Manâr* de Ibn Farachtou, le commentaire de *El Tahrir* par El Kamal Ibn el Houmam, le commentaire de *Djam' el Djawameh* et le *Moukhtassar el Saad*, sous la direction du grand savant, le cheikh Ahmed el Tounsi dit El Dakdoussi El Hanéfi ; il étudia le commentaire du *Kenz* par le savant el Zeilaii, *El Dorar* ouvrage dû à Molla Khosrow. Le Sayed Aly lui enseigna *El Seradjiah*, ouvrage sur le partage des successions, ainsi que le commentaire du traité en vers de Ibn el Chohnah sur le même sujet ; le commentaire de El Chanchoury sur *El Rahabiah*, l'ouvrage intitulé *El Talkhisse ; El Hikam* et le commentaire de *El Tohfah*, sous la direction de cheikh Aly el Okdi el Hanafi, le commentaire de Molla Meskine sur le *Kenz, El Hidayah, El Siradjiah, El Manar, El Nozha*, traité d'arithmétique ; *El Kolsady* et le traité en vers de *Ibn el Hayem*. Le jurisconsulte Mohammed Ibn Abdel-Aziz el Zaiadi el Hanafi lui enseigna *Moultaka el Abhor, Fath el Kadir, El Hikam,* ouvrage dû à Ibn Atallah ; *El Kadoury* et *Okoud el Djouman,* ouvrage de rhétorique et *El Issaghoudji*. Sous la direction du jurisconsulte émérite El Chehab Ahmed ibn Moustapha el Eskandari, dit El Sabbagh, il étudia le commentaire de *El Koubra ; Oum el Barahine* ; le commentaire de *El Akaïed ; El Mawakef ;* le commentaire de *El Makaced* par El Saad ; *El Kachaf, El Bidaoui, El Chamaïel*,

El Sahihein, El Arbeïne; El Macharek; le commentaire de *El Kotb* sur El Chamsiah; *El Mawahib el Ladouniah*, et le commentaire de *El Nakhbah*. Sous la direction de cheikh Mansour el Menoufi, il étudia le commentaire de Ibn Akil, sur la *Alfiah*; le commentaire de cheikh Khaled sur *El Adjroumiah, El Azhariah, El Taoudihe;* le commentaire de *Tasrif el Ezzi*, le commentaire de *El Telemçanieh*; le commentaire de *El Khabissi* sur *El Tahzib* et le commentaire du Cheikh el Islam sur *El Khazradjiah*. Le cheikh Id el Nomrossi, lui enseigna le commentaire de *El Warakat*; *El Samarkandiah, Adab el Bahth, El Adoudiah;* le commentaire de Essam, sur *El Samarkandiah*, l'algèbre, le *Aroud*, l'arithmétique, etc. Sous la direction de cheikh Chalabi el Berollossi, il étudia *Talkhisse el Mouftah*, le *Moutawal* et le *Tadjrid*. Le cheikh Mohammed el Sedjini lui enseigna le commentaire de El Makoudi sur *El Alfiah, El Fakihi*, le commentaire de *El Chezour, Molla Djami*, le commentaire de *Moukhtassar ibn el Hadjib; El Moutawal*. Sous la direction de cheikh Ahmed el Amaoui, il étudia le commentaire sur *El Djoharah* par Abd-el-Salam; le commentaire de El Sektany sur *El Soghra*; le commentaire du *Moukhtassar* de El Senoussy; *El Kafi*; *Nawader el Ossoul, Djameh el Saghir*, le commentaire de *El Makaçed*. Sous la direction de Cheikh Hassan el Madabeghi, le commentaire de *El Achmouny* sur *El Alfiah*; le commentaire de *El Marah*; les règles de l'analyse et *El Moghni*. Sous la direction de cheikh el Mallaoui, il étudia le commentaire de ce cheikh sur le *Sullam*, le commentaire de *Miradje*, ouvrage dû à El Gheity; l'ouvrage intitulé *Awdah-el Massalek*; les premiers chapitres des six ouvrages de *Hadith* et les traditions. Il suivit en outre les cours de cheikh Abd-el-Raouf el Bachbichi, Abou-el-Ez el Adjami et d'autres.

Mon père apporta une très grande ardeur à l'étude, et il s'appliqua tant qu'il surpassa ses contemporains. Il enseigna dans le *rouak* de El Djabart, la jurisprudence et la métaphysique et il avait une chaire à l'école de El Sananiah, à Boulak, où il enseignait ces mêmes sciences.

La mère de son père possédait à Rabh el Kharnoub une maison qui donnait sur le Nil au temps où le fleuve baignait cet endroit. Mon père y habita avec sa mère pendant un certain temps ; il allait de très bon matin à la mosquée et il revenait ensuite à Boulak. Il s'asseyait pendant quelque temps dans un magasin qu'il possédait à Rabh el Kharnoub, et il s'en allait ensuite donner des leçons à l'école de El Sananiah. Un incendie détruisit la maison et de nombreux objets en vieille porcelaine de Chine furent dévorés ou endommagés par l'incendie, Mon aïeule dut alors se transporter de Boulak au Caire. Elle possédait aussi une maison au Vieux Caire qui lui servait de résidence à l'époque de la crue du Nil.

Ce fut cette même aïeule qui encouragea mon père dans ses études, elle l'assista, et il disait souvent : « Ce n'est qu'après sa mort que j'ai su en quoi consistaient les besoins d'une maison. »

En même temps qu'il s'occupait de science, mon père se livrait au commerce ; sa grand'mère était très riche et possédait des maisons et des terrains ; elle constitua en wakfs, en sa faveur, plusieurs de ces propriétés, entre autres l'okelle dite El Sanankiah, les boutiques qui l'avoisinent, celles qui sont situées à El Ghouriah et à Mardjouche et une maison située dans le voisinage de l'école de El Akbeghaouiah. Mon père devait, sur les revenus de ces wakfs, subvenir aux frais d'un *maktab* (école) destiné aux orphelins. Cette école devait être établie dans la boutique qui fait face à l'okelle. Il devait en outre faire plusieurs œuvres de bienfaisance et de piété.

A la mort de son mari, l'aïeule de mon père s'était mariée à l'émir Aly aga, chef des anciens du corps des Moutfarrika, qu'on surnommait El Toury. Mon père se maria de son côté à la fille de cet émir, qui avait le commandement en chef des forteresses de El Tor et de Suez. Ces forteresses étaient alors bien armées et renfermaient des garnisons. A la mort de Aly Aga, qui arriva en 1137, ce commandement fut donné à mon père, qui pourtant appartenait au corps des savants ; il y envoya ses deux affranchis Aly et Osman, qui lui restèrent fidèles pendant toute leur vie. Il envoya aussi son suivant, Soliman el Hissafi, en qualité de commandant de la forteresse de El Moueïleh, mais à son arrivée à son poste, Soliman fut tué ; sa mort affligea mon père qui, depuis, ne fit plus aucun cas de son commandement.

Sa femme étant morte du vivant de son père, l'émir Aly Aga ; mon père se maria en secondes noces avec la fille de Ramadan Chalabi, fils de Youssouf, dit El Kachab, suivant de Kour Mohammed. Cette famille était très honorable, elle possédait des propriétés en grand nombre et des wakfs, entre autres l'okelle dite *okelle du lin*, une maison et des boutiques en face de la Mosquée de El Zerkedache, une grande maison sur le bord du Nil, et une autre vis-à-vis de la mosquée de Mirzah Chorbadji. C'est dans cette dernière maison qu'habitait Ramadan Chalabi, dont mon père épousa la fille. C'était un homme d'un caractère affable, il était vertueux et intelligent.

Ramadan mourut en l'an 1139 ; sa fille mourut en 1182 à l'âge de soixante ans. C'était une femme pieuse et chaste, elle accomplit le pèlerinage de la Mecque en 1151 avec mon père, qu'elle aimait et respectait et à qui elle obéissait sans restriction. Pour lui plaire, elle achetait des esclaves remarquables par leur beauté, elle les couvrait de beaux habits et de bijoux, les lui présentait, croyant faire par là une bonne œuvre. Mon père contracta plusieurs mariages avec des femmes de condition libre et il acheta lui-même plusieurs esclaves, sans que jamais cette digne femme eût ressenti les morsures de la jalousie, si commune pourtant chez les personnes de son sexe. Rien comme le fait suivant ne saurait prouver à quel point elle tenait à plaire à son mari. Mon père, lors de son pèlerinage de 1156, rencontra à la Mecque le cheikh Omar el Halaby, qui le chargea de lui acheter une esclave blanche, vierge, pas encore pubère et réunissant telle et telle conditions. Lorsqu'il fut de retour du pèlerinage, mon père invita les trafiquants d'esclaves à lui procurer cette esclave blanche. On lui trouva ce qu'il demandait ; mon père paya le prix de l'esclave et la garda chez ma mère, en attendant qu'il l'envoyât au cheikh Omar, avec la personne désignée par celui-ci. Lorsque l'époque du voyage fut proche, mon père invita sa femme à préparer les provisions du voyage, mais celle-ci lui dit : je me suis attachée à cette suivante et je ne puis plus m'en séparer : « Je n'ai pas d'enfants, et j'en ai fait ma fille. » De son côté, la suivante se mit à pleurer. « Je ne quitterai jamais ma maîtresse, gémissait-elle. — Comment faire ? dit alors mon père en s'adressant à sa femme. — Je vous en payerai le prix, dit celle-ci et vous vous arrangerez pour en acheter une autre. » Mon père accepta et l'esclave ne partit plus, la femme de mon père l'affranchit, lui fournit un trousseau, lui fit meubler un appartement à part dans la maison et la maria à mon père. Ce mariage fut célébré en 1165. La femme de mon père ne pouvait se séparer un instant de cette femme, qui pourtant était sa rivale, et qui plus encore avait donné des enfants à mon père. En 1182, cette jeune femme tomba dangereusement malade, et aussitôt la femme de mon père fut elle-même malade. L'esclave, se réveillant un jour, vit sa maîtresse en proie à une syncope ; elle pleura et regarda le ciel en disant : « Dieu ! faites-moi mourir avant ma maîtresse, si dans votre sagesse immuable, vous avez décrété qu'elle doit mourir. » La maladie de l'esclave eut une recrudescence qui l'emporta la nuit même, et le corps privé de vie fut couché auprès de la femme de mon père. Celle-ci, s'étant réveillée vers l'aube, toucha son esclave et l'appela par son nom :

« Zelikha! Zelikha! disait-elle. On lui dit qu'elle dormait. — J'ai le pressentiment, répondit-elle, que Zelikha est morte, je l'ai rêvé. » On lui apprit alors la vérité, et lorsqu'elle la connut, elle se mit sur son séant, se prit à se lamenter et à gémir, en disant de temps à autre : « Je ne puis vivre sans elle. » Lorsque le jour fut venu, le corps de la morte fut lavé, enveloppé de linceuls en la présence de sa maîtresse, et quand il fut prêt pour la sépulture, on le transporta à sa dernière demeure. La femme de mon père se remit au lit; bientôt l'agonie commença, et vers la fin de la journée, elle était morte. J'avais quatorze ans alors, et je me rappelerai toujours ce fait le plus étrange que j'aie jamais entendu relater, le plus merveilleux auquel j'aie assisté.

Mon père s'était occupé de calligraphie sous la direction des fameux calligraphes Abdallah effendi el Anis et Hassan effendi el Diaï. Il devint si habile que les maîtres de l'art lui délivrèrent un diplôme. En fait de langues, il connaissait très bien le Persan, le Turc et le Chahedi, et il les parlait avec tant de pureté que les Persans ou les Turcs le prenaient pour un de leurs compatriotes. En 1144, il se mit à étudier les mathématiques; le cheikh Mohammed el Majahi, son professeur, lui enseigna les ouvrages suivants : *Rakaïek el Hakaïek*, ouvrage dû à El Sobt el Mardini; *El Moudjib; El Mokantar; Natidjet el Ladeki; El Radouaniah* et *El Dorr*, ouvrages dus à Ibn el Madjdi, et *El Mouharifat*, ouvrage dû à El Sobt. C'était tout ce que connaissait son professeur; mon père acquit de lui-même ce qui restait à apprendre, il travailla tant que cette science n'eut plus de secrets pour lui. Il fut reconnu comme le plus grand mathématicien de son temps, et tous les astronomes attestèrent sa supériorité. Le très grand savant, le cheikh Hissam-el-Dine el Hindi, homme très versé dans les mathématiques et philosophe hors ligne, était arrivé au Caire et avait élu domicile dans une mosquée, au vieux

Caire; quelques cheikhs, comme le cheikh El Wessiny et le cheikh Ahmed el Damanhoury, assistèrent à ses conférences sur l'astronomie. Mon père, ayant appris cela, se rendit lui-même chez ce savant et assista à ses conférences. Le cheikh Hissam-el-Dine fut très content de lui et eut pour lui des attentions marquées. Mon père insista tant qu'il finit par faire accepter au Cheikh de le loger dans sa maison; il mit à sa disposition un appartement où rien ne manquait, et il subvint à tous ses besoins. Il étudia sous sa direction *El Djahnini; Cadi Zadeh; El Tabsirah; El Tazkerah* et *Hidayat el Hikma*, ouvrage dû à Ethir-el-Dine el Abhary. Il étudia également sous sa direction les différents commentaires qui ont été faits sur ce dernier ouvrage, tels que le commentaire de El Sayed et de El Maïbadi.

Il ne négligea pas la géométrie, et il lut les meilleurs ouvrages qui aient été écrits sur cette matière, ainsi que sur la géographie et la trigonométrie. Le cheikh voulut alors enseigner à son élève les sciences occultes qu'il possédait à fond, mais mon père s'y refusa, car il ne voulait s'occuper que des sciences capables d'élever les sentiments. Quelque temps après, le cheikh Hissam-el-Dine fit ses adieux à mon père et retourna dans son pays.

Mon père étudia aussi sous la direction du cheikh Mohammed el Ghellani el Kechnaoui, qui habitait à Darb el Atrak, la science de *El Awfak*, le commentaire de la poésie dite *El Djeznaïah*, due à El Kossouny; *El Dorr, El Terriak, El Mourdjaniah*, etc. Le cheikh Mohammed partit dans l'intervalle pour la Mecque et Medine; il accomplit son pèlerinage et, à son retour des Lieux Saints, il logea chez mon père avec sa femme, ses esclaves et ses domestiques. Il termina chez lui plusieurs des écrits qu'il a laissés, et c'est dans la maison de mon père que la mort le surprit.

Dans le cours de ses différents pèlerinages, mon père rencontra le cheikh El Nakhli, Abdallah ibn Salem el Bosri, Omar ibn Ahmed ibn Akil el Macqui, le cheikh Mohammed Hayat el Sindi el Kourany, Abou el Hassan el Sindi, El Sayed Mohammed el Sakkaf et autres. Il reçut leurs leçons, et eux, de leur côté, s'instruisirent en sa compagnie. Ils lui délivrèrent un diplôme. Le cheikh Abou el Hassan el Sindi l'initia, en outre, à la secte des seigneurs El Nakchabandiah, et lui enseigna les noms Edrissites.

Voici, tel qu'il était conçu, le diplôme délivré à mon père par le cheikh Omar ibn Ahmed ibn Akil, qui l'a écrit de sa propre main :

Au nom de Dieu, le clément, le miséricordieux. Louanges à Dieu et saluts divers à celles de ses créatures qu'il a choisies et notamment au plus vertueux et au plus méritant de ses prophètes et à ses compagnons !

Il est évident, et tout le monde est d'accord sur ce point, que celui qui cherche à connaître la Sounnah (Loi) pure, afin de marcher dans la voie tracée par le Seigneur des prophètes, voie qui conduit forcément à l'amour du dispensateur des faveurs et des grâces (Dieu), est celui qui obtiendra la meilleure récompense et les plus hautes dignités. Il est également évident que de notre temps on ne connaît de cette Loi que des citations rapportées, et encore n'en connaît-on que des traces, car les maîtres compétents ne sont plus. L'homme énergique est donc celui qui étudie ces traces, qui les fouille et qui les discute avec les maîtres qu'il rencontre pour tâcher de remonter à leur origine. Cet homme énergique est le cheikh vénérable et méritant qui a atteint aux plus grandes hauteurs, grâce à l'appui de sa science solide, notre seigneur et maître, Hassan, fils de feu Ibrahim, fils de Cheikh Hassan el Djabarti, que Dieu lui accorde son aide divin ! Ce maître a voulu que l'humble qui écrit ces lignes lui délivrât un diplôme et l'autorisât à enseigner. Je n'ai pu qu'obéir à son désir ; en conséquence, je demande à Dieu de me donner le succès et dans mes paroles et dans mes actes, et je dis:

J'ai autorisé notre maître, dont le nom a été cité ci-dessus, à rapporter et enseigner, selon mes théories, tout ce qu'il m'est permis d'enseigner et de rapporter, à la condition qu'il observera la piété, qu'il veillera constamment sur son âme et qu'il ne dénaturera ni le sens des mots, ni les traits se rapportant à la vie des hommes et à la religion elle-même. Ces conditions sont les mêmes que celles qui m'ont été imposées, lorsque j'ai été autorisé par plusieurs principaux savants, qui sont un appui dans les malheurs.

Parmi les meilleurs de ces savants, se trouve mon seigneur et aïeul maternel, sous la direction duquel j'ai étudié une grande partie des ouvrages du Hadith.

Or, notre seigneur, le cheikh Hassan, a étudié sous ma direction les premiers chapitres de *El Boukhari*, de *Mosslem*, de *Abou Daoud*, de *El Nissaïi*, de *El Termezi*, de *ibn Madjah* et de *El Mowatta*.

Qu'il enseigne donc ces ouvrages selon mes théories : qu'il rapporte toute tradition et tout Hadith.

D'ailleurs, mon autorisation ne lui est nullement nécessaire, mais il est d'habitude que les supérieurs étudient sous la direction des inférieurs, c'est une manière de multiplier notre nombre et c'est une loi suivie par les anciens et les modernes.

J'autorise, en outre, le cheikh Hassan à réciter la prière suivante, dont la vertu est connue de tous : « Dieu, bénis notre seigneur Mohammed et sa famille en proportion de l'infinité de ta perfection ». J'ai été autorisé à employer cette formule de prière par notre maître, le cheikh Taher, fils de Molla Ibrahim el Kourani, qui la tient de son professeur le cheikh Hassan el Menoufi, l'ex mufti des Hanéfites à Médine qui, à son tour, l'a apprise de son maître, le cheikh Aly el Chobramelsi, qui la tient d'un de ses principaux professeurs. Ceux-ci lui ont ordonné de la réciter tous les jours entre le coucher du soleil et le *Echa*, autant de fois qu'il voudrait. Si cette prière est récitée avec persévérance, ses vertus se manifestent, surtout quand celui qui l'adresse au Très-Haut est un homme qui s'occupe de l'étude du Hadith. Dieu le rendra digne de cette science et l'en fera profiter.

J'autorise le cheikh Hassan à enseigner à un ami sincère, s'il en trouve, les noms Arbéiniahs-Edrissias-Sahra wardiahs. J'ai été autorisé par plusieurs savants à les enseigner, ainsi que par notre maître et seigneur, le cheikh Ahmed ibn Mohammed el Nakhli qui les a appris de Cheikh Hedjazi el Deirabi, qui les a appris de Cheikh Chehab-el-Dine Ahmed ibn Aly el Khamy el Chetaoui. Son professeur l'a autorisé à les expliquer à Cheikh Osman el Nahraoui. Le cheikh Osman a dit : « J'ai été autorisé à enseigner les nobles noms Edrissiah par le cheikh Kamal-el-Dine el Soudani, l'élève en la matière, de Abou el Mawaheb, Ahmed el Chennaoui, l'élève de Sayed Sabghat-Allah Ahmed, l'élève du Sayed Wedjih-el-Dine el Aloui, l'élève de El Hadj Hamid, connu sous le nom de Cheikh Mohammed el Ghoth, l'élève de El Hadj Hassour, l'élève de Abou-el-Fath Hediet-Allah (le cadeau de Dieu) Sirmast, l'élève de Cheikh Kaden el Sitary, l'élève de Cheikh Rokn-el-Dine Hinonoury, l'élève du cheikh Babou Tadj-el-Dine, l'élève du Sayed Djelal-el-Dine el Boukhary, l'élève du cheikh Rokn-el-Dine Abou-el-Fath, l'élève du cheikh

Sadr-el-Dine, Aleou-el-Fadle, l'élève de Abou-el-Barakat, Bouhan-el-Dine Zakaria, l'élève du cheikh des cheikhs, Chehab-el-Dine el Sahrawardy, l'élève de Sidi Wadjih-el-Dine, connu sous le nom de « Amaonish », l'élève de cheikh Ahmed Assoud el Dinoury, l'élève de cheikh Mimchad el Dinoury, l'élève du cheikh Abou-el-Kassim el Djeneid el Bagdadi, l'élève de son oncle maternel Sirri el Sakti, l'élève de Cheikh Marouf el Korkhi, l'élève de Cheikh Daoud el Taii, l'élève du cheikh Habib el Adjami, l'élève du grand croyant Hassan el Bosri qui les a appris de l'imam de l'Orient et de l'Occident, notre seigneur Aly, fils de Abou Taleb, qui les a appris de notre seigneur, le seigneur de tous les hommes, le bien-aimé de Dieu, son prophète, son serviteur et son ami, le prophète qui a réuni en lui toutes les perfections et toutes les nobles et belles qualités, qui seul approche de Dieu, le seigneur des deux univers, des deux divisions: Orient et Occident, et des Arabes et des autres nations, Mohammed, que Dieu le bénisse et le salue.!

Cette autorisation a été donnée verbalement et par écrit, par le captif, qu'enchaînent ses péchés, Omar, ibn Ahmed, ibn Akil, el Sakkaf Abou Alaoui, petit-fils de notre maître, le cheikh Abdallah ibn Salem el Bosri, que Dieu leur pardonne à tous!

Je prie le cheikh Hassan, à qui je remets le présent diplôme, de se souvenir toujours de moi, de mes maîtres en religion, de mes parents proches ou éloignés, dans ses prières et ses vœux. Je lui recommande, ainsi qu'à tous les musulmans, la piété, et je demande à Dieu de nous inspirer à tous les bonnes actions et les bonnes paroles, de nous faire éviter les péchés et les erreurs, de nous classer parmi les savants militants et les guides dans le chemin de la vérité, et de nous faire la faveur de mourir dans la religion et la Loi du seigneur des envoyés, que Dieu le bénisse et le salue, lui, les membres de sa famille et ses compagnons, à chaque instant et toujours!

En dehors des cheikhs dont nous venons de parler, mon père eut encore plusieurs professeurs qui étudièrent sous sa direction, comme il étudia sous la leur. Nous citons: Aly effendi el Daghestani, le cheikh Abd-Rabbou Soliman ibn Ahmed el Fichtali el Fassi, le cheikh Abd-el-Latif el Chamy, El Djamàl Youssouf el Kelardji, le cheikh Ramadan el Khawanky, le cheikh Mohammed el Mechili, le cheikh Omar el Halaby, le cheikh Hussein Abd-el-Chakour el Macqui, le cheikh Ibrahim el Zamzami, Hassan effendi Kotta Meskine, Ahmed effendi el

Keritly, le maître Abd-el-Khalek ibn Wafa, auquel il était spécialement attaché et qui l'autorisa à enseigner les Hezbe, le nomma Abou el Tadani et lui fit porter la couronne de la famille de Wafa ; le sayed Moustapha el Aïdarouss et son fils, le sayed Abd-el-Rahman ; le sayed Abdallah el Aïdarouss, le cheikh Aly Boundok el Chennaoui el Ahmadi et plusieurs autres parmi lesquels se trouvent le sayed Mohammed el Banofri, le cheikh Omar el Iskaty, le cheikh Ahmed el Djhari, le cheikh Ahmed el Doladji, cousin de mon père du côté de sa mère, le cheikh Ahmed el Rachedi, le cheikh Ibrahim el Halabi, l'auteur de *Hachiat el Dorr ;* le sayed Seoudi Mohchi, Milla Meskine et autres cheikhs, tous formés à la mosquée de El Azhar, tous pieux et éclairés par la lumière divine.

La renommée de mon père devint, avec le temps, très populaire ; elle remplit le monde ; tous les savants lui cédèrent le pas et le reconnurent pour leur chef et maître ; les élèves affluèrent à ses cours et ses conférences attirèrent un auditoire immense. Il était très généreux et très bon ; il satisfaisait aux désirs des solliciteurs, il subvenait à leurs besoins et y répondait au delà de leurs vœux ; le tout avec une bonté inaltérable et une affabilité qui ne se démentait jamais. Son caractère, ses mœurs et ses qualités, sa magnanimité et la grandeur de son âme, sa conduite irréprochable et ses agissements exempts de toute souillure lui attiraient le respect universel. Les hommes se prosternaient devant ses vertus, comme devant des versets ; il jouissait d'une affection générale et d'un respect universel. Son mépris pour les choses d'ici-bas, pour les richesses et les biens, le préservait de tout désaccord avec les hommes. Il était aussi poli avec l'homme du peuple qu'avec le grand émir ; il haïssait l'affectation et personne n'en était plus éloigné. Les émirs et les Walys lui témoignaient une grande déférence et jamais ils ne rejetaient son intercession. Il avait sur eux une influence qu'aucun des autres savants ne possédait, et les vizirs turcs, comme Aly pacha Hakim Ogli, Ragheb pacha, Ahmed pacha el Kour, faisaient très grand cas de lui : ils reconnaissaient sa supériorité et son mérite, ils le visitaient et lui faisaient des cadeaux. Malgré les égards dont ils l'entouraient et l'estime qu'ils lui portaient, jamais il ne songea à demander un emploi, une rente ou toute autre chose. Il était un des meilleurs amis de Othman bey Zulfikar; il fit avec lui trois fois le pèlerinage de la Mecque et jamais il ne voulut accepter que le sandjak payât pour lui les frais que ce voyage entraînait. C'est à peine s'il acceptait les cadeaux que cet émir lui faisait.

La maison que mon père possédait à El Sanadkiah avait une entrée étroite et un escalier qui comptait un grand nombre de degrés. L'emir Ibrahim Katkhoda ainsi que Abd-el-Rahman Katkhoda, essayèrent de lui faire accepter une autre maison qu'ils désiraient lui donner, mais ils ne purent réussir.

Mon père possédait trois maisons : celle dont nous venons de parler et qui était voisine de la mosquée d'El Azhar; une autre, située à El Elzariah, sur les bords du Nil, et la maison de son ancienne femme, en face de la mosquée de Merzah. Dans chacune de ces maisons, il avait une femme légitime, des favorites et des domestiques. Il se transportait avec ses amis et ses élèves de l'une à l'autre de ces maisons. Mon père possédait un grand nombre de mamlouks, d'esclaves blancs des deux sexes et d'esclaves abyssinniennes. Il perdit, pendant sa vie, plus de quarante de ses enfants des deux sexes ; tous moururent avant d'avoir atteint la puberté, et de tous les enfants qu'il eut, il ne lui resta que moi.

Il dédaignait toute occupation en dehors du domaine de la science, et, par contre, il se réjouissait quand il voyait venir à lui un étudiant. Il lui accordait toute son attention, le traitait avec beaucoup d'égards, surtout s'il était étranger, et quelquefois il le logeait chez lui et subvenait à tous ses besoins pendant toute la durée de ses études. J'en connais quelques-uns qui restèrent chez mon père, dans sa maison même, plus de vingt années, et pendant ce temps mon père subvint à tous leurs besoins, jusqu'à leur blanchissage, sans se lasser une seule fois; plusieurs savants furent de ses élèves ; la première génération comprenait le cheikh Ahmed el Rachidi, le cheikh Ibrahim el Halabi, le cheikh Moustapha Aboul Etkan el Khaïat, le sayed Kassem el Tounsi ; le grand savant Ahmed el Aroussi, le cheikh Ibrahim el Schami el Moghrabi. Les savants de la seconde génération, ceux que nous avons connus vivants, sont : le cheikh el Hassan el Kolaï et le cheikh Abd-el-Rahman el Banany. Quant à ceux qui s'attachèrent à lui et furent assidus à ses cours, ce furent : le cheikh Mohammed ibn Ismaïl el Nafaraoui, le cheikh Mohammed el Sabban, le cheikh Mohammed Arafa el Dessouki, le cheikh Mohammed el Emir, le cheikh Mohammed el Chaféi el Djenadji el Maleki, le cheikh Moustapha el Raïs el Boulaqui, le cheikh Mohammed el Chobri, le cheikh Abd-el-Rahman el Arichi et le cheikh Mohammed el Fermaoui. Ils se tenaient assidûment auprès de lui, surtout le cheikh Mohammed el Fermaoui ; citons aussi : le cheikh el Sabban, Mahmoud effendi el Nichi, le cheikh Mohammed el Emir et le cheikh Mohammed Arfa. Ces derniers, notamment le cheikh Mohammed el Fermaoui et le cheikh el Sabban, étaient chéris de mon père à l'égal de ses enfants, et eux, de leur côté, ne le quittaient que quand ils devaient aller à leur travail.

Mon père charmait ses amis intimes par des causeries agréables, émaillées de temps à autre d'anecdotes pleines d'esprits et d'à propos et pas toujours exemptes d'une certaine licence. Il se promenait avec ses amis à Boulak, et dans les promenades, ils occupaient leur temps de loisir à s'amuser et en même temps à discuter certains points scientifiques.

Parmi ceux qui fréquentaient ses cours se trouvaient, le cheikh Mohammed el Djohari, le cheikh Salem el Kiraouani,

Mohammed effendi, qui fut dans la suite moufti d'Alger, le sayed Mohammed el Demerdache et ses deux enfants, le sayed Othman et le sayed Mohammed. Parmi les cheikhs qui étudièrent sous la direction de mon père se trouvent le très grand savant, cheikh Aly el Edoui, le cheikh Mohammed el Mosselhi, le cheikh Hassan el Djeddaoui, le cheikh Mohammed el Massoudi, le cheikh Ahmed ibn Youness, le cheikh Mohammed le Helbaoui, le cheikh Ahmed el Sedjaï et plusieurs savants du Daghestan, de la Syrie et du Hedjiaz et parmi ceux du Hedjaz, le plus célèbre fut le cheikh Ibrahim el Zamzami.

Le cheikh Aly el Edoui étudia sous la direction de mon père, le commentaire fait par El Zelaii sur le *Kenz* et plusieurs questions de morale et de philosophie. Lorsqu'à son tour, il enseigna l'ouvrage intitulé *El Mawakef*, il lui arrivait quelquefois de s'embrouiller dans le développement d'une question soulevée par quelques étudiants intelligents et raisonneurs. Il quittait alors la salle en disant à ses élèves : « Attendez-moi un instant, je vais m'adresser à un homme plus éclairé que moi. » Il allait ensuite trouver mon père, auquel il soumettait la question, et mon père lui donnait tous les éclaircissements que le sujet comportait. Voilà un acte de justice et d'équité de la part de cheikh Aly. D'ailleurs celui-ci disait souvent de mon père : « Il est seul dont la piété augmente malgré sa profonde connaissance de la philosophie. »

Les voilà mes ancêtres, montre-moi les tiens!

Mon père possédait une quantité immense d'ouvrages en tous genres que très peu d'autres possédaient. Mais, très compatissant pour les étudiants pauvres ou riches, il leur permettait d'emporter ses ouvrages ; la majeure partie de sa collection fut ainsi dispersée. Il était arrivé jusqu'à disposer dans un endroit de sa maison plusieurs exemplaires des ouvrages enseignés dans la mosquée d'El Azhar tels que *Ibn Akil*, *El Achmouni*, *Cheikh Khaled*, et ses commentaires, *El Azhariah* et ses commentaires, *El Chezour*, etc. En fait d'ouvrages sur le panthéisme, sa bibliothèque contenait : les commentaires de *El Djoharah*, *El Hedhoudy*, le commentaire de *El Senoussy*, *El Koubrah* et *El Soghra*. Il y avait aussi des ouvrages de logique et de littérature. Les savants et les étudiants venaient dans cet endroit, prenaient des livres et s'en allaient sans demander aucune autorisation. Quelques-uns rendaient les livres qu'ils emportaient, mais d'autres ne les rendaient pas. Quelques-uns reliaient à neuf les livres dont ils avaient endommagé la couverture, mais la plupart négligeaient ce soin et alors les fascicules s'égaraient. En somme, plusieurs ouvrages furent détériorés, perdus et abîmés ou ne revirent jamais les rayons de la bibliothèque.

Outre ces ouvrages, mon père possédait des livres magnifiques et précieux ; le sultan Moustapha lui fit cadeau de quelques ouvrages de sa bibliothèque privée, les principaux personnages qui étaient à la tête des affaires de l'empire turc, les émirs de l'Egypte, le pacha de Tunis et le dey d'Alger suivirent l'exemple du sultan Moustapha et offrirent à mon père les livres les plus rares. Il posséda plusieurs ouvrages en langue persane, tels que le *Koulistan*, le diwan de *Hafez*, le *Chah Nameh*, plusieurs histoires de Perse, l'histoire de Joseph ; *Kelilah et Doumnah* et d'autres ouvrages, sans compter des portraits magnifiques, des dessins superbes et des vignettes qui augmentaient le prix de ces livres. Il possédait en outre de nombreux instruments d'astronomie, entre autres les globes en cuivre que Hassan effendi el Rouznamdji avait fait construire par Radouan effendi el Falaki, comme nous l'avons vu plus haut. Mon père avait acheté tous ces globes dans la succession de Hassan effendi. Il avait, en outre. plusieurs instruments de calculs et d'observations d'astronomie et de géométrie. Il avait aussi des outillages complets de menuisier, de tourneur, de forgeron, de ferblantier, de relieur, de graveur, de dessinateur et d'autres métiers. Il avait de fréquentes entrevues avec tous les maîtres habiles dans leurs arts respectifs, comme Hassan effendi, l'horloger, Aly effendi Radouan, qui connaissait à fond tous les métiers, Mohammed effendi El Iskanderi, le cheikh Mohammed el Ekfaly, Ibrahim el Sakakini et le cheikh Mohammed El Zabadaoui qui n'avait pas son pareil pour la distillation.

En 1159, des Européens vinrent de leur pays pour étudier la géométrie, sous la direction de mon père; ils lui firent, au moment de le quitter, des présents consistant en objets provenant de l'industrie de leur pays et quand ils furent de retour dans leur patrie, ils divulguèrent la science qu'ils venaient d'acquérir en Egypte. De la théorie, ils passèrent à la pratique, et, grâce aux enseignements de mon père, ils inventèrent des moulins à vent, des appareils pour traîner les charges, etc.

Pendant qu'il travaillait au dessin, mon père traça sur des morceaux de marbre et sur des pavés, des inclinaisons et des cadrans solaires et il fit installer ces œuvres dans plusieurs endroits célèbres et publics, comme la mosquée de El Azhar, la mosquée de El Achrafiah, la mosquée de Kossoun, le mausolée de l'imam el Chaféi et les mausolées des Sadat. A El Athar, il y avait trois cadrans solaires : un au haut du palais, un second au-dessus de la porte d'entrée, et le troisième sur la terrasse de la mosquée. Il ne reste plus qu'un morceau de ce dernier, car les domestiques des émirs qui allaient se promener dans cet endroit ont brisé le cadran pour nettoyer les ustensils de table en cuivre, avec les débris de marbre. A Wardan, mon père avait établi un cadran sur la prière de Moustapha Aga el Wardani, et la cour du cimetière de El Razzazine en posséda un, grâce à l'intervention auprès de mon père de l'émir Radouan Chourbadji El Razzaz. Sur ce cadran mon père écrivit deux vers qui indiquent la date à laquelle il fut construit. Il installa plusieurs cadrans dans ses maisons à lui, et ses domestiques finirent par apprendre à les établir. Ils sciaient le pavé, le nettoyaient et le polissaient au moyen des brosses en fer et des limes. Ils en établissaient ensuite le niveau et la surface et ils traçaient les degrés. Quand le cadran était en marbre, les domestiques traçaient les lignes et les ouvriers en marbre les gravaient au burin. Lorsque ceux qui travaillaient à cette besogne sous sa direction eurent excellé dans leur art, mon père renonça à ce travail et prit l'habitude de renvoyer les clients à ses élèves. Si le client était un Arabe, sa commande était exécutée par le cheikh Mohammed ibn Ismaïl el Nafraoui, et s'il était persan ou turc, mon père chargeait de sa commande Mahmoud effendi el Nichi. Quant à lui, il consacrait tout son temps à l'étude et à l'enseignement de la jurisprudence; il révisait les *Fetwas*, et s'occupait des questions juridiques sujettes aux discussions. Les intéressés recouraient à lui, lui soumettaient leurs différends et sollicitaient ses avis, convaincus qu'ils étaient qu'il ne trahissait pas la vérité. Les cadis eux-mêmes n'avaient foi qu'en ses consultations. Il prit pour second le cheikh Abd-el-Rahman el Arichi; celui-ci se forma aux *fetwas*, et dans la suite succéda à mon père.

Mon père s'occupait exclusivement d'écrire des ouvrages importants traitant des sujets controversés. Nous citons parmi les ouvrages qui lui sont dus : *Nozhat el Aïnein, fi Zekat el Maadanein; Raf' el Ichkal; Kachef-el-Liçam; el Wachi el Moudjmal; el Kol el Saïeb; Boulouyh el Amat; El Djadawel el Bahieh; Islah el Asfar; Makhaz el Dabt; El Nasmat el Feihiah; El Adjalah; Hakaïek el Dakaïek; Akhsar el Moukhtassarat; El Thamarat-el-Madjnieh; El Moufsihah; El Dorr el Thamime*. Une étude sur le commentaire fait par le cadi Zadah sur *El Djaghmini;* une œuvre resta inachevée sur le *Dorr el Moukhtar*; un guide des formalités à remplir dans le pèlerinage et plusieurs annotations sur *El Issam ; El Hafid; El Moutawel; El Mawakef; El Hidayah*, le commentaire de El Barzeudji sur *Cadi Zadeh*, des exemples et des preuves géométriques. Il inventa des instruments très utiles et très curieux ; citons un instrument de forme carrée destiné à indiquer les directions, le zénith et les déviations de la manière la plus simple du monde, le cercle des dates et le compas des degrés.

En 1172, la confusion s'était introduite dans les poids et mesures, et les hommes souffrirent énormément de cette situation. Mon père ne put demeurer indifférent à cette question ; il fit venir aussitôt les ouvriers et les fit travailler sous sa direction à des poids et mesures absolument exacts. Cela lui coûta des sommes considérables, mais il tenait à satisfaire Dieu. Il fit ensuite venir les principaux Persans tels que le cheikh Aly Khalil, le sayed Mansour, le cheikh Aly Hassan, le cheikh Hassan Nébi et autres, il leur enseigna le moyen de corriger les erreurs et il leur expliqua les secrets de cet art. Ils firent ensuite venir les anciens instruments, en réparèrent ce qui put être réparé et détruisirent les autres. Les maîtres forgerons Mourad el Haddad et Mohammed ibn Othman furent chargés de vérifier les poids et mesures et de veiller à ce qu'ils fussent établis avec exactitude et ainsi, grâce à mon père, la confusion qui s'était introduite dans les poids et mesures, disparut au bout de quelques mois. Cette situation donna à mon père l'idée d'écrire son ouvrage sur les poids et mesures. Voyez à quoi sert la science, et admirez le résultat de la sagesse.

Le Coran a dit :

Dieu donne la sagesse à qui il veut, et celui à qui la sagesse est donnée obtient un bien immense.
Le sort a juré, il fournira son pareil,
Tu as menti, ô sort, expie ton faux serment.

J'ai vu les lignes suivantes écrites de la main de mon père :

J'ai lu écrit de la main de Cheikh Othman el Nadjdi ce qui suit :
J'ai lu écrit de la main de Cheikh Ahmed el Tojani ce qui suit :

Toute créature chante les louanges de Dieu à l'exception de l'âne et du chien, c'est ce que dit Abou-el-Cheikh dans l'ouvrage intitulé: *El Dorr el Manthour*, en l'attribuant à Ibn Abbas.

Dans ce même ouvrage, Amr ibn Absah dit:

Quand le soleil se lève, toutes les créatures chantent les louanges de Dieu, à l'exception du démon et des hommes ignorants et stupides.

Dans son ouvrage intitulé *El Fatawil*, Djelal-el-Dine el Siouty, a dit, « que les plantes et les arbres morts ne chantaient pas les éloges de Dieu » et il a comparé la vie aux plantes et aux arbres verts. Mon père a renchéri sur les paroles de Djelal-el-Dine et il a dit ce vers:

> Parmi les stupides, il faut comprendre,
> Le chien, l'âne et le démon, sans doute.

On doit également à mon père les vers suivants, par lesquels il nomme les animaux qui ont accès dans le ciel:

Au Paradis, il y avait dix animaux,
Fais en le compte et médite.

La chamelle de Saleh,
Le veau d'Abraham, le mouton qui sauva Ismaël,

La baleine de Ibn Matta (Jonas), la vache de Moïse,
Les fourmis du grand Salomon.

La huppe de Balkis, le chameau de Mohammed,
Que Dieu verse sur lui une bénédiction qui embaume la terre!

L'âne de Ozeir et le chien des habitants de la grotte.
Les voilà, Dieu est mon appui et je m'en contente.

Ajoutez à cela les deux suivants:
Le boraq de Taha et le loup de Joseph.

Voilà les poésies que l'on doit à mon père, celles du moins que j'ai retrouvées. Quant aux poésies qui furent composées en son honneur, bien que nombreuses, je n'en ai retrouvé qu'une composée par son élève, le grand savant, le cheikh

Chams-el-Dine, Mohammed el Sabbane qui l'a consignée dans le recueil de ses poésies, sans quoi je ne l'aurais pas retrouvée. Mon père acceptait les poésies qui étaient composées en son honneur, il récompensait les auteurs ; mais, dans sa modestie, il brûlait les pièces. Voici cette poésie :

O toi, qui te joues des cœurs des amants,
Aie pitié de moi, ma patience s'est enfuie.
Jusqu'à quand, tyran, me feras-tu boire des coupes de chagrin,
Et attristeras-tu mon cœur plein d'amour ?
Doucement, ce que tu as fait doit suffire.
Ton amour m'a rendu la merveille du monde.
Ne saurais-tu te contenter de ce que ma passion,
Si elle était mise en contact avec la mer, la brûlerait ?
Ne te suffit-il pas que mon insomnie soit éternelle,
Et que mes larmes ne tarissent jamais ?
Mon chagrin très violent est augmenté encore par les maladies ;
Matin et soir, le monde me voit toujours malheureux.
Tu as réuni les beautés apparentes et cachées
Et j'ai possédé l'amour proche et éloigné.
Au prix de ma vie, je rachète celui qui éclaire la nuit,
Et qui communique sa clarté au soleil et à la lune ;
Celui qui a une belle voix, une peau fine et qui fait partie de notre âme ;
Le gracieux qui par un seul de ses regards captive
Cette gazelle heureuse de verser le sang des amants,
Comme si cela était un devoir.
Peut-il nier qu'il a tué ses amoureux,
Quand ses joues sont tachées de leur sang ?
La beauté est son mamlouk, la grâce est son domestique,
La fierté est son esclave, admire !
Qui pourra m'aider à boire le vieux vin de sa bouche
Et à cueillir la rose de ses joues ?
Séducteur des humains, homme au doux caractère, favorise
Un amant dont les entrailles sont pleines de ton amour,
Qui n'a jamais prêté l'oreille à tes détracteurs,
Et qui n'a jamais songé à t'oublier.
Je le jure par celui qui a honoré le monde,
Et surpassé par sa grandeur, les humains,
L'appui des hommes, l'unique de l'époque,
Celui qui a réouvert l'ère fermée des honneurs

Le soleil, mais soleil sans éclipse, de la perfection,
La mer des sciences, mais une mer dont l'eau est douce,
Le savant à qui les connaissances ont obéi,
Et qui dans toutes les branches à obtenu les lauriers,
Celui auquel on a recours lorsque les difficultés se dressent,
Celui qui donne son assistance dans les cas difficiles,
Celui à qui s'adressent ceux qui recherchent la science
Et aux lois duquel ils reviennent satisfaits,
Celui auquel les plus grands savants ont obéi,
Car toutes leurs sciences ne sont qu'une partie de la sienne.
Je sacrifie ma vie pour lui, car il réunit en sa personne
Toutes les belles qualités.
Ses biens consistent en science, en pitié et en magnanimité,
Il est la source de toute délicatesse et de toute intelligence,
Sa main est généreuse et ses moindres libéralités égalent.
L'abondance des pluies les plus fortes.
Personne ne s'est adressé à lui
Sans avoir obtenu la satisfaction de tous ses vœux.
Le moindre de ses actes ne peut être comparé
Aux plus grandes actions du sort,
Il est le trésor de l'éloquence, il est le maître de la profondeur des idées.
Si Koss l'entendait, il serait étonné et chanterait les louanges de Dieu.
Sous le charme de sa parole et de sa gentillesse, ses auditeurs
Sont pris de l'envie de danser ;
Il a l'âme pure et toutes les fois que le zéphyr le touche,
Il gagne en délicatesse.
Ses perfections et ses qualités sont tellement nombreuses
Qu'il serait impossible d'en compter la dixième partie.
Assistez à ses réunions et vous connaîtrez ses qualités,
Restez en sa compagnie, vous verrez ses merveilles.
Les qualités de tous les hommes ne sont qu'une partie des siennes,
Et je n'ai pu dire de lui qu'une partie de ce que je devrais dire.
Notre époque doit être fière de ce que notre seigneur
L'ait paré de bijoux et d'or,
Ce seigneur qui, par sa beauté a orné les Djabart,
Et qui a failli leur faire donner la préférence sur les Arabes.

Lorsque le cheikh Ibrahim, fils de Abou el Barakat el Abbassi el Bagdadi, connu sous le nom de Ibn el Soueidi, vint au Caire en 1175, mon père le logea chez lui et eut pour ce grand savant beaucoup d'égards. Ils se promenaient ensemble, et se transportaient de l'une à l'autre des résidences que mon père possédait. Pendant qu'il était l'hôte de mon père, le cheikh Ibrahim souffrit d'une indisposition qui le retint au lit pendant quelques jours. Mon père veilla sur lui avec un soin jaloux et ne négligea rien de ce qui pouvait lui être agréable. Quand le cheikh se trouvait seul, il prenait la plume, et, sous l'influence des brises du nord qui le caressaient, il improvisait des poésies qu'il traçait sur les boiseries et sur les murailles de la maison qui l'abritait; cette maison donnait sur le Nil. Il y avait, en outre, des poésies à plusieurs stances qui chantaient les éloges de mon père, les beautés des jardins, des fleurs, etc. Ces poésies eurent le sort de leurs semblables et furent perdues à jamais.

En l'an 1179, mon père perdit un de ses enfants, d'une autre mère que moi; la mort de cet enfant, nommé Abou-el-Falah Aly, enlevé à l'âge de douze ans, affecta profondément mon père et lui causa des douleurs et des souffrances telles qu'il n'alla plus à Boulak. Il se transporta avec les membres de sa famille à El Sanadkiah, et il n'en sortait que quand il ne pouvait faire autrement.

Il s'occupa de jurisprudence; il fit ses cours dans sa maison même et les *Fetwas* n'étaient pas sa moindre préoccupation. En toutes circonstances, il ne se départit jamais de la sincérité qui faisait le fond de son caractère et de son affabilité; ce trait caractéristique de son naturel n'était jamais altéré. Les étudiants, les visiteurs et les solliciteurs, ses amis et les membres de sa maison ne pouvaient qu'admirer sa longanimité, sa politesse, sa générosité, sa sincérité et sa bonté, qualités qui étaient naturelles chez lui. Peu lui importait qu'il fut assis à la place d'honneur ou à la dernière place; il ne se souciait pas s'il portait ou non un turban, il roulait autour de sa taille le premier lambeau d'étoffe qui lui tombait sous la main, quelquefois, c'était un cachemire rare et d'une grande valeur, mais d'autres fois, c'était la lisière d'une balle de drap. Il reposait sur un lit dur aussi bien que sur un lit moelleux ; il dormait la plupart du temps assis ; il pensait beaucoup, toujours et sans cesse à Dieu. Il dormait au commencement de la nuit et se réveillait vers la fin ; il faisait alors quelque prières et invoquait Dieu jusqu'au matin. Le matin, il faisait la prière de cette heure de la journée, et au lever du soleil il dormait quelques instants, assis et appuyé sur un objet quelconque. Rien ne lui était plus détestable que l'hypocrisie et il la fuyait comme le plus grand mal ; il jeûnait, sans que personne s'en doutât, les mois de Chaban et de Ramadan, et il lui arrivait souvent dans ces deux mois d'être invité à un festin quelconque. Quand on lui présentait le sirop ou le café il ne les refusait pas, il prenait la tasse, mais il feignait de boire et par sa causerie agréable, il détournait l'attention des assistants. Le charme de sa société ne portait en rien atteinte à sa dignité, loin de là. Personne ne partageait avec lui le respect dont on l'entourait ; j'ai entendu une fois notre cheikh, Sidi Mahmoud el Kordi, dire : « Je le vis un jour dans le couloir de la mosquée et son aspect m'inspira le respect, j'entrai alors dans notre *roak*, je m'informai de lui et on me dit que c'était le cheikh El Djabarti. Quand, au bout de quelque temps, je parlai au cheikh El Hefni de cette circonstance, ce maître sourit et me dit : « Oui tu as raison, mais sache que cet homme communique avec Dieu. »

Mon père était de taille moyenne, robuste et d'une forte constitution ; il avait le teint blanc, la barbe grande, les yeux larges et les sourcils épais. Son aspect était imposant ; ceux qui le voyaient se sentaient pris de respect et ne voulaient plus détourner leurs regards de lui. Il enseigna et il s'instruisit jusqu'à sa mort : une diarrhée cholérique l'emporta, le mardi 1er Saffer de cette année, avant le coucher du soleil. Il avait été malade pendant douze jours ; au moment de se coucher, il rendait tout ce qu'il avait mangé et au bout de quelques jours, il avait dû renoncer à manger et se contenter de boire. Mais malgré son état maladif et sa faiblesse extrême, il ne priait que debout et ses facultés intellectuelles ne furent pas altérées. Il lisait *El Samadiah*, et à chaque lecture, il appelait dans la formule *Senoussiah* les bénédictions et les saluts divins sur le Prophète ; il invoquait Dieu par son vingtième nom (le vingtième des noms Edrissites) qui est celui-ci : « O miséricordieux pour tout affligé qui t'appelle, ô son refuge, ô son abri ! » Jusqu'à sa mort, il ne négligea pas un jour ces pieux devoirs, malgré sa grande faiblesse. Son corps fut préparé pour la sépulture le mercredi matin ; les prières mortuaires furent dites à la mosquée de El Azhar, au milieu d'une assistance innombrable et le corps fut ensuite enterré au cimetière du Sahara avec les ancêtres de notre famille, près du cimetière où reposent El Chams el Babli et El Khatib el Cherbini.

Au moment de sa mort, mon père était âgé de soixante-dix sept ans ; son élève, le grand savant, le cheikh Mohammed el Sabban, composa en sa mémoire l'élégie suivante :

> O ma malheureuse âme, comment peut-on être tranquille
> Quand le sort a emporté le roi du mérite ?
> Et comment la vie serait-elle douce
> Quand la mort emporte les gens glorieux ?
> Oui, le sort a des arrêts qui renferment
> Des leçons à ceux qui observent,
> Que de fois n'a-t-il pas brandi sa faulx
> Sur des hommes qui personnifiaient la gloire,
> Et que de fois, il les a percés des flèches de la séparation,
> Comme s'il avait une vengeance à tirer d'eux.
> Ses exploits passés ne lui ont pas suffi,
> Ses cruautés de jadis n'ont pu le contenter ;
> Il a frappé maintenant le monde d'un malheur,
> Dont une partie aurait suffi pour obscurcir le jour ;
> La mort de l'imam des musulmans,
> Dont l'éclat rayonnait sur le monde,
> La mort de ce chef choisi de tous les savants,
> De celui chez qui on venait en pèlerinage,

Du soleil de la vérité, de la mer de la générosité,
De celui dans les libéralités duquel les mers se noyaient.
Il fut un savant hors ligne et ses qualités
Etaient toutes belles, on ne pouvait le contester.
C'était une montagne de magnanimité,
Et le zéphyr lui empruntait sa douceur.
C'était un jardin de mérite, et souvent
Les gens vertueux y ont cueilli des fruits exquis.
Je parle de celui qui fut charmant comme son nom,
Hassan el Djabarti, l'imam respecté.
O seigneur qui s'éleva au-dessus de ses contemporains,
O homme de mérite, dont la gloire ne peut être définie,
Tu es allé au jardin de l'Eden et ton éloignement
A allumé le feu dans nos cœurs.
Espère que Dieu réalisera tes souhaits,
Qu'il t'admettra en sa présence, dans l'asile de la vérité.

L'élégie suivante est due à Cheikh Ahmed el Khami:

Les yeux ont versé des larmes à l'occasion de la perte de l'homme
  glorieux,
Du savant émérite, du seigneur unique,
Du cheikh des cheiks, de la source de la générosité qui
Donnait l'exemple aux vertueux et aux méritants,
De celui qui fut le refuge des besoigneux et des faibles,
Lorsque la détresse les frappait.
Du soleil de la science et de la piété, Hassan
El Djabarti, l'homme à l'abord affable.
Nos yeux et nos cœurs l'ont pleuré,
Comme les sciences pleurent la mort des savants.
Les réunions et les cours scientifiques l'ont pleuré
Car il y réprimait les prétentieux.
Les signes du zodiaque et les étoiles sont en deuil;
Et la mort de ce savant sans égal les a attristés.
Qui saura, après ce seigneur, honorer
Les sciences, résoudre les difficultés et donner des consultations?
Combien de fois son intelligence pénétrante
N'a-t-elle pas démasqué les sens les plus cachés?
Et que de gens profitèrent de ses leçons!
Je pleure ce chéri et sa magnanimité
Et l'affabilité charmante de son beau visage.
Hélas, nous avons perdu notre maître,

Qui fut le plus fort appui des élèves.
O mon œil, sois généreux de tes larmes et pleure
Celui dont les lumières guidaient les savants.
O mon œil, ne sois pas avare de tes pleurs,
O mon œil, sois avare du sommeil et ne te repose pas.
O mon œil, celui que tu aimais est mort,
Celui à qui je recourais dans les calamités.
Que la miséricorde divine l'enveloppe
Toujours et éternellement !
Que Dieu lui accorde ses meilleures récompenses,
Et qu'Il lui assigne la meilleure place dans le paradis !

Un autre poète composa l'élégie suivante :

Fi ! quelle vie, tous nos yeux sont remplis de larmes,
Et chacun de nos plaisirs est mêlé de douleurs !
Les hommes regardent, les yeux fixes et ouverts :
Devant chacun d'eux se dresse ce qui le détourne de ses devoirs,
Il n'y a pas de doute, les faveurs de ce monde sont des calamités.
En venant la chance séduit, en fuyant elle attriste.
O toi, qui aspires au repos,
Sache qu'aucun ne l'a obtenu ni n'en a joui.
Le sort s'est conduit comme un tyran ;
Il a brandi aux yeux de tous l'épée de l'injustice ;
Il nous a enlevé notre maître, l'unique de l'époque,
Le glorieux, l'homme aux belles qualités,
El Djabarti, qui nous donnait l'exemple
De la piété et de la fidélité à la loi.
L'Imam habile dans toutes les sciences,
L'intelligent, le travailleur louable.
Ce maître était le pôle de notre époque :
Le sort nous en a privés.
Les nuées l'ont pleuré et ont versé des larmes
Et la face du ciel s'est assombrie,
Le temps s'est obscurci, les étoiles se sont cachées ;
Le soleil a disparu et la lune s'est voilée.
Les questions juridiques ne seront plus traitées par un maître pareil
Qui possédait à fond toutes les sciences.
Il est mort, mais sa mémoire honorable est immortelle ;
Il a disparu à nos yeux, mais il continuera à habiter nos cœurs.
Je les vois d'ici, les étudiants remplissant sa maison

Car tous recouraient à cet homme érudit.
Il leur offrait, remplies du vin de sa science,
Des coupes plus exquises à boire que l'eau du Tasnin.
Hélas! nous l'avons perdu, et sa perte
Nous a enlevé jusqu'à la notion de la patrie.
O mon œil, pleure et déplore la mort de ce glorieux.
Erre partout, verse des larmes et fuis le doux sommeil.
Nous avons perdu un refuge, un abri!
Hélas! hélas! nous ne verrons plus son pareil!
Ne pouvant plus rester sur cette terre périssable,
Dieu, le grand, l'appela à lui
Il s'empressa de répondre à cet appel et il nous quitta
Pour des jardins où l'on est heureux d'habiter.
Dans ma grande douleur, je l'appelai et lui dis,
Tu vas au séjour de la vérité, ô Hassan (1188)
Sois heureux, tu as remporté un triomphe éternel,
En entrant au Paradis qui est le but le plus envié,
Que les faveurs de Dieu te comblent
Et que sa miséricorde pour toi reste inaltérable!

Le très grand savant, le jurisconsulte émérite, le cheikh Ahmed ibn Mohammed el Hamaki el Hanafi. Son père était un des plus grands savants du rite Chaféite et il n'embrassa le rite Hanafite qu'à la suite d'une vision racontée par lui-même, et dans laquelle il vit l'imam El Chaféi qui l'autorisait à suivre le rite Hanafite. Il étudia sous la direction des principaux savants de son époque, tels que le cheikh Ahmed El Dakdoussi, le cheikh Aly el Okdi, Mohammed Abd-el-Aziz el Ziadi, Cheikh Ahmed el Benofri, Cheikh Soliman el Mansouri et autres. Il enseigna à la mosquée de El Azhar pendant plusieurs années et il fut ensuite désigné pour les hautes fonctions de Moufti des Hanéfites, dignité laissée vacante par la mort du dernier titulaire, le cheikh Hassan el Makdassi.

A cette occasion, le cheikh Abdallah el Edkaoui, composa les vers suivants :

Enfin, le droit fut restitué
A l'imam dont le mérite est notoire

Dans toutes les sciences,
Dans la logique et dans la profondeur sublime des idées
Sa supériorité ne peut être contestée
Si ce n'est par quelques stupides
Sans égal pour l'ignorance.
L'exactitude des « Fatwas » sera toujours assurée
Grâce à ce maître qui enseigne les mérites et les vertus.
L'univers fait des vœux et répète :
Qu'Ahmed possède toujours la vertu ! *(chronogramme)*

C'était un homme d'une humeur facile et douce, d'une société agréable et d'un naturel sincère et loyal. Il connaissait à fond la loi Hanafite et ses ramifications ; il ne dédaignait pas de s'asseoir dans les cafés ; les savants, ses collègues, lui en voulaient de cette dérogation à leurs habitudes, mais lui ne se souciait nullement de leurs critiques. Il mourut le vendredi 25 Saffer, à l'aube.

Le grand savant traditionniste, le grand jurisconsulte, le bon, le pieux, le cheikh Ahmed, ibn Mohammed, ibn Mohammed, ibn Chahine el Rachidi, el Chaféi el Azhari. Il naquit à El Rachediah, une des dépendances de la province de Gharbiah, en 1118 ; il y fut élevé et il y apprit le Coran. Il vint dans la suite à la mosquée de El Azhar et il y étudia sous la direction des savants illustres tels que le cheikh Moustapha el Azizi, Cheikh Moustapha el Achmaoui, Cheikh Mohammed el Ghamri, Cheikh Mohammed el Seghir, Cheikh Id el Noumrossi et Cheikh Abd-el-Wahab el Tantaoui. Il étudia sous leur direction la loi, l'arithmétique, les règlements des successions et les six ouvrages de Hadith tout entiers. Il s'attacha pendant très longtemps à mon père et il étudia sous sa direction ; il se rappela toujours les temps passés avec lui, alors qu'il était son élève, et il venait souvent lui rendre visite. Ils parlaient alors ensemble des temps passés et des jours qui s'étaient enfuis pour ne plus revenir.

En dehors des cheikhs que nous avons mentionnés, le cheikh Ahmed eut beaucoup de professeurs ; il se distingua de tous les savants qui furent ses contemporains en ce qu'il savait par cœur le *El Bahdjat el Wardiah*. Il apporta une grande attention dans l'étude des six ouvrages de Hadith ; il les copia, il collationna les copies et il les corrigea. Il lisait le Coran d'une façon admirable et il possédait des notions de musique. Cette circonstance le fit chérir des émirs, et Mohammed bey, fils d'Ismaïl bey, en fit son imam.

Cheikh Ahmed possédait une grande fierté, il était très poli et très soucieux de sa dignité ; plusieurs émirs souhaitèrent de l'entendre lire une partie du Coran et ils ne purent voir leur désir satisfait. Mais il sortit enfin de sa réserve et consentit à faire profiter le monde de ses connaissances ; il enseigna, à plusieurs reprises, *El Manhadj* et le commentaire fait par Ibn Hidjre sur *El Menhâdje*. Il connaissait cet ouvrage à fond et il en éclaircissait les points obscurs avec une assurance parfaite. Il enseigna quelque temps à El Sananiâh, et il se transporta ensuite dans une petite mosquée, située dans le voisinage du mausolée de Hussein. Ses cours était faits avec éloquence et habileté. Lorsque feu Youssouf Chorbadji el Haïatem construisit au quartier de Abou Mahmoud el Hanafi la mosquée qui avoisine sa maison, il nomma le cheikh Ahmed prédicateur et imam de cette mosquée. Il y établit une chaire de Hadith ; le cheikh Ahmed y enseigna le *Sahih, Mosslem* et *Suman Abou Daoud*.

Il se levait pendant la nuit, lisait le Coran et priait Dieu ; il n'était pas exempt d'hallucination ; beaucoup de savants profitèrent de son enseignement.

Lorsque Mohammed bey Abou el Zahab fit édifier en face de la mosquée de El Azhar l'école qui porte son nom, il proposa à cheikh Ahmed d'être l'imam de cette école et il lui envoya, par le messager chargé de cette proposition, une bourse remplie de dinars. Le cheikh Ahmed renvoya l'argent et refusa l'offre qui lui était faite. L'émir insista et, devant ses instances, le cheikh Ahmed consentit à y faire le *Khotba* le premier vendredi de l'inauguration de la mosquée. A la suite de cette prière, le sandjak le revêtit d'une pelisse doublée de martre et le gratifia d'une somme considérable. Le cheikh Ahmed reçut le cadeau bien malgré lui et regagna sa maison avec un peu de fièvre. D'aucuns rapportèrent qu'il pria Dieu de ne pas lui permettre de faire une seconde prière dans l'école; quoiqu'il en soit, le cheikh Ahmed tomba malade et la fièvre l'emporta le mardi 2 Chawal de cette année. Les prières furent dites sur son corps le lendemain, à la mosquée de El Azhar, en présence d'une foule nombreuse. A l'issue de la prière, le corps fut transporté à El Karafa el Soghra et enterré en face du dôme élevé à Abou Djiaffar el Tahaoui. Il n'y eut pas, après le cheikh Ahmed, un homme qui réunit autant de vertus diverses.

Au physique, le défunt était mince, d'une constitution délicate, sa barbe était blanche et son front était saillant. Il ne revêtait pas le costume des Ulémas et, au lieu d'un turban volumineux, il portait sur sa tête un petit kaouk. Il montait souvent une mule avec une peau de mouton teinte en bleu, en guise de selle. L'émir Mohammed bey prit les livres du cheikh Ahmed, les plaça dans la bibliothèque de l'école fondée par lui et les érigea en Wakfs. Ces ouvrages étaient très nombreux et de très grande valeur, surtout au point de vue de l'exactitude; dans la suite, ces livres furent volés en grande partie.

Le bon, le cheikh Saad ibn Mohammed, ibn Abdallah el Chanawani. Il avait cultivé les belles-lettres après avoir étudié les sciences exactes et il y avait excellé. Il fut nommé cadi au Mahkameh de Bab el Châriah, au Caire. C'était un homme de mérite et de vertu; il avait des relations avec la plupart des gens de mérite, et il composa en l'honneur des mystiques des poésies charmantes, mais je n'ai pu en retrouver aucune.

Il mourut le samedi, 5 Djamad Akhar, âgé de plus de 70 ans.

Le grand savant, le jurisconsulte éminent, le croyant sincère, le cheikh Aly ibn Hassan el Maléki el Azhari. Il avait étudié sous la direction du cheikh Aly el Edoui, et c'est de son autorité qu'il s'appuyait. Il suivit en outre les cours d'autres professeurs ; il excella dans la métaphysique et la jurisprudence et il enseigna à El Azhar. Il enseignait continuellement à ses élèves, très nombreux, les ouvrages profitables aux étudiants tels que : *Abou el Hassan* ; *Ibn Torki* ; *El Achmawyah* (jurisprudence) ; *El Cheikh Khaled* ; *El Azhariah* et *El Chouzour* (syntaxe). Il ne cessait presque jamais de répéter le nom de Dieu.

Il mourut le jeudi soir 15 Rabi Awel, et il fut enterré au cimetière de El Moudjawerine.

Le savant traditionniste, le pieux soufi, le cheikh Mohammed ibn Ahmed ibn Salem Abou Abdallah el Saffarini el Naplousi el Hanbali. Ainsi que le disent des lignes écrites de sa main, il naquit en 1114, à Safarine. En 1131, il étudia et apprit le Coran à Naplouse. Il étudia quelque peu les sciences et il se rendit à Damas en 1133 ; il y passa cinq ans environ. Dans cette ville, il étudia sous la direction de cheikh Abd-el-Kader el Taghlabi, l'ouvrage intitulé *Dalil el Taleb* dû au cheikh Marïi el Hanbali ; *El Iknâh*, ouvrage dû à cheikh Moussa el Hedjazi et traitant de diverses sciences. Il discuta avec son professeur plusieurs points de son commentaire sur le *Dalil*', ouvrage ci-dessus mentionné, et à la suite de cette discussion, le commentateur corrigea quelques unes de ses explications. Le professeur honorait son élève, le respectait ; il lui délivra, en 1135, un diplôme écrit de la main de cheikh Mohammed ibn Abd-el-Rahman el Ghazi.

Sous la direction de cheikh Abd-el-Ghani el Naplousi, qui fut également son professeur, cheikh Mohammed étudia *El Arbéine*, *El Thalthiate* de El Boukhari et *El Imam Ahmed* Il assista aux leçons du même professeur sur le commentaire de El Cadi et sur le *Tafsir*, ouvrage de panthéïsme écrit par lui. Le cheikh Abd-el-Ghani lui délivra un diplôme détaillé par lequel il l'autorisa à enseigner tout ce que lui-même savait, ainsi que tous ses ouvrages qui y étaient mentionnés.

Sous la direction de cheikh Abd-el-Rahman el Moudjalled, cheikh Mohammed étudia les *Thalathiate* de El Boukhari ; il suivit ses cours et il fut autorisé par lui à enseigner tout ce qu'il savait. Il étudia, sous la direction de cheikh Abd-el-Salam ibn Mohammed el Kamily, quelques ouvrages de Hadith, une partie des traités de *Ekhouan el Safa*.

Sous la direction de Molla Elias, le cheikh étudia la métaphysique ; sous celle de cheikh Ismaïl ibn Mohammed el Adjlouni, il étudia le *Sahih* en entier, les *Thalathiate* de El Bokhari ; les *Thalathiate* de l'imam Ahmed ; une partie de *El Djam' el Saghir* et son commentaire par El Menaoui ; une partie de *El Djam' el Kébir* et une partie de *El Ehia*. Il rechercha avec son professeur la source même des Hadith cités dans ces ouvrage et empruntés à Zein el Eraki. Il étudia aussi sous la direction du même savant *El Andolossiah* (poésie) et quelques-uns de ses commentaires ; une partie du commentaire de *Chezour el Zahab ;* le commentaire de *Rissalut el Wadh* et l'étude sur cet ouvrage due au cheikh Ismaïl, son professeur, et enfin l'étude de Molla Elias. Son professeur l'autorisa à enseigner tous ses ouvrages et tout ce que lui-même était autorisé à enseigner et à rapporter.

Sous la direction de cheikh Ahmed ibn Aly el Manini, il étudia *Djam' el Djawameh*, ouvrage dû à El Mehalli ; le commentaire sur *El Kafiâh ;* ouvrage dû au Molla Djameh ; le commentaire de El Fahihi sur le *Kotr :* le *Sahih ;* le commentaire fait par lui sur *El Manzouma el Soghra*, ouvrage dû à El Siouty. Ce professeur l'autorisa à enseigner tous ces ouvrages, et il lui délivra à cet effet un diplôme entièrement écrit de sa main.

Sous la direction de cheikh Mohammed ibn Abd-el-Rahman el Ghazzi, il étudia une partie du commentaire fait par Zakaria sur *Alfiet el Iraki*, et les premiers chapitres des *Sounan* de Abou Daoud. Le cheikh Ahmed el Ghazzi, parent du précédent, fut également le professeur de Mohammed ; celui-ci étudia sous sa direction à la mosquée Ommiade, la plupart du *Sahih*, et cela en présence de plusieurs cheikhs appartenant aux quatre rites.

Enfin, sous la direction de cheikh Moustapha ibn Souar, le cheikh étudia les premiers chapitres du *Sahih* de *Moslem*, et sous celle de Hamed effendi, mufti de Damas, les *Thalathiate* de El Bokhary et, en partie, les *Thalathiate* de Ahmed.

En 1148, cheikh Mohammed fit le pèlerinage de la Mecque ; à Médine, il vit le cheikh Mohammed Hayat, sous la direction duquel il lut les premiers chapitres des six ouvrages de Hadith. Les cheikhs Moustapha ibn Abd-el-Hak el Labdi, Taha ibn Ahmed el Labdi, Moustapha ibn Youssouf el Kormi, Abd-el-Rahim el Kormi, le cheikh Hachem el Hanbali, le cheikh Mohammed el Salfini et autres lui enseignèrent la jurisprudence.

Parmi ceux qui furent les professeurs de cheikh Mohammed, nous citons encore le cheikh Mohammed el Khalili, le cheikh Abdallah el Bosri et le cheikh Mohammed el Dakak. Il vit aussi le sayed Moustapha el Bakri, il s'attacha à lui, il étudia ses ouvrages et il fut diplômé par lui.

On doit au cheikh dont nous citons la biographie de nombreux écrits, entre autres :

Un commentaire en deux volumes de *Omdet el Ahkam*, ouvrage de jurisprudence dû à El Hafiz Abd-el-Ghani ;

Un commentaire en un gros volume sur les *Thalathiate* de Ahmed ;

Maâredje el Anwar, commentaire de la *Nouniah*, poésie sur la vie du Prophète et due au cheikh el Sarsari el Hanbali.

Un ouvrage du même genre intitulé : *Bahr el Wafa* ;

Un ouvrage de belles-lettres intitulé : *Ghoza el Albab* (la nourriture des esprits) ;

Un ouvrage de religion intitulé : *El Bohour el Zakhirah*, et autres.

Le cheikh Mohammed était un vieillard respectable, à barbe blanche et d'un aspect imposant. Il se conformait aux prescriptions de la Loi et haïssait les innovations ; pieux et réservé, il fut toujours aimé et respecté. Il se levait toutes les nuits et priait dans la mosquée. Il enseigna jusqu'à sa mort, qui eut lieu à Naplouse le lundi 8 Chawal de cette année. Les prières furent dites sur son corps à la grande mosquée et il fut enterré au cimetière El Zarekniah. Sa mort provoqua une grande et universelle douleur.

Le respectable, l'honorable, le cheikh Ahmed ibn Mohammed Abd-el-Salam el Charafi el Massri. Il était d'origine marocaine ; son père avait été cheikh du *rouak* des moghrâbins à la mosquée de El Azhar. En outre, il avait été le professeur du cheikh Ahmed el Damanhouri. Son fils, le cheikh Ahmed était un homme d'une société agréable, d'un naturel franc et doux. A chacun des anniversaires de la naissance du Prophète, il invitait du monde dans sa maison située à l'Ezbékiah. Il offrait à ses invités des mets, des sirops et des douceurs.

Il mourut le 17 Rabi Awel de cette année, âgé de plus de 70 ans.

Le respectable, le cheikh Zein-el-Dine Kassem el Ebadi el Hanafi. Il avait étudié la jurisprudence sous les maîtres les plus habiles, tels que le cheikh Soliman el Mansoury, le cheikh Ahmed ibn Omar el Eskati, etc. A son tour, il enseigna les doctrines et la jurisprudence hanéfites.

Il mourut le 13 Zilhodjet, âgé de plus de 80 ans.

Le vénérable, le cheikh Abdallah, qui indiquait les heures des prières et les jours de jeûne dans la mosquée de Kossoun. C'était un homme pieux.

Il mourut subitement le 12 Zilhodjet, âgé de 87 ans.

L'érudit, l'habile, le vénérable, le cheikh Aly ibn Ahmed, ibn Abd-el-Rahman, ibn Mohammed, ibn Amer el Atachi, El Fayoumi, El Chafféi, frère du cheikh Ahmed el Atachi. C'était un homme très estimable sous tous les rapports. Il avait étudié sous la direction du cheikh el Hefni et d'autres savants.

Il mourut dans le courant du mois de Djamad Akhar.

Le Sayed, le chérif, Mohammed ibn Hassan, ibn Mohammed el Hassani el Wafaïi. Il avait étudié sous la direction du cheikh Youssouf el Toulouni et il rapportait sur son compte des traits charmants. Il était attaché au Sayed Mohammed Abou Hadi el Wafaïi, lorsque celui-ci était Naquib el Achraf.

Il mourut âgé de 80 ans environ.

Le bon, le pieux, le cheikh Soliman ibn Daoud ibn Soliman, ibn Ahmed el Kherbetaoui, homme dévot et droit.

Il mourut le 18 Moharram de cette année.

Le respectable, le grand seigneur, l'émir Ahmed Aga el Baroudi. Il était, dans l'origine, mamlouk de Ibrahim katkhoda el Kazdogli, dont il épousa la fille, une Baroudi. Il établit sa résidence dans la maison célèbre de la famille de sa femme. Cette maison était située en dehors de Bab Sâada et de Bab el Khark. L'émir eut de sa femme plusieurs enfants des deux sexes, entre autres Ibrahim Chalabi, Aly et Moustapha, le patron de Mohammed Aga dont il sera parlé. L'émir Ahmed occupa de hautes fonctions pendant le gouvernement de Aly bey. C'est ainsi qu'il fut aga des moutefarrika et katkhoda des chawiches.

C'était un homme bon par nature et porté au bien; il avait une grande confiance en mon père et il le visitait chaque vendredi, sans se départir jamais des règles les plus strictes de la politesse. Une fois, il était alors katkhoda des chawiches, il chevauchait avec une suite nombreuse, quand il rencontra mon père monté sur une mule. En moins de temps qu'il n'en faut pour le dire, il mit pied à terre, courut à mon père et lui baisa la main. Mon père fut confus de tant de politessse : il lui en fit un doux reproche; il lui demanda ensuite de lui permettre d'attacher à sa personne quelqu'un de ses élèves pour lui enseigner quelques notions de jurisprudence et de théologie. Le katkhoda accepta et le cheikh Abd-el-Rahman el Arichi fut chargé de donner des leçons à l'émir.

Ahmed aga vécut toujours dans l'aisance, respecté, considéré; il mourut le 7 Djamad Awal de cette année. C'était un homme très pieux : il avait pratiqué dans sa maison une retraite où il allait prier. Revêtu d'une robe en laine rouge, un grand chapelet à la main, il passait de longues soirées à invoquer Dieu.

Le bon, le pieux Khalil aga, mamlouk de l'émir Othman bey, l'illustre suivant de Zulfikar bey. Il mourut dans un village qu'il possédait au Fayoum, et le samedi soir 25 Djamad el

Thani de cette année, son corps arriva au Caire. Le lendemain, il fut enterré à El Karafah.

Ismaïl effendi, suivant de feu le Chérif Mohammed aga, écrivain des brevets. C'était un homme digne de respect; il mourut le dimanche, 22 Djamad el Thani.

Le Sayed Abd-el-Latif effendi, Naquib el Achraf de Jérusalem; il mourut âgé de 90 ans environ. Son fils aîné lui succéda dans sa charge; ce fils s'appelait El Sayed Abdallah effendi.

L'émir Mohammed effendi Djawoudjan Missou. Il connaissait le Coran et il en suivait les prescriptions. Il aimait les savants et les Chérifs et il avait pour eux beaucoup d'attentions. Il mourut la veille du lundi 20 Rabi el Awel; les prières furent dites sur son corps à la mosquée de El Azhar et il fut enterré à El Moudjawerin.

L'émir Moustapha bey el Sidaoui, suivant de l'émir Aly bey el Kazdogli. Voici quelles furent les causes de sa mort: il se promenait à cheval, hors de la ville du Caire: il lança son cheval au galop; l'animal fit tout à coup un faux pas et jeta à terre le cavalier qui fut tué sur le coup. Son corps, transporté au Caire fut enterré à El Kharafah. Ceci se passait le 15 Rabi Awel de cette année.

L'émir Mohammed effendi el Zameli, écrivain attaché à l'administration de la province de Gharbiah. C'était un homme affable et d'un caractère très doux. Il mourut le 24 Saffar de cette année; son fils, Hassan effendi, dont il sera parlé lors des événements de l'année 1202, lui succéda dans sa charge.

Le négociant respectable, Hadji Mohammed Arafat el Ghazaoui, père de Abdallah et de Moustapha. Il mourut le mardi 8 Saffer de cette année.

ANNÉE
MIL CENT QUATRE-VINGT-NEUF.

Mohammed bey Aboul Zahab se décida à partir pour la Syrie afin de reprendre les pays que El Zaher Omar avait soumis. Il établit son camp à El Adeliah, dépensa des sommes considérables, et avança aux émirs, aux soldats et aux mamlouks leurs frais de campagne. Un grand nombre de navires furent chargés de munitions, d'engins de guerre, de canons ainsi que du monstrueux canon appelé *Abou Macilah*, que l'émir avait fait fondre l'année précédente.

Dans les premiers jours de Moharram, cette grande armée se mit en route. Le Waly Moustapha pacha el Naplousi, Ismaïl bey, les émirs et les hauts fonctionnaires se trouvaient à El Adeliah au moment du départ de Mohammed bey pour lui faire leurs adieux. Mohammed bey quitta enfin la ville du Caire, accompagné de Mourad bey, de Ibrahim bey Tanan et de Ismaïl bey, suivant de Ismaïl bey el Kébir.

Ibrahim bey fut désigné par Mohammed bey pour le remplacer durant son absence dans le gouvernement de la ville du Caire et de l'Égypte.

Tout tremblait à l'approche de Mohammed bey Aboul Zahab. Les habitants de Jaffa fortifièrent leur ville et s'y retranchèrent et ainsi fit El Zaher Omar à Saint-Jean d'Acre.

A l'arrivée de Mohammed bey devant Jaffa, les habitants fermèrent les portes de la ville et se déclarèrent résolus à se défendre jusqu'à toute extrémité. Mohammed bey fit aussitôt le blocus de la place et le siège commença. Les assiégés ne cessaient d'insulter et d'injurier les Égyptiens et leur émir. Après plusieurs jours de bombardement, Mohammed bey ordonna l'assaut. La ville fut prise malgré une résistance acharnée. A travers les brèches, les troupes égyptiennes se répandirent dans Jaffa et massacrèrent tout sur leur chemin.

Lorsque les fureurs du premier moment furent calmées, les Égyptiens garottèrent ce qui restait de la population et traînèrent les prisonniers hors de la ville. Là, ils les massacrèrent jusqu'au dernier ; le chérif, le savant aussi bien que le chrétien, le juif et l'ignorant furent passés au fil de l'épée, et ce jour-là une égalité parfaite s'établit entre eux. Ils élevèrent des monticules avec les têtes des victimes, et ces têtes tournées du côté opposé à la ville, recevaient à la figure les sables du désert. L'armée réduisit en captivité les femmes et les enfants et lorsque Jaffa ne fut plus qu'une vaste nécropole, Mohammed bey la quitta et se dirigea sur Saint-Jean d'Acre.

El Zaher Omar avait appris le terrible châtiment infligé aux habitants de Jaffa pour avoir osé tenir tête aux Égyptiens, et, comme l'idée de tomber entre les mains d'un ennemi aussi redoutable que Mohammed bey ne lui souriait pas, il avait, longtemps avant l'arrivée de son ennemi, quitté Saint-Jean d'Acre, laissant les habitants se tirer d'affaire comme ils l'entendraient. Ce fut heureux pour la ville, car Mohammed bey traita avec bonté les habitants qui s'étaient rendus sans résistance et il leur épargna les horreurs de la guerre.

La soumission de Saint-Jean d'Acre et le massacre des habitants de Jaffa lui livrèrent les autres villes et localités qui tenaient pour El Zaher Omar. Mohammed bey éprouva une joie si grande de sa conquête et il s'en montra si orgueilleux qu'il en mourut.

Des courriers dépêchés par lui apportèrent au Caire la nouvelle de la conquête de la Syrie ; l'allégresse fut universelle parmi les habitants de l'Égypte ; on célébra par des feux d'artifice et des réjouissances publiques cet événement heureux. Le Caire, sa banlieue et Boulaq organisèrent, à l'occasion de cette conquête, une fête imposante qui dura trois jours et trois nuits ; on ne ménagea ni la poudre ni les feux d'artifice.

Cette fête était à peine terminée et le mois de Rabi el Thani était encore dans sa première décade, qu'une nouvelle attristante et stupéfiante se répandit en ville : Mohammed bey Abou el Zahab était mort. Cette nouvelle se répandit avec la rapidité de l'éclair ; dans les premiers jours, on se la chuchotait à l'oreille, mais voyant la consistance qu'elle prenait de jour en jour, quelques-uns en parlèrent bien haut et bientôt cet événement faisait le sujet de toutes les conversations. Tout espoir de voir la nouvelle démentie fut perdu, lorsque des courriers, venus de Syrie, vinrent la confirmer. Mohammed bey avait obtenu ce qu'il désirait ; ses désirs étaient satisfaits ; il devait mourir. Après avoir contraint la Syrie à l'obéissance, après avoir fait reconnaître son autorité en Égypte et en Syrie, Mohammed bey avait envoyé demander à Constantinople le gouvernement de la Syrie et de l'Égypte. Ismaïl aga, frère de Aly bey el Ghazzaoui avait été chargé du message. Il était parti avec plusieurs présents magnifiques et au bout d'un séjour de quelque temps à Constantinople, sa mission avait pleinement réussi. Mohammed bey reçut à Saint-Jean d'Acre le firman d'investiture, la robe d'honneur et les insignes de vizir. La joie qu'il en ressentit fut si grande qu'immédiatement il fut pris d'une fièvre qui l'emporta au bout de trois jours ; il mourut le 8 Rabi el Thani au soir.

A la réception du firman d'investiture, Mohammed bey avait éprouvé une joie très grande, mais bien plus grande encore avait été celle des émirs et des soldats. « Tout est terminé, pensaient-ils, nous allons revoir nos foyers, rentrer dans notre patrie, embrasser nos enfants. » Mais Mohammed bey en avait décidé autrement ; le jour même de la réception du firman d'investiture, il avait tenu à ses lieutenants un discours qui trahissait le projet qu'il avait formé de leur confier les hautes fonctions gouvernementales dans la Syrie. Il leur avait ordonné dans cette séance de faire annoncer à leurs familles la nouvelle des conquêtes qu'ils venaient de faire, de leur faire dire celles qu'ils avaient en perspective et de leur demander tout ce dont ils avaient besoin. Ses lieutenants avaient compris qu'ils devaient renoncer aux projets qu'ils caressaient et aux rêves qu'ils nourrissaient, qu'ils devaient abandonner l'idée de revoir l'Egypte. Ils sortirent de ce conseil chagrinés et affligés et ils regagnèrent leurs tentes en réfléchissant à leur situation.

Voici maintenant ce que dit, au sujet de la maladie de Mohammed bey, un témoin oculaire :

> Nous fûmes, trois jours, les trois jours que dura sa maladie, sans rien savoir de positif sur l'état de sa santé ; plusieurs d'entre nous ignoraient même qu'il fût malade. Seuls, quelques-uns de ses intimes pénétraient jusqu'à lui et lorsque nous les interrogions, ils nous jetaient ces mots : « L'émir est indisposé. » Le lendemain de la nuit de sa mort, vers le matin, nous vîmes renversées à terre les colonnes qui soutenaient sa tente et nous remarquâmes une vive agitation, parmi ses trésoriers. Quelques instants après, ces individus, poussés par la cupidité, se jetèrent les uns sur les autres et les armes brillèrent. La confusion se répandit alors dans le camp et bientôt la mort de Mohammed bey fut connue de tous. Mourad bey comprit tout de suite ce que la discorde pourrait avoir de fâcheux dans une situation pareille à la nôtre. Une armée campée dans un pays étranger, conquis par les armes et en proie aux dissensions, serait exposée indubitablement à se voir mépriser par les gens du pays.

Mourad bey comprit le danger de cette situation, et il n'eut rien de plus pressé que de rétablir entre les trésoriers l'harmonie troublée par le démon de l'argent. Il parvint à faire entendre raison aux plus influents d'entre eux ; il leur donna quelques satisfactions et écarta ainsi les dangers terribles qui menaçaient les troupes.

Mourad bey réunit ensuite dans un conseil tous les émirs, et il fut décidé que le corps de Mohammed bey serait ramené en Egypte, car les Syriens ne manqueraient pas de profaner sa dépouille mortelle si elle reposait dans leur pays. En conséquence, le corps du général fut lavé, enveloppé de linceuls, par dessus les linceuls, on mit des toiles cirées et ces opérations terminées, l'armée égyptienne se mit en route pour l'Egypte. Elle arriva au Caire le 24 Rabi el Thani au soir, après seize jours de marche. Quelques-uns voulaient enterrer Mohammed bey à El Karafah, mais le cheikh el Saïdi s'y opposa et ordonnna qu'il fut inhumé dans l'école fondée par lui, en face de la mosquée de El Azhar. On lui creusa une tombe dans le pavillon Est. Vers le matin, elle était prête à recevoir le corps. Au lever du jour, des funérailles magnifiques furent faites au défunt; le corps fut conduit de sa maison, située au quartier Kossoun, à l'école, au milieu d'une foule innombrable. Devant le cercueil, marchaient tous les ulémas, les émirs au grand complet, les lecteurs du Coran et les enfants des écoles. Des encensoirs répandaient dans l'air une fumée épaisse de myrthe et d'ambre et dissimulaient ainsi les émanations fétides dues à la décomposition du cadavre. A l'arrivée de la procession à l'école, le corps fut descendu dans la tombe qui lui était préparée, la pierre tumulaire fut poussée et la tombe se ferma sur celui qui avait été Mohammed bey Abou el Zahab. Pendant quarante jours, des prières quotidiennes furent faites sur sa tombe; à la fin le silence se fit autour de cette demeure funéraire et il ne resta plus de Mohammed bey que sa mémoire.

Ses suivants étaient les émirs de l'Egypte, et ses mamlouks Mourad et Ibrahim bey détenaient le pouvoir. Voici la liste des personnes élevées par lui à la dignité de sandjak et qui étaient encore en vie, lorsqu'il mourut :

Youssouf bey, Ahmed bey el Kalardji, Moustapha bey el Kébir, Ayoub bey el Kébir, Zulfikar bey, Mohammed bey Tobbal et Radouan bey. Quant à ceux qui furent élevés à la dignité d'émirs après sa mort, les voici : Ayoub bey el Defterdar, Soliman bey, le préfet de police ; Ibrahim bey, gouverneur de la ville du Caire, Ayoub bey el Saghir, Kassem bey le moscovite ? Othman bey el Charkaoui, Mourad bey el Saghir, Selim bey Abou Diab et Lachine bey. Il en sera parlé plus tard.

NÉCROLOGIE.

Le grand imam, le chef des cheikhs musulmans, le premier entre les savants, le cheikh Aly ibn Ahmed ibn Makram-Allah el Saïdi el Edoui el Maleki. Ainsi qu'il le disait lui-même, il naquit à Beni Adi en l'an 1112. Il était surnommé aussi El Mensefissi, car sa famille était originaire de Mensefis.

Cheikh Aly vint au Caire où il suivit les cours des savants, tels que le cheikh Abd-el-Wahab el Malaoui, le cheikh Chalabi el Bourouloussi, le cheikh Salem el Nafraoui, le cheikh Abdallah el Moghrabi, le sayed Mohammed el Salamouny, Sidi Mohammed el Saghir et cheikh Ibrahim el Fayoumi. Le cheikh Aly disait de ce dernier : « La première fois que j'ai baisé sa main, j'étais encore tout jeune et il m'anonça que je deviendrais un savant. »

Parmi ceux qui furent les professeurs du cheikh défunt, citons encore Mohammed ibn Zakari, le cheikh Mohammed el Sedjini, le cheikh Ibrahim Chôeib el Maleki, le cheikh Ahmed el Mallaoui, le cheikh Ahmed el Deirebi, le cheikh Id el Noumrossi, le cheikh Moustapha el Azizi, le cheikh Mohammed el Achmaoui, le cheikh Mohammed ibn Youssouf, le cheikh Ahmed el Eskati, le cheikh el Bakari, le cheikh El Amaoui, le Sayed Aly el Siwassi, le cheikh Aly el Madabeghi, le cheikh el Defri, le cheikh el Boleidi, le cheikh El Hefni et d'autres.

Cheikh Aly fut initié à la secte Ahmadiah par le cheikh Aly ibn Mohammed el Chennaoui. Il enseigna à la mosquée de El Azhar et tous ceux qui furent ses amis furent bénis de Dieu.

Le cheikh Aly disait de lui-même que dans les premiers temps de ses études, il lui arrivait de s'endormir à jeun, faute de ressources. Il ne pouvait pas toujours acheter du papier et pourtant il distribuait aux pauvres le peu d'argent qu'il gagnait de temps à autre. Il avait souvent des visions charmantes qu'il racontait à ses amis, en leur disant : « L'imam Malek racontait ses rêves à ses amis et leur disait : le rêve réjouit et ne fait pas de mal. » Parmi ceux qui eurent des visions nous citerons Sidi Mahmoud el Kordi, à qui nous laissons la parole : « J'ai rêvé une fois, dit-il, que le Prophète me disait : Aly el Saïdi est mon vicaire sur la terre. Je me réveillai et lorsque je pensai au cheikh Aly, je me rendormis en me disant : Combien sont nombreux les gens qui s'appellent Aly el Saïdi. Le même rêve me revint et je revis le Prophète qui me répéta les mêmes paroles et qui, du doigt, me montra le cheikh El Edoui. » Un homme pieux vit encore, une fois, en rêve, le Prophète — que Dieu le bénisse et le salue ! — il le vit devant le Mehrab de la mosquée de El Azhar, lisant les maximes que les cheikhs dictaient aux élèves. Lorsque son regard tomba sur la maxime dictée par le cheikh Aly, le Prophète répéta à plusieurs reprises, humblement et d'un air de soumission : « Aly, ô Aly ! » Le cheikh Aly lui-même rêva une fois qu'il disait au Prophète : « Autorisez-moi à enseigner, » et le Prophète lui dit : « Je t'autorise. » Les faits de ce genre sont trop nombreux pour être tous reproduits ; néanmoins, nous citons les suivants :

Plusieurs individus recommandables par leur piété virent en rêve le Prophète leur ordonner d'étudier sous la direction de cheikh Aly.

Plusieurs virent les imams Malek et El Chaféi (morts depuis des siècles) assister à ses conférences.

Le très grand savant, le cheikh Mohammed el Emir disait : J'ai entendu notre maître le cheikh El Afifi dire pendant la maladie qui l'emporta : « le cheikh Aly el Saïdi est un saint et celui qui étudiera sous sa direction échappera aux enfers et entrera au paradis ».

On doit au cheikh Aly el Saïdi des écrits qui témoignent de sa vaste érudition et de son mérite supérieur. Voici quelques-uns de ses écrits :

Une étude sur Ibn Torqui ;

Une étude sur le commentaire fait par El Zirkani sur *El Aziziah* ;

Une étude sur le commentaire fait par Abou el Hassan sur le *El Rissalah*. Cet étude forme deux grands volumes ;

Une étude sur le *El Kharachi*.

Une étude sur le commentaire fait par El Zorkani sur *El Moukhtassar* ;

Une étude sur le *Hodhodi*, commentaire de *El Soghra* :

Deux études sur le commentaire fait par Abd-el-Salam sur le *El Djoharah ;*

Une étude sur le commentaire fait par El Akdari sur le *Soullam* ;

Une étude sur le commentaire fait par Ibn Abd-el-Hak sur le *Basmalah*, dont la composition est due au cheikh El Islam ;

Une étude sur le commentaire fait par le cheikh El Islam sur le *Alfiah* de El Eraki ;

Et enfin un commentaire sur le prologue mis en tête de *Nour el Idah*, ouvrage de jurisprudence Hanafite, dû au cheikh El Cheronbelali.

Avant le cheikh Aly, les Malékites ne possédaient pas de commentaire des ouvrages de leur rite. Ce fut lui qui, le premier, en composa un. Le cheikh Aly était très sévère en ce qui regardait les prescriptions de la religion et il poussait son zèle à l'extrême. Il aimait les choses sérieuses et méprisait les frivolités ; l'application à l'étude lui plaisait. Il défendait qu'on fumât du tabac et il ne permettait pas qu'on en fît usage devant lui et devant ses collègues. Lorsqu'il entrait dans la maison d'un des émirs, il brisait la pipe, fût-elle fumée par le plus grand émir. Son aversion pour cette habitude était insurmontable ; le monde ne l'ignorait pas et par déférence pour lui, personne ne fumait en sa présence. A l'annonce de son arrivée, les pipes étaient tout de suite enlevées et cachées, et si par hasard il en voyait une, il reprochait aux assistants leur mauvaise inclination. Le grand Aly bey lui-même avait donné des ordres pour que l'arrivée du cheikh lui fût annoncée et il s'empressait de faire enlever la pipe qu'il fumait, et cependant Aly bey était très orgueilleux. Il arriva une fois que le cheikh entra chez Aly bey, celui-ci le reçut comme d'habitude et lui baisa la main. Mais Aly bey était préoccupé ce jour-là ; de graves affaires le rendaient rêveur. Cette situation de son esprit le détourna tant soit peu du cheikh. Celui-ci, voyant que Aly bey gardait le silence, crut à un manque de déférence. La colère s'empara de lui et s'adressant à Aly bey, il lui dit dans le dialecte du Saïd : « O toi, ô toi, dont le mécontentement et la satisfaction me sont aussi indifférents l'un que l'autre, si toutefois, je ne préfère pas le premier, je ne me soucie pas de toi. » Il se leva ensuite pour s'en aller. Aly bey tâcha de l'apaiser, il se leva et lui assura qu'il n'était pas indisposé contre lui et il le pria de rester. Le cheikh refusa et s'en alla. Après son départ, Aly bey s'informa de l'objet de la demande du cheikh et il donna des ordres pour que sa demande fût satisfaite. Cela n'apaisa pas le cheikh qui resta quelques temps sans venir chez Aly bey ; il le boudait. Mais une nuit, pendant le mois de Ramadan, comme il se rendait avec mon père chez un des émirs, ils passèrent devant la maison de Aly bey et mon père, s'adressant au cheikh Aly, lui dit : « Entrons présenter nos hommages à l'émir. — Maître, répondit le cheikh, je ne puis entrer. — Il le faut, répliqua mon père. » En présence d'un ordre, le cheikh dut obéir; en conséquence, ils mirent tous les deux pied à terre et entrèrent chez Aly bey, qui se montra très satisfait.

Le cheikh Aly jouit d'une faveur immense auprès de Mohammed bey Abou el Zahab, et lorsque celui-ci succéda à son patron dans le gouvernement de l'Égypte, il eut pour le cheikh la même déférence que jadis. L'émir ne rejetait jamais une demande adressée par le cheikh, quel que fut son objet. Ceux qui avaient des affaires qui traînaient en longueur s'adressaient au cheikh; le cheikh prenait des notes et tous les deux ou trois jours, il allait chez Mohammed bey et lui soumettait une à une toutes les affaires qu'il était chargé de terminer. L'émir leur donnait les suites indiquées par le cheikh, avec la plus grande complaisance, sans se fâcher le moins du monde. Pendant qu'il expédiait ce travail, le cheikh lui disait : « Ne vous ennuyez pas et ne regrettez rien en ce monde, tout périt et au jour du jugement dernier, le juge suprême nous fera un crime des conseils que nous aurons négligé de vous donner. Maintenant que nous vous avons conseillé, nous ne sommes plus responsables. Quand, ce qui du reste n'arrivait que très rarement, l'émir hésitait à terminer une affaire dans le sens indiqué par le cheikh, celui-ci lui disait : « Fuis les tourments de l'enfer, » et lui prenant la main il lui tenait ce langage : « Je crains pour cette main charmante le feu éternel. » Lorsque Mohammed bey fit construire en face de la mosquée de El Azhar, l'école qui porte son nom, le cheikh Aly fut désigné pour y faire des cours et il eut sa chaire sous la coupole même. Le premier ouvrage qu'il y enseigna fut le *Sahih el Boukhary*, et les grands savants suivirent ses cours. Le cheikh Aly donnait en même temps des leçons à la mosquée de El Azhar et à El Berdebkiah. Déjà, à une date antérieure, il avait été désigné par l'émir Abd-el-Rahman Katkhoda pour faire des cours à la mosquée dite de El Gharib, à Bab el Barkiah et à la mosquée de Mirzah à Boulaq.

Cheikh Aly marcha sur les traces de ses ancêtres, en ce qui regarde l'application, la simplicité et la piété. Il ne montait qu'à âne et il ne manquait pas une occasion de venir en aide aux parents qu'il avait au Caire ou au Saïd. A ceux d'entre eux qui étaient pauvres, il envoyait des vêtements, des robes, des voiles, des souliers et de l'argent.

Il mourut le 10 Radjab de cette année, des suites d'un abcès au dos. Les prières furent dites sur son corps à la mosquée de El Azhar et il fut ensuite enterré à El Karafa el Kobra.

Le grand savant, le bon, le pieux, le cheikh Ahmed ibn Issa ibn Mohammed el Zobéiri el Baraoui el Chaféi. Il naquit au Caire, y fut élevé et y étudia le Coran, les livres de religion, la jurisprudence, le Hadith, la théologie, sous la direction de son père et d'autres savants et il excella dans toutes les sciences. Il donna des leçons du vivant même de son père et à la mort de celui-ci, il lui succéda dans sa chaire: ses cours furent suivis par un très grand nombre d'étudiants.

C'était un homme loyal, sincère, serviable et de mœurs austères. Il mourut le mercredi soir 3 Rabi Awel, à Tantah, où il était allé pour visiter le tombeau de Sidi Ahmed el Badaoui. Son corps fut ramené au Caire, et, après les pratiques religieuses, il fut enterré près de son père, au cimetière dit El Moudjawerine.

Le vertueux, le méritant, le cheikh Ahmed fils de Radjab, fils de Mohammed el Bakari, el Chaféi el Mokarri. Il avait suivi les cours de cheikh El Madabghi et du cheikh el Hefni et il s'était attaché d'une manière spéciale au premier de ces deux savants. Sous sa direction, il étudia le *Sahih el Bokkary* et le *El Sirah el Chamiah* en entier. Il écrivit de sa propre main plusieurs ouvrages très étendus; son érudition était très grande et il avait une conception rapide. Sa piété était très vive ; la lecture du Coran était une de ses occupations continuelles et il passait souvent des nuits à prier. Enfin, c'était un homme digne sous tous les rapports, il mourut le dernier jour de Chawal à El Nakhl, étape sur la route de la Mecque. Il y fut enterré.

Le savant de Médine, le chef reconnu des savants de cette ville, le cheikh Mohammed ibn Abd-el-Karim el Samman. Il naquit à Médine, y fut élevé sous les yeux de son père et y étudia un peu de théologie. En 1174, son père l'envoya au Caire pour une affaire personnelle. Il fut reçu par les élèves de son père avec beaucoup d'égards et de respect. Il institua au mausolée El Husseini une séance de Zikr qui réunit plusieurs croyants. Il revint ensuite à Médine, et, à la mort de son père, il lui succéda dans la dignité de cheikh de la mosquée. Il mourut le 4 Zilhodjet, âgé de 80 ans.

Le grand savant, le cheikh Ahmed el Khalili el Chami, un des professeurs de la mosquée de El Azhar ; il mourut le 16 Saffar. Il est l'auteur d'un traité d'analyse grammaticale et d'autres écrits.

Le grand émir, Mohammed bey Abou el Zahab, suivant du célèbre Aly bey. Son maître l'avait acheté en 1175 et il l'attacha au service de son trésor. Il ne resta que peu de temps dans cette position subalterne ; Ismaïl bey, le trésorier, fut nommé sandjak et Aly bey nomma à sa place son nouveau mamlouk, Mohammed bey. En 1177, il accompagna son maître dans le voyage que celui-ci fit aux Lieux Saints, et un an après son retour, Aly bey l'éleva à la dignité de sandjak. A partir de ce jour, il fut connu sous le nom de Abou el Zahab[1]. Voici à quelle occasion ce nom lui fut donné :

---

[1] Abou el Zahab veut dire le père de l'or.

Lorsqu'il revêtit la robe d'honneur, insigne de la dignité de sandjak, à laquelle il venait d'être élevé, Mohammed bey distribua des *bakchiches*, mais au lieu d'argent ce fut de l'or qu'il donna à pleines mains. Sur tout le parcours de la citadelle à sa maison, il en jeta également à la foule. Personne avant lui, parmi les émirs, n'avait célébré si dignement son élévation à la dignité de sandjak ; aussi, le peuple lui donna-t-il le nom de Abou el Zahab. Bientôt ce surnom l'emporta sur le nom, et Mohammed bey, qui en était flatté, agit de façon à le mériter. Depuis, il ne porta sur lui que de la monnaie d'or ; toutes les récompenses et les secours qu'il donnait étaient en monnaie d'or, et il répétait souvent : « Le père de l'or ne doit toucher qu'à l'or. »

La renommée de Mohammed bey s'étendit en très peu de temps ; Aly bey ne manquait pas une occasion d'en faire le plus grand éloge. Il le désigna de préférence à ses autres lieutenants pour accomplir les desseins grandioses et les vastes projets que lui-même nourrissait. Les entreprises de Mohammed bey étaient, du reste, toujours couronnées de succès ; la fortune obéissait à ses ordres et dirigeait ses mouvements et la victoire lui fut toujours fidèle. Ce fut lui que Aly bey chargea de la conquête de l'Arabie et de la Syrie, et nous avons dit ailleurs comment il s'acquitta de cette mission.

Pendant la vie de son maître, il acheta beaucoup de mamlouks, et grâce à la puissance de Aly bey, ces esclaves furent élevés aux plus hautes dignités et occupèrent toutes les places importantes. Ainsi l'Egypte se trouva tout entière entre les mains de Mohammed bey.

Plus tard, lorsque les hostilités éclatèrent entre Aly bey et son lieutenant, tous les mécontents, les principaux personnages et le peuple embrassèrent la cause de Mohammed bey ; ses largesses, ses manières captivantes et son affabilité les attirèrent à lui. Grâce à leur appui, il parvint à arracher le pouvoir des mains de son maître, et celui-ci dut s'enfuir en Syrie. Après la fuite de Aly bey, Mohammed bey dirigea le pays et les affaires; il disposa à son gré des places et des dignités; il perçut les impôts et les redevances, et il adressa au Sultan des lettres pleines d'assurances, de soumission et d'obéissance. Il nomma son mamlouk, Ibrahim bey, commandant de la caravane du pèlerinage ; il fit payer les rations et les droits alloués aux Bédouins et il envoya aux Lieux Saints les allocations habituelles en céréales et en argent.

De son côté, Aly bey n'avait pas renoncé à l'idée de ressaisir le pouvoir et il levait des armées nombreuses en Syrie. Mohammed bey savait tout cela et ne s'en inquiétait que médiocrement; il fit plus : il fit venir à lui tous les individus qu'il connaissait perfides et menteurs, et leur ordonna d'écrire à Aly bey « qu'ils étaient prêts à seconder toutes les entreprises contre Mohammed bey qui, par sa conduite, s'était aliéné ses amis et ses partisans. » Ces lettres furent ensuite adressées à Aly bey, qui donna dans le piège ; il était loin de soupçonner une pareille machination. Il envoya dire à ces gens qu'il était sur le point de se mettre en marche, et la réponse à ses lettres, dictée par Mohammed bey, lui fut adressée toujours avec les mêmes précautions qu'auparavant. Quelque temps après, Aly bey arrivait en Egypte avec ses troupes ; une rencontre eut lieu entre lui et son ancien lieutenant à El Salehiah; ce dernier le fit prisonnier et l'amena au Caire, où il mourut des suites de ses blessures.

La mort de Aly bey dissipa toutes les inquiétudes que Mohammed bey éprouvait de ce côté, et il travailla alors en toute sûreté à consolider son autorité. Il rappela les émirs exilés par Aly bey, il leur restitua leurs biens et les rétablit dans leurs dignités et privilèges. Il leur confia des postes importants, leur fit des largesses, les combla d'honneurs après leur misère et les fit rentrer dans leurs foyers, qu'ils n'espéraient plus revoir.

La puissance et l'autorité d'Aboul Zahab atteignirent en peu de temps leurs dernières limites; on n'entendit plus en Egypte le fracas des armes, et les combats cessèrent d'être le spectacle de tous les jours. Les brigands, les bédouins et les malfaiteurs renoncèrent à leurs exploits criminels, les routes devinrent très sûres, les caravanes les traversaient de jour ou de nuit sans être nullement inquiétées et les denrées de la Haute-Egypte arrivaient au Caire avec la même facilité que celles de la Basse-Egypte.

La Porte envoya (chose que Aly bey lui avait défendu de faire) un waly en Egypte. Khalil pacha, tel était le nom de ce vizir, arriva au Caire et monta à la citadelle avec le cérémonial habituel. La Sublime-Porte prodigua à Mohammed bey les flatteries et les faveurs; elle lui envoyait des lettres pleines de politesse et d'égards et elle entretenait ainsi son amitié. Elle lui envoya, avec Khalil pacha, un sabre et une robe d'honneur; il les revêtit à la citadelle et revint chez lui en grande pompe. Il était l'émir reconnu de toute l'Egypte; il combla de faveurs ses amis et négligea les partisans de son ancien maître, Aly bey, dont plusieurs vivaient au Caire, écartés des affaires publiques.

Pendant que sa puissance était à son apogée, Mohammed bey reçut la visite de Moustapha pacha el Naplousi, membre de la famille El Azm. Il venait chercher refuge auprès de lui. Mohammed bey le reçut avec honneur, il intercéda en sa faveur auprès de la Sublime-Porte, et demanda qu'il fut nommé Waly d'Égypte. Sa demande fut exaucée, et, dans le mois de Rabi el Thani de l'an 1188, le firman d'investiture et la robe arrivèrent à Moustapha pacha. Khalil pacha partit pour Djeddah, dans le courant du mois de Djamad el Thani, et il y mourut.

Dans les derniers jours de l'an 1187, Mohammed bey jeta les fondations de l'école, qu'il fit construire en face de la mosquée de El Azhar. Elle s'éleva sur l'emplacement de plusieurs maisons que Mohammed bey fit démolir après les avoir payées aux propriétaires. L'école fut construite sur le plan de la mosquée de El Senaniah qui s'élève à Boulaq. Cette école fut une merveille d'architecture et de richesse; des lambris dorés, des péristyles en marbre, un dôme d'une hauteur vertigineuse, percé de lucarnes en bronze, travaillé avec un art infini, des pièces vastes et aérées, des cabinets larges et munis d'eau, une enceinte de marbre, rien ne manquait à ce bâtiment pour en faire une merveille. Autour du grand bassin des ablutions, on aménagea trois places pour les Mouftis des rites Hanéfite, Malekite et Chaféïte. C'est là que des professeurs éminents se rendaient chaque jour, après leurs études, pour instruire le peuple. C'étaient, pour le rite Hanéfite, le cheikh Abd-el-Rahman el Arichi; pour le rite Malékite, le cheikh Ahmed el Dardir et pour le rite Chaféite, le cheikh Hassan el Kafraoui. Des tapis moelleux remplissaient les pièces et il y en avait jusque sur les rebords des fenêtres. Lorsque les trois Mouftis prirent place, pour la première fois, sur les sièges qui étaient disposés pour eux, les exhalaisons fétides qui se dégageaient des égouts intérieurs les firent souffrir et ils s'en plaignaient à l'Emir. Mohammed bey fit boucher ces égouts et en fit construire d'autres plus loin.

Le sandjak désigna pour remplir les fonctions d'imam, dans cette école, le cheikh Ahmed el Rachedi et la plupart des professeurs de la mosquée de El Azhar, tels que le cheikh Aly el Saïdi, le cheikh Ahmed el Dardir, le cheikh Mohammed el Emir, le cheikh Abd-el-Rahman el Arichi, le cheikh Hassan el Kafraoui, le cheikh Ahmed Youness, le cheikh Ahmed el Samanoudi, le cheikh Aly Chenwichi, le cheikh Abdallah el Labban, le cheikh Mohammed el Hefnaoui, le cheikh Mohammed el Tahlaoui ; le cheikh Hassan el Djeddaoui, le cheikh Abou-el-Hassan el Kolaii ; le cheikh el Biali ; le cheikh Mohammed el Hariri; le cheikh Mansour el Mansouri, le cheikh Ahmed Djadallah et le cheikh Mohammed el Mosseilhi y vinrent faire des cours. Yehia effendi, le cheikh du rouak des Turcs y eut aussi une chaire, le Sayed Abbas y fut nommé imam et les fonctions d'indicateur des heures des prières furent données au cheikh Mohammed el Sabban.

Une bibliothèque fort riche fut installée à la mosquée. La direction en fut confiée à Mohammed effendi Hafez, assisté du cheikh Mohammed el Chaféï el Djenahi.

Aux grands professeurs, Mohammed bey alloua 150 paras par jour, aux professeurs de second rang, 50 paras; et aux étudiants, il alloua à chacun d'eux 10 paras et d'autant d'ardebs de blé pour chaque année. Il y en avait qui prenaient plus et d'autres qui touchaient moins, mais c'était une moyenne de 10 paras par jours et de 10 ardebs de blé par année pour chaque étudiant.

Quand la construction de cette école fut entièrement achevée en Chaban 1188, Mohammed bey l'inaugura avec beaucoup de solennité. Le premier vendredi qui suivit, une prière fut dite dans cette école à laquelle assista Mohammed bey et avec lui les cheikhs, les étudiants et les fonctionnaires de l'école. La prière finie, le cheikh el Saïdi monta en chaire et cita ces paroles du Prophète: « A celui qui élève à ses frais un temple destiné au culte de Dieu, Dieu construira une maison au paradis, ce temple fût-il à peine aussi grand que le trou creusé par les ongles d'un chat ». Après ces paroles, quand la cérémonie religieuse fut entièrement terminée, des robes d'honneurs et des pelisses furent distribuées et Mohammed bey revêtit d'une pelisse de martre le cheikh el Saïdi, le cheikh el Rachidi el Khatib et les trois Mouftis. Les autres professeurs reçurent des pelisses doublées de fourrures blanches. Les desservants de l'école et les muezzins de la mosquée furent largement gratifiés ce jour-là par Mohammed bey, et ces largesses du sandjak firent plusieurs envieux.

Mohammed bey érigea ensuite en Wakfs le village de Koueissna et les boutiques aménagées au rez-de-chaussée de l'école. Les revenus de ces immeubles furent affectés aux dépenses de cette institution. Mais ces revenus ne servirent à cet usage qu'une seule année, car au commencement de l'an 1189, Mohammed bey partit, ainsi que nous l'avons dit, pour la Syrie, où il mourut. Après sa mort, ses mamlouks se partagèrent le pays et le village de Koueissna entra dans le partage. L'école fut alors négligée ; l'avarice et la sordidité en réglèrent les dépenses ; au bout de quelque temps, la plupart des fonctions qui étaient créées furent supprimées, et depuis l'école ne fit que péricliter. Le mobilier, volé en partie, fut dégradé en très peu de temps ; une des portes de l'école, celle qui conduit au mausolée El Husseini fut fermée et pendant plusieurs mois, l'école fut tout à fait abandonnée. C'est ainsi qu'agissaient les émirs qui tenaient en main les destinées de l'Égypte. C'est ainsi qu'ils entendaient l'obéissance aux dernières volontés de leur maître. D'ailleurs, ce ne fut pas leur seule déprédation ; la cupidité s'était emparée de leurs âmes ; ils s'étaient désunis et ils négligeaient les choses les plus essentielles à leur règne, à sa durée et à sa puissance, comme nous le verrons plus tard.

En somme, Mohammed bey fut le dernier émir en qui nous trouvons l'énergie, la sévérité et les grandes qualités qui donnent des droits au respect et à l'admiration. Il aimait à faire le bien, il affectionnait les savants et les gens de bonne conduite ; il les respectait. Il leur faisait des dons magnifiques, il haïssait les impies, et jamais il ne commit un acte de nature à jeter un doute sur son honorabilité et sur ses sentiments religieux.

Au physique, Mohammed bey était de taille moyenne, très bien fait et d'une très belle figure, son teint était blanc, sa barbe lisse et il avait l'aspect imposant. Il était très soucieux de sa dignité, ne parlant que rarement, réservé dans son maintien et ne faisant que peu de mouvements. Il était très courageux. Il suffit de dire que son courage n'avait d'égal que sa prudence. Il expédiait lui-même et il étudiait en personne les affaires du pays et les fatigues n'ont jamais réussi à endormir sa vigilance. Le massacre des habitants de Jaffa, ordonné par lui sur le conseil de ses lieutenants fut un acte blâmable. Sans cette cruauté, ses bienfaits auraient été plus nombreux que ses mauvaises actions.

Personne n'a possédé un aussi grand nombre de mamlouks qu'Aboul Zahab et personne ne fit parvenir ses gens au pouvoir avec tant de rapidité. Mais ces mamlouks ne se conduisaient pas toujours selon les règles de l'équité et de la justice; tant s'en faut. Les mamlouks achetés par eux, et élevés dans leurs principes, s'habituèrent dès leur enfance aux cruautés et aux iniquités. Leur conduite insensée amena sur le pays des calamités et des malheurs que nous relaterons dans la suite.

ANNÉE
MIL CENT QUATRE-VINGT-DIX.

En cette année, le trône de l'empire ottoman est occupé par le sultan Abd-el-Hamid ibn Ahmed Khan el Othmani. Le Wali d'Egypte était le vizir Mohammed pacha Izzat el Kébir. Ibrahim bey et Mourad bey, tous les deux mamlouks de Mohammed bey Aboul Zahab, étaient les plus grands émirs de l'Egypte; les autres émirs étaient Ayoub bey el Kébir, Youssouf bey, émir el Hadj, Moustapha bey el Kébir, Ahmed bey el Kalardji, Ayoub bey el Saghir, Mohammed bey Tobbal, Hassan bey Souk el Selah, Zulfikar bey, Lachine bey, Moustapha bey el Saghir, Othman bey el Charkaoui et Khalil bey el Ibrahimi.

Les chefs des anciennes familles les plus importantes étaient Hassan bey Kassabet Radouan, Radouan bey Bulghia, Ibrahim bey Tanan, Abd-el-Rahman bey Othman el Djerdjaoui et Soliman bey el Chabouri.

Parmi les anciens des odjaks, les plus renommés étaient: Ahmed bach Chaouiche Arnaout, Ahmed Chaouiche el Madjnoun, Ismaïl effendi el Khalouati, Soliman el Bardissi, Hassan effendi Darb el Chamsi, Abd-el-Rahman aga Moharram, Mohammed aga Moharram, Ahmed Katkhoda, surnommé El Vezir, Ahmed Katkhoda el Fallah, Ibrahim Katkhoda Moussa etc., etc.

Toute l'autorité était concentrée entre les mains de Ibrahim bey, le cheikh el Balad et de Mourad bey.

Pendant ce temps, Ismaïl bey el Kebir se tenait loin des affaires; il se contentait de vivre de ses rentes et faisait construire sa maison de l'Ezbékiah, dont il avait fait sa résidence.

Le jeudi 7 Saffar, la caravane du pèlerinage rentra au Caire sous la conduite de Youssouf bey, émir el Hadj.

Dans la nuit du vendredi 9 Sāffar, à minuit, un incendie éclata à l'Ezbékiah, rue Saket; un grand nombre de belles maisons furent détruites. C'était un spectacle grandiose et effrayant. Les dégâts de l'incendie furent réparés en peu de temps: les propriétaires qui ne pouvaient reconstruire vendirent les terrains, et les acquéreurs, entre autres, Radouan bey Bulghia, le négociant Sayed Omar Ghorabe, Sayed Ahmed Abd-el-Salam et El Hadj Mahmoud Moharram édifièrent de belles habitations, de telle sorte que l'année suivante au moment de la crue du Nil, la rue où avait eu lieu l'incendie était bien plus belle qu'auparavant.

En cette même année 1190, une grande maison s'écroula au marché de Ghouriah; plusieurs personnes périrent ensevelies sous les décombres. Mais cette maison fut achetée par Abd-el-Rahman aga Moustahfezan, qui construisit sur son emplacement des boutiques et des habitations, ainsi que l'okelle connu sous le nom de Wekalet el Zeit, et le portique qui donne accès sur le marché.

Toujours en cette année, des Indiens arrivèrent au Caire, amenant un petit éléphant qui fut installé à Kasr el Aïni, dans les grandes écuries. Toute la population du Caire accourut pour voir cet animal, moyennant un prix d'entrée perçu par des préposés.

Les Indiens recueillirent ainsi de grandes sommes d'argent, chacun apportait à l'éléphant des gâteaux et des cannes à sucre que l'on était émerveillé de lui voir prendre au moyen de sa trompe.

Cet éléphant comprenait le langage de ses conducteurs, et quand il était amené en présence du chef de la compagnie, il se prosternait et saluait en agitant sa trompe.

Au mois de Ramadan, Ibrahim bey Tanan ayant encouru la disgrâce de Mourad bey, fut exilé à El Mehallah el Kobra ; ses biens furent confisqués au profit des favoris de Mourad, on ne laissa presque rien à l'exilé.

En la même année, au mois de Zilhodjet, Ismaïl bey procéda aux préparatifs des fêtes et réjouissances qu'il voulait donner à l'occasion du mariage de la fille qu'il avait eue de Hanem, fille de son maître Ibrahim Katkhoda. Il avait épousé cette femme en l'année 1147. Ce mariage a été relaté parmi les faits qui se sont accomplis cette année-là.

Avant les préparatifs du mariage, un différend s'était élevé entre Ismaïl bey et Mourad bey, car celui-ci avait voulu s'emparer des villages du Serw et de Ras el Khalidj appartenant à

Ismaïl bey. Cette querelle aurait pu amener un grand désordre ; mais Ibrahim bey s'étant interposé, un accomodement avait eu lieu. Cette entente n'était cependant pas sincère. Après la réconciliation, les réjouissances préparées pour la noce commencèrent. Le jour du contrat, Ismaïl bey et Mourad bey assistèrent ensemble à un grand festin, et Mourad bey se montra très affable pour les invités ; c'était lui qui distribuait aux assistants les mouchoirs contenant les cadeaux d'usage ; il allait et venait avec empressement parmi les invités.

Les fêtes du mariage durèrent ainsi plusieurs jours. Mohammed pacha Izzat, sur l'invitation qui lui en avait été faite, vint lui-même dans la maison de Ismaïl bey. A son arrivée dans la rue Keysoun, tous les émirs se portèrent à pied à sa rencontre, tenant en main des brûle-parfums et des porte-essences. Ils lui firent ainsi cortège jusqu'au salon où il devait prendre place. Tous restèrent debout devant lui, semblables à des mamlouks, pendant tout le temps que dura le repas et le service des rafraîchissements. De riches présents, parmi lesquels se trouvaient des chevaux superbes, furent ensuite offerts au Pacha par le maître de la maison.

Lorsque toutes ces réjouissances furent terminées, on conduisit la mariée à son époux, Ibrahim aga, dit Kechta, qui était lui-même le Khazendar et le Mamlouk de Ismaïl bey. Le cortège était imposant ; l'éléphant de la compagnie des Indiens, revêtu d'un costume en drap de couleur rouge écarlate, y figurait et cela était une merveille.

NÉCROLOGIES.

En cette même année 1190, dans l'après-midi du mercredi 28 Zilkadeh, est décédé le fécond et savant docteur cheikh Ahmed ibn Mohammed el Sedjaï el Chaféï el Azhari, né à Sedjahïah, village des environs de Mehalla. Il était arrivé tout jeune à l'Université de la mosquée de El Azhar, il avait assisté aux leçons du cheikh el Azizi, du cheikh Mohammed el Sedjini, du cheikh Abdou el Dioui et du sayed Aly el Darir. Il excella dans toutes les branches de l'enseignement et laissa différents ouvrages. Il était assidu à la visite des tombeaux des saints ; il donnait un grand éclat aux soirées où il lisait le Coran ; il faisait cette lecture avec beaucoup de piété, de conviction et de sainteté. Il était en relation avec Dieu. Dieu l'appela à lui et il était un de ses élus. Il est le père du cheikh El Awhad dont il sera parlé plus tard en l'année de sa mort.

Est mort aussi en cette année le grand docteur et savant cheikh Attia ibn Attia el Adjhoury el Chafféi el Borhani l'aveugle. Il était né à Adjhour, village d'Égypte. Arrivé au Caire, il assista aux leçons du cheikh El Achmaoui et du cheikh Moustapha el Azizi ; il y fit de grands progrès, particulièrement dans l'étude des principes de la jurisprudence. Il étudia aussi le Hadith, et il assista plusieurs fois aux cours sur le livre *El Manhadj* et le livre *El Tahrir*. Il étudia également le livre *Djam' el Djawameh* dans la mosquée du cheikh Mattar.

Cheikh Attia laissa un ouvrage très estimé sur les causes qui ont déterminé le bon Dieu a révéler le Coran aux hommes. Il a annoté très utilement *El Djalalein*, et le commentaire du Zerkani sur le Hadith, ainsi que d'autres ouvrages.

Plusieurs des savants, ses contemporains, ont suivi ses cours ; ils ont été unanimes à reconnaître son savoir et ses qualités. Il parlait très lentement, et souvent même il répétait ses phrases pour laisser aux assistants qui prenaient des notes le temps d'écrire tout ce qu'il disait.

Lorsque Abd-el-Rahman Katkhoda fit construire la mosquée connue aujourd'hui sous le nom de mosquée du cheikh Mattar sur l'emplacement de l'école appelée *El Sioufyah*, où s'étudiait le rite Hanéfite, il édifia dans l'enceinte de cette mosquée une maison pour le cheikh Attia, et celui-ci l'habita avec sa famille. C'est là que la mort vint le surprendre vers la fin du mois de Ramadan.

Est mort aussi le cheikh vertueux des intelligents, Ahmed, ibn Mohammed, ibn el Adjami el Chafféi. C'était un jeune homme doué de la plus belle intelligence et plein de qualités. Il fit de très bonnes études sous les meilleurs maîtres; s'il avait vécu, il aurait certainement figuré au nombre des savants de l'époque, mais la mort en décida autrement et vint le frapper en pleine jeunesse, le lundi 11 Djamad Akhar.

Est mort également le cheikh, bon, édifiant et solitaire, Ahmed ibn Nour-el-Din el Mokdessi el Hanafi. Il était l'imam et le prédicateur de la mosquée Tedjmass à Darb el Ahmar. C'était le frère du Cheikh Hassan el Mokdessi, Moufti d'après le rite Hanafite, et comme lui, il avait atteint un âge très avancé. Il avait cultivé la science pendant toute sa vie. Il mourut le lundi 16 Rabi Awel. C'était un cheikh vénérable, de belle figure, et il vivait très retiré.

Est mort aussi le docteur et vertueux cheikh Ibrahim ibn Khalil el Sihani el Ghazzi el Hanafi. Il naquit à Ghazza, et c'est dans cette ville qu'il commença ses études. Il vint ensuite au Caire pour se perfectionner à l'Université de la mosquée El Azhar. Il se montra très assidu aux cours. Il s'attacha surtout à la personne de mon père, feu Cheikh Hassan el Djabarti. Il apprit sous lui la législation et d'autres sciences. De retour à Ghazza, il fut investi des fonctions de Moufti. Tous les ans il envoyait à mon père environ vingt rotolis d'amandes amères. Nous en extrayions l'huile que nous conservions dans des flacons pour la distribuer, cette huile servant à guérir certaines maladies et surtout les blessures. Il nous continua cet envoi jusqu'au jour où il fut appelé à Damas pour y exercer les mêmes fonctions de Moufti. Il est mort dans cette ville âgé de plus de 80 ans. Que Dieu lui soit miséricordieux !

Est mort aussi, le docteur vertueux et bon, Cheikh Aly ibn Mohammed ibn Nasre, ibn Heikal, ibn Djameh el Chanouihi. Il étudia sous les savants de l'époque Il assistait tous les vendredis aux leçons de Saïd el Beledi sur le Hadith. Il occupa ensuite une chaire à El Azhar. Ses leçons sur la législation étaient très suivies et très profitables, elles présentaient toujours un grand caractère de solennité.

Les autres professeurs le jalousaient à cause de cette situation et du nombre de ses disciples. Souvent même, ils l'expulsèrent de la salle où il faisait ses cours, mais il s'en allait les continuer dans la cour de la mosquée et l'affluence des étudiants qui venaient l'écouter n'en était que plus grande. Quelquefois aussi, il se transportait, lui et toute l'assistance, à l'école Senanieh, où il faisait sa leçon. Il prêchait à la mosquée Achrafyah. Ses sermons étaient toujours agréables et courts. Il expliqua plusieurs fois dans ses leçons le livre *El Manhadj*.

Cheikh Aly possédait un caractère très fier. Il dédaignait la dissimulation si répandue dans les usages du monde. Il disait souvent avoir vu en songe le Prophète, mais que ces songes avaient cessé du jour où il avait commencé à professer. La cessation de ces visions était pour lui une cause de grands regrets, et souvent il en pleurait. Cheikh Aly mourut le 28 Chaban. Il faisait remonter les origines de sa famille à notre seigneur Aly. Que Dieu soit satisfait de lui !

En cette même année est décédé à Constantinople l'émir grand et célébre Othman bey el Fikari. Il passa 34 ans à l'étranger entre Brousse et Constantinople. Nous avons déjà raconté tous les faits relatifs à ce personnage et les raisons qui l'avait déterminé à quitter l'Egypte. Ce départ avait tellement frappé la population qu'on en parle jusqu'à présent; c'est une date que l'on a adoptée et à laquelle on rapporte les événements principaux de la vie, tels que les décès et les naissances. Ainsi l'on dit que tel est né l'année du départ de Othman bey ; que tel autre est mort un an ou un mois après ce départ.

Ce fut aussi en cette année que mourut l'émir Abd-el-Rahman Katkhoda. Il était le fils de Hassan Chaouiche el Kazdogli, patron de Soliman Chaouiche qui, lui-même, fut patron de Ibrahim Katkhoda, qui avait été lui-même le maître de tous les émirs existant actuellement en Egypte.

Voici l'histoire de sa fortune :

A la mort de Othman Katkhoda el Kazdogli, Soliman Chawiche el Djokhadar avait fait main basse sur tous les biens laissés par le défunt, sans rien donner à Abd-el-Rahman à qui tous ces biens revenaient puisqu'il était le fils du patron de Othman Katkhoda. Ne trouvant personne dans le corps des janissaires pour prendre son parti contre l'usurpateur parce que tous le jalousaient, Abd-el-Rahman avait quitté ce corps pour entrer dans l'odjak des Azab. Il avait juré de ne pas revenir aux janissaires tant que vivrait Soliman Chawiche el Djokhadar. Il tint son serment. En effet, à la mort de Soliman Chawiche, survenue en l'an 1152, comme nous l'avons dit précédement, le lieutenant des janissaires, Soliman Katkhoda, mari de la mère de Abd-el-Rahman Katkhoda, demanda à Othman bey de désigner Abd-el-Rahman comme chef des milices aux lieu et place de Soliman Chawiche, attendu qu'il était le maître de ce dernier, et par conséquent son héritier. Abd-el-Rahman fut alors appelé de nuit, investi du commandement des milices en présence d'un écrivain qui avait apporté les registres. Il prit possession des clefs des dépôts d'armes et de toute la succession qui consistait en biens immenses. Il reçut les titres de propriété des villes et des villages qui lui revenaient sans que, de toutes ces richesses, Othman bey se fut réservé la moindre part. C'est ainsi qu'il fit retour aux janissaires après avoir obtenu tout ce qu'il avait désiré dans le corps des Azab.

Depuis lors, la situation d'Abd-el-Rahman ne cessa de grandir. Il fit le pèlerinage en compagnie de Othman bey en 1155, et il demeura dans les Lieux-Saint jusqu'en 1161. Revenu avec les autres pèlerins, il fut nommé Katkhoda et garda cette dignité pendant deux ans.

Abd-el-Rahman édifia des mosquées, il pratiqua la charité et il réforma les mœurs. C'est ainsi qu'il fit fermer les tavernes et les débits de vin de la rue juive.

Ses premières constructions, après son retour de la Mecque, furent l'école et la fontaine situées à Bein el Kasrein. Il fit édifier ensuite la mosquée des Moghrabins et construire une fontaine à la porte de cette mosquée ; il y attacha aussi une école et un bassin pour les ablutions. En face de Bal el Fetouh, il fit élever une belle mosquée, avec un minaret, une citerne, une école, une tombe pour El Sayeda el Setouhia.

Près du cimetière de l'Ezbékiah, Abd-el-Rahman fit construire un réservoir d'eau pour les sakkas, un grand abreuvoir et une école.

Il fit élever des constructions semblables dans la rue Hattaba et près de la mosquée el Dachtouti.

Il embellit et agrandit la mosquée de El Azhar. Il fit élever dans l'intérieur de cette mosquée cinquante colonnes en marbre soutenant autant d'arceaux en pierres de taille, remarquables par leur hauteur et leur largeur et placardés de bois précieux. Il dota la mosquée d'un nouveau mehrab et d'une chaire. Il y construisit aussi du côté de la ruelle dite Ketama, un grand portique, au-dessus duquel il emménagea une école. Cette école, destinée à l'enseignement du Coran aux petits musulmans orphelins, reposait sur des arceaux supportés par des colonnes de marbre. Une grande cour, une grande citerne et une fontaine à l'usage des passants étaient annexées à ce monument. Dans la cour, il se fit construire un magnifique tombeau surmonté d'une coupole revêtue de marbre. Ce tombeau était un véritable chef-d'œuvre d'architecture. Des appartements confortables, avec salles d'étude, bibliothèques, chambres à coucher, cuisines, offices et autres dépendances et édifices, construits dans cette même cour, étaient destinées aux étudiants pauvres de la Haute-Égypte. A côté du grand portique, on éleva un minaret.

Abd-el-Rahman construisit aussi une grande porte flanquée d'un minaret, à côté des cuisines de la mosquée.

Il agrandit et remit à neuf l'école dite El Tibarsia. Il la fit communiquer avec l'école Akbaghaouia, située en face, par le grand portique qu'il édifia entre ces deux écoles à côté du passage voûté conduisant à la mosquée Husseini et au Khan el Charaksa. Ce grand portique est formé de deux passages fermés chacun par une énorme porte à deux battants ; un minaret est situé à droite de chaque porte.

A l'entrée à droite, et derrière l'école Tibarsia, Abd-el-Rahman fit installer un bassin pour les ablutions. Ce bassin était alimenté par une *sakia*. L'entrée de ce bassin donne accès à un escalier conduisant à un minaret et aux appartements réservés aux étudiants venant de Bagdad et des Indes. Ce grand portique avec les écoles El Tibarsia et El Akbaghaouia, ainsi que les appartements et les minarets, sont imposants par leur grandeur et l'art avec lequel ils sont construits. Un poète du temps célèbre ces constructions par les vers suivants, assez médiocres d'ailleurs :

Dieu soit béni, la porte de El Azhar s'est ouverte.
Cet édifice renaît plus beau que jamais.
Je serais satisfait si tu contemplais sa splendeur
Qui te donne une idée de l'affection de son constructeur pour les savants et les justes.
Entres-y avec respect, tu y trouveras les maîtres de la vérité.
Ils y enseignent les meilleures maximes de lasagesse.
La vue de cette construction m'inspire le chronogramme suivant :
Grâce à Abd-el-Rahman, la porte de El Azhar s'est réouverte (*Chronogramme*).

Abd-el-Rahman aménagea des appartements pour les étudiants venus de la Mecque et du Soudan ; il érigea la mosquée Husseini et y établit une citerne une fontaine, et des vestibules fort bien disposés. Il constitua des rentes pour l'entretien de ces créations et il augmenta celles qui étaient déjà affectées à El Azhar. Il augmenta aussi les rations de pain. Chaque année, pendant le mois de Ramadan, il faisait donner journellement à la cuisine de El Azhar cinq ardebs de riz blanc, un kantar de beurre et une buffle, ainsi que les accessoires, comme l'huile, le combustible, etc.

Près de Bab el Barkiah, autrement nommé Bab el Gharib, Abd-el-Rahman éleva une mosquée, à laquelle étaient annexés une citerne, un bassin, un réservoir et une école.

A l'Ezbekiak, près de Kom el Cheikh Salama, il construisit de même une mosquée, école, bassin, sakié et minaret.

Il répara la mosquée située près du tombeau de l'imam el Chaféi. Entre la mosquée proprement dite et le couloir de la coupole, il installa près de la porte une citerne et une grande chambre, où se trouve le tombeau du Cheikh el Islam Zakaria el Ensari.

Il fit paver de marbres de différentes couleurs le couloir de la coupole, où on pénètre par une longue et large entrée fermée par deux grandes portes.

Il répara ensuite le tombeau de Saïda Nafissah, ainsi que la mosquée renfermant ce tombeau. Il creusa la citerne que l'on peut voir actuellement et il fit faire deux entrées, l'une pour les femmes et l'autre pour les hommes.

Il érigea la mosquée de Saïda Zenab à Kanater el Sebah, la mosquée de Saïda Sekina au quartier Khalifa, la mosquée connue sous le nom de Saïda Aïcha près de la porte des cimetières. Il construisit encore la mosquée et l'étable publiques de la rue d'Abdine, la mosquée de Abou el Seoud El Djarhi, la mosquée de Charaf-el-Dine el Kordi située au quartier Husseinyah, une mosquée au Mouski, et près de cette maison la mosquée du cheikh el Hefni.

Il construisit l'école de Sioufiah, connue sous le nom du cheikh Matar, dans le quartier de Bab el Zehouma, où il fit ériger un tombeau pour sa mère.

En dehors de la porte des cimetières, il construisit un bassin, un réservoir et une citerne. Il répara et modifia l'édifice servant d'hôpital aux aliénés (Morastan et Mansouri), il fit abattre le haut de la grande coupole el Mansouryah de cet hôpital, ainsi que toute la coupole du grand vestibule, et il ne les reconstruisit point; il plafonna seulement la coupole de la tombe et laissa l'autre découverte.

Il affecta à cet établissement des wakfs considérables, beaucoup plus importants que ceux qui existaient déjà.

Pendant qu'il procédait à la reconstruction de cet établissement, l'émir voulut se rendre un compte exact des revenus des wakfs constitués pour son entretien, mais il ne trouva ni registres, ni actes, ni comptabilité; tous ces documents avaient été détruits dans l'incendie d'une bibliothèque où ils étaient déposés. Malgré cela, il parvint à reconstituer tous les titres des donations faites à l'hôpital; ces wakfs avaient été constitués par le sultan Kalaoun, le grand et le victorieux, par son fils El Melek el Nasser Mohammed, par Aboul Feda Ismaïl ibn el Nasser, et par d'autres rois et fils de rois. Après s'être livré à une minutieuse enquête, il trouva chez un ancien administrateur un registre de comptabilité des legs. Au moyen de ce livre, il découvrit d'autres propriétés constituées en wakfs, au profit de cet hôpital des aliénés.

Outre les édifices et monuments élevés au Caire, Abd-el-Rahman Katkhoda fit exécuter de nombreux travaux dans les provinces et au Hedjaz, où il séjourna pendant plusieurs années.

Il fit à Tantah des ponts sur la route qui conduit à Mehallet Marhoun. Il fit aussi construire un pont sur le Khalidj entre la ruelle d'Abdine et el Khalouati et un autre pont du côté du Mouski.

A l'approche de l'hiver, Adb-el-Rahman faisait distribuer chaque année aux pauvres aveugles des costumes en laine. Ces malheureux se rendaient chez lui en grand nombre à des époques déterminées et s'en retournaient heureux. Il faisait aussi distribuer aux *muezzins* de chaudes couvertures qui les préservaient du froid des nuits d'hiver pendant leurs stations en haut des minarets au moment des prières.

Aux femmes pauvres et aux veuves, il donnait des vêtements et des chaussures. Pendant tous le mois de Ramadan, le soir, au moment de la rupture du jeûne, il faisait servir aux indigents réunis en masse devant sa porte des plats de viande et d'autres mets préparés au beurre. Une fois ces pauvres rassasiés, il leur remettait à chacun deux pains et une pièce de monnaie de deux paras pour leur repas de l'aube.

Abd-el-Rahman avait fait construire aussi un grand palais sur la rive du Nil, entre Boulaq et le Vieux-Caire. C'était un édifice vraiment royal. Il fut démoli en l'an 1205 par le cheikh Aly ibn Hassan, administrateur des wakfs, et les décombres en furent vendus. Cet administrateur mourut trois mois après.

Je dois parler aussi de la maison qu'il fit construire à Abdine. Cette maison, qu'il habita, était grande et bien aménagée ; aucune autre maison ne pouvait lui être comparée pour la distribution des pièces, les décorations, les marbres, les mosaïques, les dorures et les émaux ; tout était d'un travail artistique achevé. Près de cette maison, il fit dessiner un jardin au milieu duquel il construisit une grande salle renfermant une magnifique fontaine supportée par des colonnes en marbre blanc, merveilleusement travaillées.

Abd-el-Rahman fut si bienfaisant et il fit élever tant d'édifices qu'il fut surnommé « le grand bienfaiteur » et le restaurateur des monuments de l'Egypte, de la Syrie et de la Turquie.

Le nombre des mosquées qu'il édifia ou reconstruisit s'élève à dix-huit, en ne parlant que des grandes mosquées où l'on fait les sermons et les prières du vendredi. Quant aux *zawiah* ou petites mosquées, le nombre en est immense ; il en est de même des fontaines publiques, des écoles, des bassins, des ponts, etc. Enfin il eut la passion des constructions ; il en traçait lui-même les plans avec goût et sa fortune lui permettait de faire tout ce qu'il voulait. Seuls les travaux qu'il fit exécuter à El Azhar suffiraient pour immortaliser sa mémoire.

Il affecta à l'entretien de ces monuments, et pour perpétuer ses bienfaits, les revenus des trois villages de rizières qu'il constitua en wakfs. Ces villages sont situées près de Rosette et sont Edefeina, Diba et Hesset Ketama. De plus il augmenta l'ordinaire des étudiants de El Azhar et il y fit ajouter un plat sucré le lundi et le jeudi de chaque semaine, mais l'accomplissement de cette libéralité a été suspendue jusqu'en l'année 1220, par suite des désastres et des malheurs qui se sont succédés en Egypte jusqu'à cette époque et de la grande misère qui en a été la conséquence.

Abd-el-Rahman apportait une grande persévérance dans la pratique des bonnes œuvres et dans l'exécution de tous les travaux que nous venons de citer. Il dut cependant, par ordre de Aly bey, partir en exil au Hedjaz dans les premiers jours du mois de Zilkadeh 1178. Là, il séjourna pendant douze ans. Il ne fut rappelé en Egypte que l'année dernière par Youssouf bey, émir el Hadj qui insista pour obtenir sa grâce. On le rappela donc et il fit son entrée au Caire le 7 Moharrem 1190; mais déjà les maladies, la vieillesse et l'exil l'avaient anéanti, et onze jours après il expirait dans sa maison. On lui fit des funérailles splendides, les ulémas, les émirs, les négociants, les mouazzins, les élèves de toutes les écoles qu'il avait fondées lui firent cortége; les prières furent dites sur son corps dans la mosquée El Azhar, et il fut inhumé dans le tombeau qu'il s'était fait bâtir à El Azhar, près de la porte Sud. On n'a jamais rencontré dans la suite personne qui ait pu l'égaler.

Mais il avait ses défauts. Il était accessible à la corruption, il cherchait à confisquer à son profit les biens de certains riches et il y arrivait. En cela il eut des imitateurs, de telle sorte que la chose est devenue traditionnelle. Il faisait main basse sur les successions des riches et il ne s'en dessaisissait que lorsque les héritiers lui en abandonnaient une partie.

Mais son crime le plus grand, celui qui fut la cause de grands maux et de grandes ruines pour le pays fut le concours qu'il prêta à Aly bey pour abaisser et affaiblir au profit de ce dernier les autres chefs du pays; il ne cessa d'intriguer pour les diviser et pour permettre ainsi à Aly bey de les tenir en sa dépendance. Il réussit à détruire leur influence et à les diviser.

Mais Aly bey, une fois sûr de sa force, se retourna contre son auxiliaire et l'exila. Victime de cette ingratitude, Abd-el-Rahman ne trouva personne pour prendre sa défense et pour protester, il dut alors se résigner à son sort, s'expatrier et s'exiler à la Mecque, où il vécut solitaire et ignoré. Le jour où Abd-el-Rahman partit pour l'exil, Aly bey chassa aussi de l'Egypte plus de vingt émirs, ainsi que cela a été raconté plus haut.

Ces exils avaient laissé le champ libre à Aly bey et à ses

compagnons ; leur autorité s'affirma dans le pays, et depuis eux les exactions et les souffrances du peuple allèrent en augmentant jusqu'à nos jours. Ce fut donc Abd-el-Rahman qui créa cette situation par l'appui qu'il prêta à Aly bey et à ses partisans. Ce crime, à nos yeux, suffit à lui seul pour ternir sa mémoire.

Pendant les quelques jours que Abd-el-Rahman vécut encore après son retour, il reçut la visite de Ibrahim bey, de Mourad bey et des autres émirs. Il ne les avait pas vus depuis son départ en exil. Malade et cassé, il leur donna alors les meilleurs conseils, il les exhorta à rester toujours unis et à ne jamais tolérer de divisions ou d'inimitiés entre eux. Il aurait dû leur dire : « Vivez dans la piété de Dieu, fuyez l'injustice, faites le bien, car le monde passe, prenez exemple sur moi », ou d'autres paroles de ce genre dictées par la situation. Cette conversation m'a été rapportée par un témoin oculaire.

A part cela, Abd-el-Rahman était maître de sa parole, et au besoin il savait feindre la colère. Que Dieu l'ait en sa miséricorde et lui pardonne, ainsi qu'à nous ! Je ne l'ai vu qu'une seule fois, ce fut à un enterrement avant son exil. Il était de taille moyenne, il avait la peau blanche, il portait toute sa barbe qui était presque blanche, il soignait toujours sa mise et mettait beaucoup de coquetterie dans ses manières.

ANNÉE
MIL CENT QUATRE-VINGT-ONZE.

Dans les premiers jours du mois de Rabi el Awal, un Aga arriva de Turquie avec l'ordre de faire partir des troupes pour une expédition en Perse. Les émirs se réunirent pour l'examen de cette demande, et décidèrent d'appeler de Mehallah, Ibrahim bey Tanan. Ils firent en effet venir cet émir et lui confièrent le commandement des troupes qui furent levées pour cette expédition.

Dans les premiers jours du mois de Djamad el Awal, un incident se produisit parmi les étudiants moghrabins de la mosquée d'El Azhar :

Une maison avait été constituée en Wakf au profit de ces étudiants, mais le détenteur leur contesta leurs droits. Il eut recours, pour soutenir ses prétentions, à quelques beys influents. Les moghrabins rédigèrent un Fatwa sur le litige, mais ils se partagèrent sur la question de savoir si la constitution d'un Wakf peut être légalement prononcée sur la seule preuve de la commune renommée. Enfin, ils intentèrent un procès par devant le Mahkamah et ils réclamèrent la maison dont il s'agissait. Ils gagnèrent leur procès. Mais à la suite d'un dissentiment survenu entre eux, ils destituèrent le cheikh qui était leur chef, et en nommèrent un autre. A l'occasion de ce procès, un cheikh, nommé Abbas, se montra très exalté en faveur des étudiants ; Youssouf bey, d'autre part, soutint et protégea l'autre parti. Cet émir fut très mécontent de la sentence qui condamnait ses protégés. Il se mit en colère contre les moghrabins qu'il accusa de méfaits, et il expédia des hommes pour arrêter le cheikh Abbas au milieu des étudiants mêmes. Ceux-ci injurièrent et chassèrent les envoyés de Youssouf. Puis ils portèrent plainte au cheikh Ahmed el Dardir, qui écrivit à Youssouf bey pour le prier de ne pas inquiéter les savants et de ne pas se révolter contre les décisions de la justice ; le cheikh Abd-el-Rahman el Farnaoui et un autre furent chargés de lui remettre la lettre.

Mais Youssouf bey, après l'avoir reçue, maltraita les messagers et les fit jeter en prison.

Cette nouvelle exaspéra complètement le cheikh El Dardir

et les gens de la mosquée de El Azhar ; le matin même, ils se réunirent tous, suspendirent les études et les prières et fermèrent les portes de la mosquée. Les cheikhs s'assirent à côté de l'ancienne kaaba et les étudiants montèrent sur les minarets, d'où ils lancèrent des cris de malédictions sur les beys. Les marchands des environs fermèrent leurs boutiques.

Les émirs, ayant appris tous ces faits, prévinrent Youssouf bey, qui mit en liberté ses prisonniers.

De son côté, Ibrahim bey envoya Ibrahim Aga Beit el Mal, vers les cheikhs de El Azhar, mais celui-ci ne put arriver à les apaiser. De son côté, le gouverneur de la ville se rendit au quartier de Ghouriah pour faire annoncer aux habitants que l'ordre ne serait plus troublé et il fit ordonner la réouverture des boutiques.

Les étudiants moghrabins, en apprenant ces mesures, se portèrent à la rencontre du gouverneur. Ils furent suivis par les gens du peuple. Tous étaient armés de cannes. Ils se jetèrent sur les gens de l'Aga qu'ils maltraitèrent, et ils lancèrent des pierres à l'Aga lui-même ; celui-ci et ses mamlouks se servirent alors de leurs armes contre les moghrabins, dont trois tombèrent morts et plusieurs furent blessés, ainsi que quelques gens du peuple. L'Aga se retira ensuite et les moghrabins rentrèrent chez eux ; cependant le désordre régna jusqu'au lendemain.

Ce jour-là, Ismaïl bey, le cheikh El Sadat, Aly Aga, Katkhoda des chawiches, Hassan Aga, chef des moutefarrikas, l'interprète du Waly, Hassan effendi, le comptable et d'autres se rendirent sur la place de Achrafia et envoyèrent ordonner par écrit, aux gens de la mosquée, de disperser les attroupements ; ils leur promettaient de faire droit à leurs réclamations. Cela se passait vers le coucher du soleil, mais les cheikhs ne voulurent pas se fier à une simple promesse et ils demandèrent le paiement de leurs traitements et de leurs rations. Chacun rentra alors chez soi.

Le lendemain, mercredi, le désordre continuait toujours. Dans cette affaire, Ismaïl bey fit tout son possible pour assurer la victoire aux gens de El Azhar. Ce jour-là encore, Ismaïl bey et le cheikh El Sadat vinrent s'asseoir dans la mosquée El Moayed et envoyèrent une missive aux cheikhs insurgés. Le cheikh El Sandoubi en fut le porteur.

Par cette lettre, Ismaïl bey s'engageait à terminer heureusement les affaires des cheikhs, à faire accepter leurs réclamations et à leur payer leurs traitements et leurs rations; le tout sous la garantie du cheikh El Sadat.

La lettre fut remise par le cheikh Ibrahim; le cheikh Abd-el-Rahman el Arichi la lut publiquement et debout. La lecture en fut accueillie par un grand tumulte et des cris de refus; un échange de missives s'établit alors pendant toute la journée entre les deux camps et l'on finit par s'entendre et par se réconcilier. A la tombée de la nuit, les portes de la mosquée s'ouvrirent, et le jeudi les émirs envoyèrent aux cheikhs une partie de leurs traitements. Une des conditions de la paix fut la défense faite à l'Aga, au Wali et au Mohtesseb, de passer jamais par la rue El Azhar. On stipula encore plusieurs autres conditions, mais aucune d'elles ne fut observée.

Ibrahim bey fut alors nommé nazir de El Azhar à la place de l'aga; il envoya un soldat pour surveiller la cuisine et il fit cesser les troubles. Cependant quatre jours après, l'aga, puis le Wali, et enfin le Mohtesseb vinrent à passer dans la rue de El Azhar; les cheikhs s'en plaignirent à Ibrahim bey, qui leur fit répondre que la rue était faite pour les bons comme pour les mauvais, et que l'on ne pouvait interdire le passage dans une rue quelconque à des personnes dépositaires de l'autorité.

Egalement dans les premiers jours du mois de Djamad el Awal, Mourad bey fit venir un homme du nom de Soliman Kachef, suivant de Youssouf bey; il lui administra pour un motif quelconque plusieurs coups de bâton. Youssouf bey ne lui pardonna pas cet acte et lui en garda rancune.

Le 12 Djamad el Thani, l'Aga arrêta un chérif nommé Hassan el Madabghi et le frappa jusqu'à ce que mort s'ensuivit, parce que cet homme était au nombre de ceux qui le combattirent le jour de l'insurrection de la mosquée. Hassan jouissait cependant d'une certaine considération.

Dans la nuit du vendredi 14 Djamad el Thani, Ismaïl bey se rendit du côté de Adliah outré de colère à cause des vexations et des abus que commettait Mourad bey, vis-à-vis de lui. Ibrahim bey avait voulu s'interposer entre Ismaïl bey et Mourad bey, et en dernier lieu, il les avait réuni chez lui. Dans cette réunion, Ismaïl bey s'emporta et leur dit : « Je vous ai abandonné le gouvernement de l'Egypte et l'Egypte elle-même ; je vous ai considéré comme mes enfants et je ne vous ai rien demandé que de me laisser vivre tranquille. Mais vous, vous ne tenez aucun compte d'aucun de mes droits. » Et il continua longtemps sur ce ton. Or, dans les premiers jours de ce mois, Ismaïl reçut une barque chargée de céréales ; Mourad bey envoya saisir le chargement, sachant que cet acte déplairait à Ismaïl bey ; de plus il complota avec ses gens d'aller surprendre le lendemain Ismaïl bey dans sa propre maison et de le tuer. Ismaïl bey ayant été prévenu, fit sortir de sa maison, pendant la nuit, ses femmes et ses richesses. Il se rendit à El Adliah et il alla s'asseoir à El Achbakiah. Mourad bey, en arrivant à la maison d'Ismaïl bey pour exécuter son complot, trouva que ce dernier était sorti, et il apprit qu'il était à Achbakiah. Ibrahim bey, qui était allé à Kasr-el-Aïni, vint se joindre à Mourad bey.

Lorsque la nouvelle de la sortie d'Ismaïl bey fut connue, Youssouf bey vint se joindre à lui. Il fut suivi par Mohammed bey Tobbal, Hassan bey, Ibrahim bey Tanan, Zulfikar bey et autres. Ibrahim bey et Mourad bey avec leurs partisans allèrent se poster dans la citadelle dont ils étaient maîtres. La place de Roumeilah était alors pleine de leurs troupes commandées par Ahmed bey el Kalardji, Lachine bey, Ayoub bey, Radouan bey, Khalil bey et Moustapha bey. Les habitants s'émurent et les boutiques se fermèrent. Cet état de choses dura pendant les journées du samedi, du dimanche, du lundi et du mardi. Des désertions se produisirent dans le camp de la citadelle et renforcèrent celui d'Ismaïl bey et de Youssouf bey; les déserteurs furent Ismaïl aga, frère de Aly bey el Ghazzaoui, son frère Selim bey, Abd-el-Rahman aga et les agas des janissaires.

Ibrahim aga vint du camp de la citadelle se poster à Bab el Nasre et fermer cette porte. Le Pacha, de son côté, se rendit à la caserne des Azabs. Alors Kassem katkhoda et Abd-el-Rahman aga attaquèrent Bab el Nasre, l'enfoncèrent, en chassèrent le Wali et en restèrent les maîtres. C'était le lundi.

Cependant Kassem katkhoda et Abd-el-Rehman aga furent attaqués par un corps de Moghrabins; il s'ensuivit un combat dans lequel les Moghrabins furent repoussés et dispersés après avoir eu des tués et des blessés.

Les troupes d'Ismaïl bey occupèrent les environs de la ville; une partie de ces soldats ayant, à leur tête Mohammed bey Tobbal, se dirigèrent vers Boulaq. Ils rencontrèrent un corps de Kachefs et de soldats qui étaient venus s'approvisionner de paille pour leurs chevaux. Ils mirent ces soldats en déroute et les poursuivirent jusqu'au palais de Abd-el-Rahman katkhoda. Tous les approvisionnements pour les chevaux restèrent aux mains des partisans d'Ismaïl bey.

Le désordre allait toujours en augmentant. Le Pacha voulut alors rétablir la paix entre les deux camps il chargea; Ayoub aga de ce soin, mais la mission de cet émir n'eut aucun résultat : les deux partis faisaient observer que, plusieurs fois déjà, ils s'étaient reconciliés pour se quereller de nouveau. Le

Pacha leur dépêcha ensuite Ahmed Chawiche el Magnoun, qui ne revint pas et se joignit à l'un des partis ; enfin il leur envoya son fils et son lieutenant Saïd bey.

Le mercredi, Abd-el-Rahman aga entrait par Bab el Nasre et traversait le centre de la ville ; il était précédé d'un crieur public qui disait aux négociants de mettre leurs marchandises en sûreté, ce que tout le monde fit. Abd-el-Rahman aga continua ainsi sa marche jusqu'à Bab Zaoueila. Là, il entra dans la mosquée El Moayed, où il resta près de deux heures pour organiser l'attaque ; il posta des soldats sur les terrasses et sur les fontaines, puis il s'en retourna accompagné d'Ibrahim bey el Tanani, et suivi d'un certain nombre de soldats ; il marcha vers Darb el Ahmar et campa jusque dans l'après-midi près de la mosquée Merdani ; puis il continua sa marche jusqu'au quartier Tabbana près du Mahdjar. Là, il fit élever des barricades et les fit garder. Il fit de même près du bazar El Ezzi. De cette manière, il assiégeait ceux qui étaient dans la citadelle ; mais ceux-ci firent une sortie et une grande mêlée s'engagea. Les combattants de la citadelle étaient des cavaliers couverts de cuirasses. Les soldats moghrabins fondirent sur eux. Quatre des cavaliers tombèrent morts, Lachine bey fut blessé et transporté dans sa maison ; beaucoup de moghrabins aussi furent tués, mais la victoire resta aux assiégeants et les assiégés se replièrent avec de grandes pertes. Vers le soir de la même journée, les Moghrabins désertèrent la citadelle et vinrent se joindre aux assiégeants ; l'inquiétude et la désorganisation étaient très grandes à la citadelle.

Dans la journée de jeudi, des hommes venus du dehors vinrent grossir le camp des assiégeants, qui commençaient déjà l'attaque. Les assiégés, se voyant battus, quittèrent la citadelle du côté de Bassatine pour gagner de là le Saïd, mais Ahmed bey el Kalardji, Ayoub Bey, Ibrahim bey Oda Bacha et Lachine bey, qui étaient blessés, ne les suivirent pas. Ces quatre émirs se rendirent auprès de Ismaïl bey et de Youssouf bey, leur firent leur soumission, qui fut acceptée, et se joignirent à leurs troupes. Les soldats ennemis campés au Mahdjar et à Souk el Selah, apprenant la fuite d'Ibrahim bey et de Mourad bey, se portèrent vers la place de Roumeilah et s'emparèrent des tentes abandonnées ; ils n'épargnèrent même pas les chameaux du Pacha.

Ce même jour, jeudi, Ismaïl bey et Youssouf bey firent leur entrée au Caire et regagnèrent leurs demeures.

Le lendemain, vendredi, Abd-el-Rahman aga fit le tour de la ville en faisant annoncer que la sécurité était rétablie et que chacun pouvait vaquer librement à ses affaires. En effet, tout était redevenu tranquille.

Le dimanche, 12 Djamad el Thani, le divan fut formé. Le Pacha revêtit Ismaïl bey et Youssouf bey d'une pelisse d'honneur. Ismaïl bey fut nommé Cheikh el Balad; Hassan bey el Djeddaoui fut réintégré dans ses fonctions de sandjak, car il avait été destitué, lors de la mort de son maître, Aly bey; Radouan bey et Ismaïl aga, frère de Ali bey el Ghazzaoui, furent nommés sandjaks et ce dernier alla habiter la maison d'Ibrahim bey el Kébir. Soliman Kachef, qui avait reçu des coups de bâton de Mourad bey, fut également nommé sandjak; on lui donna le sobriquet de Abou Nabbout (l'homme au bâton) Selim Kachef, suivant d'Ismaïl bey, fut nommé sandjak. Abd-el-Rahman aga fut maintenu dans ses fonctions d'aga des Moustahfezan et Mahmoud Kachef fut nommé Waly.

Le même soir, Soliman aga Moustahfezan fut conduit à Boulaq, et de là embarqué pour Damiette où il devait être exilé. On lui avait d'abord extorqué une somme de quarante mille talaris.

Le mardi 25 du même mois, Soliman Katkhoda Moustahfezan, Othman Katkhoda, doyen des Moustahfezan et l'émir Abdallah Aga, devaient également partir pour l'exil, mais à peine s'étaient-ils embarqués à Boulaq qu'on leur accorda leur grâce.

Le même jour, le divan fut formé et Zulfikar bey fut nommé Defterdar en remplacement de Radouan bey Bulghia, grâce à Ibrahim bey et aux instigations de Youssouf bey ; celui-ci voulait aussi faire confisquer tous les biens de Radouan bey, parce celui-ci était partisan de Mourad bey, mais Ismaïl bey empêcha cette confiscation.

Le mercredi 2 Radjab, Hassan bey el Djeddaoui et Ismaïl bey el Saghir, frère de Aly bey el Ghazzaoui, Selim bey el Ismaïly et Abd-el-Rahman bey el Edoui vinrent voir Youssouf bey ; ils furent reçus dans une pièce donnant sur le lac et prirent place dans l'ordre suivant : Hassan bey en face du maître de la maison, Ismaïl bey el Saghir à sa gauche, Selim bey et Abd-el-Rahman bey debout devant eux. La conversation fut amicale pendant une heure environ, mais tout à coup, Abd-el-Rahman bey, tirant sa cravache, frappa Youssouf bey. Celui-ci, en voulant se lever, s'embarrassa dans les vêtements d'Ismaïl bey. Il tomba sur le dos, et ses visiteurs se jetèrent sur lui et le percèrent de coups de sabre. Pour effrayer ses gens et les isoler, ils avaient eu la précaution de tirer un coup de feu qui les avait fait fuir. Leur attentat consommé, les meurtriers allèrent en porter la nouvelle à Ismaïl bey. Celui-ci tint divan à la citadelle ; il envoya prévenir le Pacha, qui vint le rejoindre.

Les autres mamlouks, compagnons de Youssouf bey, ayant appris quel sort cet émir avait subi, prirent la fuite vers le Saïd. Ismaïl bey les fit poursuivre, mais on ne put les atteindre. Ces mamlouks étaient Ahmed bey el Kalardji, Zoulfikar bey et Radouan bey el Djerdjaoui.

Toutefois, Ahmed bey Tobbal ne put s'enfuir ; il s'enferma chez lui, s'y barricada, s'y fortifia avec des canons et refusa d'abord de se rendre. Il y consentit néanmoins dans la suite, sur les instances de Hassan bey Souk el Selah, qui lui promit la vie sauve.

Ismaïl bey donna l'ordre à Hassan bey Souk el Selah de le garder dans sa maison, mais le lendemain, prétextant une visite à l'Imam el Chaféï, il s'enfuit, lui aussi, dans la direction du Saïd. De cette manière toute l'insurrection fut éteinte et Youssouf bey enterré.

Dans la journée du jeudi, on tint séance au divan de la citadelle. Le Pacha revêtit Ismaïl bey el Kébir d'un manteau de zibeline et le confirma dans les fonctions de Cheikh el Balad. Hassan bey Kassabet Radouan fut nommé Emir el Hadj en remplacement de Youssouf bey. Furent nommés sandjaks Abd-el-Rahman bey Eloui, Ibrahim aga Khazendar, gendre de Ismaïl bey. Celui-ci fut surnommé Ibrahim bey Kechta et habita la maison de Mohammed bey ; Hassan aga ex-khazendar d'Ismaïl bey fut aussi nommé sandjak, il habita la maison de Ahmed bey el Kalardji. Deux kachefs d'Ismaïl bey, Othman bey Tobbal et Othman Kafa el Thar prirent possession, l'un de la maison de Mohammed bey Tobbal située à Birket el Fil près de la mosquée Azbak el Youssoufi et l'autre de la maison de Zulfikar située en face de Bulghia. Aly aga katkhoda occupa la maison de Mourad bey près de El Kabche, Soliman bey Abou Nabbout el Youssefi celle de Saleh bey el Kébir. Quant à la maison de Youssouf bey, elle fut habitée par Selim bey.

Youssouf aga, suivant d'Ismaïl bey, fut nommé Waly ; Ayoub bey et Soliman bey furent exilés à Mansourah.

Le lendemain matin, vendredi 14 Radjab, correspondant au 4 Missra cophte, eut lieu la coupure du Khalidj. Le Pacha présida la cérémonie et ce fut lui qui coupa la digue qui retenait les eaux du Nil. Les eaux coulèrent alors dans le canal de la ville et le Pacha s'en retourna à la citadelle.

Le 7 du mois, il fut décidé qu'on enverrait au Saïd une expédition dont le commandement serait confié à Ismaïl bey el Saghir. Avec ce dernier devaient partir Hassan bey el Djeddaoui, Ibrahim bey el Tanani, Selim bey el Tanani, Selim bey el Ismaïli, Ibrahim bey Oda bacha, Hassan bey el Charkaoui surnommé Souk el Salah, Kassem, katkhoda des Azab, et Aly aga el Mêmâr. Celui-ci était absent du Caire pour des affaires d'intérêt; mais sachant que les autres beys avaient accepté de partir, il s'empressa de quitter ses affaires et de rentrer au Caire avec une suite nombreuse appartenant à la tribu des Hawaras. Il refusa de se faire nommer sandjak. Les préparatifs de départ furent activement poussés; on faisait de très fortes réquisitions. Le Pacha fit payer par le trésor une somme de mille bourses pour les frais des troupes. Des présents furent envoyés aux Hawaras et aux cheikhs des tribus avec promesse d'autres récompenses.

Dans le même mois, on apprit que Mohammed bey Tobbal, poursuivi par Aly bey el Seroudji, avait été atteint près de Badrechine. Là, ses mamlouks furent cernés et tués, quelques-uns cependant purent s'échapper; Mohammed bey même avait été saisi, dépouillé de ses vêtements et confié à la garde d'un kachef d'Ismaïl bey. Mohammed bey supplia ce Kachef ainsi que les cheikhs du village d'avoir pitié de lui, on lui donna alors des vêtements et on le fit évader avec deux soldats. Aly bey el Seroudji, en apprenant ce fait, fit comparaitre le Kachef devant Ismaïl bey, qui le fit bâtonner et l'exila.

Dans ce même mois, on apprit aussi que Zulfikar avait été pris et dépouillé par les Arabes et que, voulant leur échapper, il n'avait eu d'autre ressource que de se jeter dans le Nil, où il avait péri.

Le lundi 14 Radjab, les troupes destinées à l'expédition sortirent du Caire et établirent leur camp à Bassatine.

Le jeudi et le vendredi, 7 et 8 Radjab, toute l'expédition, ainsi que ses chefs, se mit en marche par la voie de terre et par la voie du fleuve.

Le samedi 26 Radjab, la nouvelle arriva que l'expédition avait rencontré les mamlouks de la Haute-Égypte, mais que ceux-ci avaient été victorieux. Cette nouvelle inquiéta fortement Ismaïl bey et les autres mamlouks, ses favoris. Elle fut confirmée par l'arrivée des soldats qui avaient fait partie de l'expédition. Ces troupes rentraient à la débandade et dans un complet désordre.

La bataille avait eu lieu un vendredi. Le corps expéditionnaire avait surpris les ennemis vers l'aube, Aly aga el Meimar, Kassem, katkhoda des Azabs, et Ibrahim bey Tannan combattirent avec valeur; les deux premiers furent tués. Aly aga el Meimar et avec lui Radouan bey s'étaient portés du côté de Mourad bey pour le charger. Radouan bey le frappa même de son sabre au visage. Mais Khalil bey Koussa el Ibrahimy accourut au secours de Mourad bey et déchargea sa carabine sur Aly aga. Celui-ci fut atteint au cou, sa jument s'abattit et il tomba raide mort. En voyant la mort de ses deux mamlouks, Ibrahim bey Tannan prit la fuite; les autres se rendirent, car ils n'avaient aucune expérience de la guerre et leur commandant en chef était malade; du reste, les deux chefs les plus valeureux, Aly aga el Meimar et Hassan katkhoda Azaban étaient morts ainsi qu'Ismaïl bey Tannan.

Les mamlouks ennemis cernèrent tous les bagages et les barques de l'expédition et s'en emparèrent; plus de cinq cents barques composèrent leur butin. Le commandant en chef de l'expédition était dans une petite barque, d'où il avait assisté à la défaite; il se dirigea vers le nord en suivant le courant, quelques-uns des mamlouks le suivirent, d'autres cherchèrent à rentrer par terre. Arrivés au Caire, ils étaient tous dans un état de délabrement effroyable ; c'est par eux qu'Ismaïl bey, qui les attendait au vieux Caire, apprit les détails de cette bataille.

Pour arrêter la marche des mamlouks ennemis, Ismaïl bey, d'accord avec le Pacha, ordonna une levée en masse ; on appela la population aux armes ; le cadi, les cheikhs, les négociants, les industriels, les moghrabins, les gens de la rue et tout le peuple répondirent à l'appel et vinrent pour s'enrôler.

Ismaïl bey, voyant toute cette foule réunie, comprit qu'il ne pouvait l'utiliser, et qu'elle allait seulement lui coûter des sommes considérables pour son entretien, car elle était presque entièrement composée d'indigents. Il ne garda que les moghrabins et les soldats qui appartenaient à des corps d'armée et il ordonna à tous les autres de s'en retourner chez eux.

Pendant toutes ces péripéties, et avant que les préparatifs fussent terminés, les émirs ennemis était arrivés à Hélouan, et ils comptaient se rendre maîtres du Caire.

Le lundi, Ismaïl bey envoya au devant de l'ennemi, avec des munitions de guerre et des canons, les moghrabins et une partie de ses troupes. Ceux-ci allèrent camper entre El Tabbine et Hélouan, juste en face de l'ennemi. Le soir même, Ismaïl bey, ses mamlouks et le reste de ses soldats partaient pour prendre part à cette nouvelle expédition.

Le Pacha, de son côté, avait fait venir de Damiette un grand navire commandé par le capitaine Hassan el Ghaoui, très expert dans l'art de la guerre maritime. Ce navire était armé de vingt-cinq pièces de canons. Il s'avança pendant la nuit jusqu'à ce qu'il eût dépassé les barques ennemies, puis il dirigea le feu de ses canons, à la fois sur les barques et sur les troupes de terre ; la bataille commença alors vive, et acharnée entre les deux camps. Dans cette journée, les ennemis perdirent Radouan bey el Djerdjaoui, Khalil bey Koussa el Ibrahimi, son trésorier, et un certain nombre de kachefs et de soldats. Le défaite fut complète pour les émirs ennemis du Pacha. Mourad bey ne prit aucune part à cette bataille à cause de ses blessures. Les tentes, munitions et bagages de l'armée vaincue furent pillés par les vainqueurs. Mohammed bey Tobbal se noya dans le fleuve. Ibrahim bey et Mohammed bey, quoique blessés, se replièrent vers le sud et avec eux Moustapha bey, Ahmed bey el Kalardji et leur suite; ils furent poursuivis par les troupes d'Ismaïl bey, mais ils ne furent pas atteints.

Le mercredi 1ᵉʳ Châban, Ismaïl bey rentra au Caire, victorieux et affermi dans son pouvoir. Il ramenait avec lui ses émirs, sa suite et toutes ses troupes. C'était une victoire tout à fait inespérée.

Dans la nuit du samedi 4 Châban, arriva au Caire un kachef qui avait été fait prisonnier par les beys de la Haute-Egypte. Ceux-ci l'avaient autorisé à rentrer chez lui. Il était accompagné d'un certain nombre de mamlouks dont les chefs étaient morts; Ismaïl bey les fit repartir entre des sandjaks.

Le 7 du même mois, le cadavre de Aly Aga el Meimar fut rapporté au Caire; le corps fut lavé dans sa maison, couvert d'un linceul et inhumé après les prières d'usage en présence d'une foule nombreuse.

Dans le même mois, Hassan bey El Djeddaoui fut nommé waly (gouverneur) de Djerdja; on apprit aussi que les beys de la Haute-Egypte s'étaient fixés à l'est de Awlad Yehia.

A la fin du mois de Chaban, Hassan bey El Djeddaoui partit pour Djerdja, et avec lui les kachefs et les autres fonctionnaires sous ses ordres; mais, comme il fallut réquisitionner des barques pour le transport, ce départ provoqua un très vif mécontentement au débarcadère de Boulaq.

Vers le milieu du mois de Ramadan, une femme accoucha d'un nouveau-né dont la figure et les oreilles ressemblaient à celles d'un éléphant; il avait aussi deux dents qui lui sortaient de la bouche; le nouveau-né avait pour père un chamelier. La mère était dans ses mois de grossesse au moment où elle s'en fut voir l'éléphant dont il a été parlé plus haut et elle mit au monde un enfant ressemblant à cet animal. Ce nouveau-né était une curiosité que l'on exhibait dans les maisons et dans les rues.

Le vendredi 29 Ramadan, vers la fin de la nuit, Ismaïl bey, ses sandjaks et ses soldats, allèrent cerner la maison de Ismaïl bey el Saghir, frère de Aly bey el Ghazzaoui. Celui-ci, à la tête de ses mamlouks, voulut s'échapper, mais il trouva toutes les issues fermées, il pénétra alors dans la ruelle du Four, dans l'intention de passer par le pont Omar Chat; cerné de tous côtés, il se défendit pied à pied jusqu'à ce qu'il eût atteint la ruelle de El Beidak; là il reçut un coup de sabre sur le cou, son turban tomba et il demeura tête nue. Ismaïl continua néanmoins à combattre et à se défendre jusqu'à ce qu'il arriva en face de la rue Abd-el-Hak, à l'Esbékiah. Il rencontra alors Othman bey, sandjak de Ismaïl bey; celui-ci fondit sur lui, et au même moment, son cheval s'abattit tout couvert de sang, il alla s'asseoir dans une des boutiques du marché, où on lui apporta le turban d'un chamelier pour remplacer le sien.

Othman bey amena Ismaïl dans sa maison et alla prévenir son maître de la capture qu'il avait faite; celui-ci le récompensa en lui faisant présent d'une fourrure et d'une jument toute sellée. Le gouverneur de la ville vint alors étrangler Ismaïl bey el Saghir. On mit son cadavre dans une bière et on le fit transporter sa maison, où il passa la nuit. Le lendemain il fut inhumé en grande pompe.

Ismaïl bey el Saghir avait encouru la disgrâce d'Ismaïl bey, car il critiquait constamment les actes de ce dernier. Il avait aussi attiré auprès de lui différents personnages qui lui formaient une sorte de cour. Pour mieux préparer son complot, Ismaïl bey s'était retiré dans son harem et simulait un mal d'yeux ; puis il prétexta un voyage au tombeau du Saïd el Badaoui, de telle sorte qu'Ismaïl bey el Saghir ne se douta de rien et continua son train de vie ordinaire. Mais à son retour, Ismaïl bey, à la tête de gens qui lui étaient tout dévoués cerna la maison de son ennemi et le fit mourir ainsi qu'il vient d'être dit.

Ismaïl bey exila tous les partisans de Ismaïl bey el Saghir ; il fit embarquer à Boulaq Ibrahim bey Boulghia, Mohammed Aga el Tourdjouman, Aly el Fallah et d'autres kachefs ; il voulait même tuer le frère de sa victime, Selim Aga, surnommé Timourlank, mais celui-ci échappa à la mort en payant une somme de trente mille talaris. Il fut simplement exilé.

En ce temps-là, Ismaïl bey imposa chaque village d'une contribution de trois cents talaris ; ce fut sa première iniquité.

Le dimanche 22 Chawal eut lieu le départ du Tapis. Hassan bey Radouan était Émir el Hadj.

Le jeudi 4 Zilkadeh, Abd-el-Rahman bey Othman et Aly bey furent réintégrés dans leur dignité de sandjaks.

Le lundi 8 du même mois, une expédition partit pour la Haute-Egypte, dans le but de soumettre les mamlouks insurgés qui s'y étaient fortifiés. Ceux-ci avaient pris possession de tout le pays depuis Djerdja, et ils avaient levé les impôts malgré la présence du Gouverneur du Saïd, Hassan bey, qui n'avait pu leur résister. Ils avaient empêché le transport des denrées qui, par suite, avaient enchéri d'une manière excessive.

Cette expédition fut mise sous le commandement de Radouan bey, Aly bey el Djouhadar, Selim bey, Ibrahim bey Tannan et Hassan bey Souk el Selah.

Le dimanche 21 Zilkadeh Ismaïl bey partit dans la direction de Deir el Tine, dans l'intention d'aller en personne soumettre les beys de la Haute-Egypte. Le Pacha, à cette occasion rendit un firman ordonnant à tous les beys et à tous les odjaks de prendre part à l'expédition. Tous répondirent à l'appel et commencèrent leurs préparatifs. Ce fut l'occasion de grandes réquisitions. Le Pacha alla s'installer à Kasr el Aïni.

Le vendredi, Ismaïl bey s'embarqua pour l'autre rive du fleuve; il avait laissé pour lieutenant général au Caire Abd-el-Rahman Aga Moustahfezan. Radouan bey Bulghia, Othman bey Tobbal, Ibrahim bey Kechta, son gendre; Hussein bey et les gouverneurs des portes devaient garder la ville. Ces derniers faisaient jour et nuit des rondes dans la ville pour assurer la tranquillité et la sécurité des habitants.

Le 16 Zildodjeh, on reçut d'Ismaïl bey et des beys qui l'accompagnaient des lettres annonçant leur arrivée à Miniah. Aucun des émirs ennemis ne se trouvait dans cette ville.

De Miniah, Ismaïl et sa suite se rendirent à Siout, accompagnés d'Ismaïl Abou Aly, chef de la tribu des Hawaras.

Le 17 du même mois, les odjaks de l'expédition rentraient au Caire ainsi que Ayoub Aga qui était partisan des émirs de la Haute-Egypte. Il était allé faire sa soumission à Ismaïl bey et lui demander de revenir au Caire pour y voir sa famille. Ismaïl bey lui accorda cette faveur et l'envoya avec les odjaks. Ceux-ci, à leur tour, rentraient d'après l'ordre de Ismaïl bey, qui, se voyant obligé de poursuivre plus avant les ennemis, voulut faire des économies.

NÉCROLOGIE.

Est mort le Chérif savant et bon, Sayed Mohammed Hachem el Assiouty; né à Siout de la famille Fadel, il passa ses premières années dans sa ville natale, où il fut élevé dans les principes de la piété et de la vertu. Il reçut les leçons du cheikh Hassan el Djadiri, puis il vint au Caire, où il assista aux cours du cheikh Mohammed el Beleidi, du cheikh Mohammed el Chomaoui et du cheikh Attia el Adjhouri. Il fut le disciple du cheikh Abd-el-Wahab el Affifi. Il était sobre, humble et modeste et il passait son temps à des exercices de dévotion.

On le trouvait souvent sur la place de El Achrafyah ou dans la mosquée du cheikh Mathar; il n'était le rival de personne et il ne se mêlait aucunement des affaires d'autrui; il avait acquis une grande renommée de sainteté, et de toutes parts on venait en pèlerinage pour le voir. Il allait souvent visiter le tombeau de El Saïd el Badaoui, souvent même il disparaissait pendant des journées entières, qu'il passait secrètement chez des amis. Il mourut après une vie toute de sainteté et de piété, le 7 du mois de Chaban, dans sa maison de l'Ezbékiah. Il fut enterré à El Moudjawerin. Que Dieu ait son âme !

Est mort le docte savant et vertueux, cheikh Mohammed ibn Ibrahim el Offi el Maleki. Il avait suivi les cours du cheikh Aly el Edoui et du cheik Issa el Baraoui; il devint un légiste et il professa à son tour. Il appartenait au rite chaféite. Il devint ensuite Malekite et il s'attacha au cheikh Aly el Edoui à la suite d'un dissentiment survenu entre lui et le cheikh el Hefni, à propos des doctrines qu'il professait.

C'était un savant sérieux et un poète. Il était doué d'une présence d'esprit étonnante; plus de trois cents personnes assistaient à ses cours à El Azhar; il mourut paralytique. Durant sa maladie, il se faisait porter dans une mosquée voisine de sa maison pour y enseigner l'ouvrage d'Ibn Kassem ; mais lui, autrefois si éloquent, était obligé de bégayer par suite de sa paralysie ; avant sa mort, il retourna cependant au rite chaféite. Il mourut à la suite d'une rechute ; que Dieu l'ait en sa miséricorde !

Est mort aussi le savant lettré, cheikh Ramadan ibn Mohammed el Mansoury el Ahmadi, surnommé « El Hamami ». Il naquit à Mansourah, où il apprit les textes sous la direction des savants de cette ville ; il s'attacha au poète Mohammed el Mansoury qui lui inspira le goût de la poésie. Il vint plusieurs fois au Caire, et nous eûmes l'occasion d'entendre de ses poésies. Il composa en l'honneur du Prophète plusieurs poèmes qui se récitent dans les réunions. Il eut différentes discussions avec les lettrés Kassem et Abd-el-Kader el Madani. Il fit un voyage à la Mecque et là, il adressa plusieurs poèmes de louanges au chérif, au vizir et aux grands personnages de ce pays. Il demeura pauvre toute sa vie ; il se plaignait de son indigence, mais au déclin de sa vie, il fit un mariage qui lui donna quelque aisance, ce qui lui permit d'amener sa femme à la Mecque et d'y finir le reste des jours.

Mais il mourut presque aussitôt son arrivée à Djeddah.

Parmi les œuvres du Cheikh Ramadan, nous pouvons citer les vers ci-après :

> La grâce de mon Dieu
> Dans mes plus grands chagrins
> Etait mon meilleur refuge,
> Et, lorsque j'étais absorbé par les soucis,
> Elle me disait : « Rassure-toi,
> « Aie confiance,
> « Après le malheur tu trouveras le bonheur.
> « Attends-moi patiemment.
> « Je te l'ai dit clairement :
> « Tu m'appartiens plus qu'à toi-même.

On doit aussi au Cheikh Ramadan les vers suivants, dans lesquels il a intercalé deux vers de Ibn Makanès.

Vers originaux :

Elle a été éprise de celui qui a des qualités douces et une taille élancée.
Sa démarche gracieuse inspirerait des sentiments jaloux aux joncs flexibles.
Il me torture, tandis qu'il accorde ses faveurs aux autres.
Dieu distribue ses grâces à qui il veut !

Vers nouveaux :

Elle a été éprise de celui qui a des qualités douces et une taille élancée.
De celui qui est effarouché et dont les yeux sont pleins de séductions.
C'est une lune qui apparaît dans toute sa splendeur.
Il habite dans mon cœur et au fond de mes entrailles.
La beauté de son visage captive les cœurs.
Son regard nous meurtrit.
Je sacrifie ma vie pour son visage qui, pareil au soleil du matin, a ébloui mes regards.
Les grâces de sa taille sont incomparables, comme le phénix elles sont introuvables.
Il est oublieux de ses promesses.
Mais je ne puis dissimuler mon amour pour lui.
Il s'éloigne de moi, mais ma passion pour lui éclate aux yeux.
Il est beau. Ses regards ressemblent à des traits acérés.
Les lunes, éclipsées par cette gazelle, sont confuses.
Les pleines lunes se voilent la face à son apparition.
Sa démarche gracieuse inspirerait des sentiments jaloux aux joncs flexibles.
Il me torture tandis qu'il accorde ses faveurs aux autres.
Malheur à moi ; bonheur à celui qui m'a calomnié auprès de lui.
Troupe de mes censeurs ! cessez vos reproches.
Je suis absorbé par l'amour que je lui porte.
Je passe mes nuits dans la seule compagnie des astres, dans l'espoir de voir son ombre.
Oh ! qu'il est beau de le voir passer et repasser !
Mon œil ne cesse d'aspirer après sa beauté,
Et mon cœur est sans cesse altéré de la soif de sa rencontre.

Quand donc mon séducteur éteindra-t-il ma flamme par son rapprochement,
Et me fera-t-il sucer sa salive douce et stimulante ?
Mon œil veille dans l'attente de son approche.
L'amour partagé est une lumière au milieu de la nuit !
Sa possession est une grâce et un bienfait.
Elle est donnée quelquefois à un indifférent, tandis
Que celui qui la désire en est privé. Ne récriminons pas contre la préférence donnée à l'un sur l'autre :
Dieu distribue ses grâces à qui il veut.

Est décédé aussi l'émir Youssouf bey el Kébir. Il fut élevé à la dignité d'émir en l'année 1186 par Mohammed bey Aboul Zahab, qui lui donna aussi sa sœur en mariage. Il s'était fait construire une maison dans le fond de Darb el Hammam, sur le Birket el Fil, en face de la mosquée Almas. On arrivait à cette maison par la rue et par la ruelle du cheikh Zalam ; cette ruelle était traversée par d'autres ruelles plus étroites. Voulant se faire une entrée très large, il s'appropria par achat ou par spoliation les maisons donnant sur ces ruelles ; il les fit abattre et il construisit un grand portail à l'entrée de la rue. Il voulut aussi avoir une grande place devant sa maison ; pour cela, il avait pris la résolution de démolir la mosquée de Kheïr bey Hadid et de la reconstruire au fond de la place ; mais avant de mettre ce projet à exécution, il prit l'avis de mon père, pour lequel il avait beaucoup de considération. Cet avis étant contraire aux projets de l'émir, celui-ci s'inclina et ne toucha pas à la mosquée. L'émir mit cinq ans à construire sa maison. Il y engloba la maison de Daoudiah qui en était voisine.

Il fit de grandes dépenses pour achever cette construction. Ainsi, par exemple, une partie étant construite et achevée, lorsque les planches, les marbres, les plafonds, les boiseries, les corniches, les décorations, tout était posé et fini, son caprice venait le tourmenter ; alors il recommençait le tout sur un autre modèle. Et il répéta souvent cette excentricité.

Un jour, il reçut de ses propriétés de la Haute-Egypte quatre-vingt mille ardebs de céréales ; il les donna tous à ses fournisseurs, en paiement de leurs fournitures de plâtre, de chaux, de pierres, de bois, de ferrures, etc.

Youssouf bey était un homme très emporté et d'un caractère très inégal ; ses manières aussi n'étaient pas très distinguées. Il ne pouvait se maîtriser. Il ne restait jamais en place, il était tantôt assis, tantôt debout ; d'autres fois, il se mettait à crier. Quelquefois il s'apaisait : alors il avait quelques façons aimables ; mais le moindre incident le transformait et le rendait soupçonneux.

A la mort de son patron Mohammed bey, il était devenu Emir el Hadj. Dans l'exercice de cette fonction, sa folie, ses emportements, ses injustices ne firent que grandir, surtout envers le corps des ulémas et des gens à turban ; nous pouvons citer quelques-unes de ses injustices.

Un cheikh nommé Cheikh Ahmed Sadouma, né à Samanoud et d'une vieillesse respectable, jouissait d'une grande réputation en matière de sorcellerie et de nécromancie. Il savait faire mouvoir les corps fixes ; il connaissait l'alchimie, il parlait aux esprits et il les montrait au besoin. Des témoins oculaires m'ont rapporté ce dernier fait qui toutefois est contesté par d'autres. Le cheikh Hassan el Kafraoui, qui s'était lié d'amitié avec lui et qui croyait en son pouvoir, prétendait que c'était un saint et qu'il savait lire dans l'avenir et pénétrer les secrets, en un mot que c'était un homme universel. Ce témoignage avait fait la fortune des deux amis auprès des mamlouks, et ils gagnèrent même la confiance de l'émir Youssouf bey el Kébir.

Or, il advint un jour que cet émir, s'étant enfermé avec sa concubine, trouva des mots écrits sur le ventre de celle-ci ; il la menaça de mort si elle ne lui révélait pas la vérité, elle lui avoua alors qu'elle avait été en compagnie d'une autre femme chez le cheikh Sadouma, et que celui-ci avait tracé ces caractères dont la vertu devait lui assurer l'amour de son maître. Immédiatement l'émir sortit ; il fit saisir le cheikh, ordonna de le mettre à mort et de jeter son cadavre dans le fleuve, ce qui fut fait immédiatement.

L'émir fit ensuite cerner la maison du cheikh et enlever tout ce qu'elle contenait ; on y trouva des statues et des objets, entre autres un objet en velours de la forme d'un priape. L'émir fit porter tous ces objets dans sa maison. Il les montrait aux autres émirs et à tous ceux qui venaient lui rendre visite ; il montrait surtout le priape, qu'il avait toujours à côté de lui, et il prenait un malin plaisir à le prendre dans sa main devant ses visiteurs et à le leur montrer en leur disant : « Tenez, voici ce que font les cheikhs. » Les spectateurs se mettaient à rire.

Le cheikh Hassan el Kafraoui fut destitué des fonctions de Moufti du rite chaféite et de celles de professeur à l'école Mohammadiah. Il fut remplacé dans ces deux fonctions par le cheikh Ahmed ibn Youssouf el Khalifi, à qui l'émir fit en outre présent d'une fourrure.

Il arriva aussi que le cheikh Abd-el-Baki, fils du cheikh Abd-el-Wahab el Affifi, décida sa nièce à divorcer pendant l'absence de son mari, suivant le rite malékite ; il lui fit faire un second mariage en présence du cheikh Hassan el Djeddaoui el Maléki. A son retour, le mari ainsi supplanté alla porter plainte à l'émir contre le cheikh Abd-el-Baki. L'émir fit mander le cheikh ; celui-ci était absent et se trouvait à Miniet Affif. L'émir envoya alors des émissaires qui se saisirent de la personne du cheikh, lui passèrent des fers au cou et aux pieds et l'amenèrent ainsi dans le plus triste état. L'émir le jeta en prison avec les fellahs condamnés pour crimes ; alors le cheikh Aly el Saïdi el Edoui, le cheikh el Djeddaoui et d'autres cheikhs allèrent trouver l'Emir. Le cheikh Aly el Saïdi, prenant la parole, lui dit : « Qu'est-ce donc que tous ces actes arbitraires ? — Vos actes, ô cheikhs, sont encore plus vilains, répondit l'émir. — Telles sont les dispositions du rite malékite, reprit le cheikh, dispositions qui sont en vigueur. — Qui donc oserait dire, riposta l'émir, que la femme peut quitter son mari si celui-ci vient à s'absenter, alors qu'elle dispose de tout ce dont elle a besoin pour son entretien et que le mandataire du mari lui fournit tout ce qu'elle désire ; à son retour le mari devra-t-il trouver sa femme avec un autre ? » Les cheikhs reprirent : « Nous connaissons mieux que vous les dispositions de la loi ! » L'émir s'écria : « Ah ! si je connaissais le cheikh qui a annulé le mariage ! — C'est moi, dit le cheikh el Djeddaoui, qui ai annulé le mariage suivant la règle de mon rite ».

Alors l'émir se leva menaçant : « Je te casse la tête, fit-il. — Que Dieu te maudisse, lui cria le cheikh Aly el Saïdi, toi, le marchand d'esclaves qui t'a amené, celui qui t'a vendu, celui qui t'a acheté et celui qui t'a fait émir. »

Les émirs présents s'interposèrent entre les deux partis, cherchant à les apaiser l'un et l'autre. On fit alors sortir de prison le cheikh Abd-el-Baki, qui fut reconduit chez lui par ses collègues, et tous s'en allèrent en injuriant l'émir qui les entendait.

A la mort du cheikh Ahmed, surnommé El Sakat, le cheikh Abd-el-Rahman el Arichi, son beau-père, fut nommé tuteur de ses enfants et liquidateur de sa succession. Il paya les créanciers en vertu des jugements qui légalisaient leurs créances, et il se fit délivrer des quittances pour justifier les payements qu'il avait effectués.

Or, la veuve du décédé, six ans après la mort de son mari, alla porter plainte à Youssouf bey contre le tuteur de ses enfants. Elle prétendit que le cheikh Abd-el-Rahman s'était approprié la succession de son mari et qu'il s'était mis d'accord avec les créanciers pour partager avec eux les sommes qu'il prétendait leur avoir payées.

En ce temps-là, le cheikh Abd-el-Rahman était Moufti du

rite Hanafite, néanmoins l'émir le manda en sa présence et lui ordonna de lui remettre tout l'actif de la succession ou l'équivalent en numéraire. Le cheikh répondit qu'une partie de cet actif avait servi à désintéresser les créanciers et que l'autre partie avait été partagée entre les héritiers, et il présenta comme pièces justificatives des quittances, des hodjets et des titres de partage. Cette justification ne désarma point l'émir ; il soutint qu'il y avait eu fraude et enjoignit au cheikh d'obéir à son ordre. Le cheikh persista dans son refus et l'émir dans sa demande. Alors, exaspéré, l'émir fit enfermer le cheikh dans la maison de son khazendar. En apprenant cela, le cheikh El Sadat se rendit auprès de l'émir et lui demanda la liberté du cheikh Abd-el-Rahman. Celui-ci, informé de l'arrivée du cheikh el Sadat, jeta son turban et se mit à crier de toutes ses forces : « Ta maison tombera en ruine, ô Youssouf bey, ta maison tombera en ruine ! » ainsi que d'autres malédictions de ce genre. Youssouf bey, entendant les cris proférés par le cheikh dans la cour de sa maison, cria lui aussi à ses domestiques : « Prenez-le ! tuez-le ! » Cependant le cheikh el Sadat lui dit : « Qu'a donc fait cet homme ? » En même temps, il ordonnait à son suivant, le cheikh Ibrahim el Sandoubi, de le lui amener, ce qu'il fit après lui avoir couvert la tête de son turban et l'avoir revêtu de son manteau. Lorsqu'il fut arrivé, le cheikh el Sadat le ramena avec lui dans sa maison et l'affaire de la succession fut oubliée.

On sait quel scandale causa l'affaire que nous venons de raconter et les conséquences fâcheuses qu'elle entraîna : mort de personnes et interdiction de la mosquée.

Mais Mourad bey avait pris l'émir Youssouf en aversion et il avait résolu sa perte. L'année dernière, il voulut profiter de son absence pour confisquer ses biens et l'expulser à son retour. Il se concerta pour cela avec les autres émirs qui lui étaient dévoués, il arrêta alors son plan, et il comptait l'exécuter au retour d'une tournée qu'il entreprit dans les provinces de Garbiah et de Menoufiah et dans laquelle il signala son passage par des exactions. Ce retour devait coïncider avec celui du pèlerinage. Mais Youssouf bey, instruit de ces projets, prit ses précautions, pressa sa marche et rentra au Caire avant Mourad bey, le 7 du mois de Saffar. Lorsqu'il sut que le retour de Mourad bey était proche, il s'arma, lui, ses mamlouks et ses gens et il alla l'attendre hors de la ville. Mais Ibrahim bey s'interposa entre les deux ennemis et les réconcilia. Cette réconciliation n'était qu'apparente et la haine demeura au fond des cœurs jusqu'au moment où elle éclata définitivement. Nous avons vu comment Youssouf bey se joignit à Ismaïl bey et comment ensuite il fut massacré par Hassan bey et par Ismaïl bey el Saghir.

Est mort encore l'émir Aly aga el Mêmâr, mamlouk de Moustapha bey, surnommé el Kird, et collègue de Saleh bey el Kébir. C'était un homme d'une grande force et d'un grand courage. Il demeura dans ses propriétés de la Haute-Egypte, s'occupant de ses affaires et percevant ses fermages jusqu'au moment où Mohammed bey Aboul Zahab se déclara contre son patron Aly bey et tua son compagnon Ayoub bey. Cette rébellion avait rassemblé autour de Mohammed bey Aboul Zahab des hommes venus de tous côtés, qui se dévouaient à lui, corps et biens. Aly aga fut du nombre de ces hommes. C'était un bel homme, il avait la voix tellement forte qu'on en était assourdi. Mohammed bey le reçut avec beaucoup d'égards. D'ailleurs, Aly aga, par sa valeur et par ses conseils, lui rendit de grands services.

Ce fut lui qui rallia à la cause de Mohammed bey les émirs et les soldats exilés ou renvoyés par Aly, et dont les patrons avaient été massacrés par ce dernier. Il lui ramena également les chefs de la tribu des Hawaras qui avaient été réduits par

Aly bey et ceux qui avaient été dépossédés de leurs territoires, tels que les Awlad Houmam, les Awlad Nousseir, les Awlad Ouafi, Ismaïl Abou Aly, Abou Abdallah etc.

Toutes ces forces réunies arrivèrent jusqu'au Caire avec Mohammed Aboul Zahab, ainsi que nous l'avons raconté plus haut. Elles rencontrèrent du côté de El Tabbine les troupes de Aly bey el Tantaoui. Aly aga prit part à cette bataille. Il était armé, ainsi que les hommes de sa suite, de dagues grosses et courtes, dont l'une des extrémités, à peu près de la grosseur du poignet, était armée d'un crochet et de clous très forts plantés tout autour, il suffisait de donner avec cette arme un seul coup sur la tête d'un cavalier pour que les clous lui demeurassent plantés dans la tête. Cette arme était une invention de Aly aga, et c'est à cause de cela qu'il fut surnommé Abou el Djalab, c'est-à-dire le père du crochet.

Mohammed bey Aboul Zahab, devenu émir de l'Égypte, choisit pour son katkhoda Ismaïl aga. Ce dernier tomba ensuite en disgrâce et fut remplacé par Aly aga. Celui-ci sut conserver les faveurs de Mohammed Abou Zahab; il rendait service à tous ceux qui s'adressaient à lui, sans jamais exiger la moindre récompense; il disait toujours la vérité, au risque même d'aller à l'encontre des intérêts de son patron. Mais celui-ci l'aimait beaucoup et il suivait toujours ses conseils, car il avait confiance en lui et il le savait intègre. Aly aga aimait les savants et les gens de bien et il était très modeste.

Lorsque Mohammed bey eut édifié l'école Mohammadiah, en face de El Azhar, Aly aga assistait avec nous aux cours qu'y faisait notre professeur, Cheikh Aly el Edoui, sur el Bokhari, il ne manquait jamais à ses cours et il avait réservé pour lui-même une des chambre de l'école pour aller s'y reposer. C'est là qu'il recevait les solliciteurs et qu'il réglait leurs affaires. Le cheikh Mohammed, petit-fils du cheikh el Hefni, l'initia à la secte Khalwatiah; il fut aussi son professeur. Aly aga aimait à assister aux dernières leçons des cheikhs, et il lisait à haute voix le chapitre du Coran que les étudiants ont l'habitude de réciter dans cette circonstance. Aly Aga fit l'année dernière son pèlerinage à la Mecque dans des conditions vraiment princières et imposantes. Il mourut à la bataille de Baïad, ainsi que nous l'avons dit plus haut.

Est décédé aussi l'émir Ismaïl bey el Saghir, frère de Aly bey el Ghazzaoui ; ils étaient cinq frères : Aly bey, feu Ismaïl bey, Selim Aga surnommé Timourlank, Othman et Ahmed.

Quand Aly bey fut nommé émir, ses quatre frères étaient à Constantinople et ils étaient les mamlouks de Bechir Aga el Kazlar, qui les affranchit tous. Connaissant la fortune de leur frère, trois d'entre eux vinrent le trouver ; ce furent Ismaïl, Ahmed et Selim ; Othman seul demeura à Constantinople. Ismaïl devint khazendar d'Ibrahim katkhoda, mais les mamlouks de ce dernier ne le laissèrent pas jouir longtemps de cette position et ils le renversèrent, sous prétexte qu'il était pour eux un étranger. Tous trois firent fortune en Egypte. Ismaïl bey épousa Fatma Hanem, fille de Radouan katkhoda el Djelfi. Cette dame avait déjà été fiancée avec Aly Aga, mamlouk de son père. Aly Aga fut nommé sandjak, mais il ne put célébrer son mariage, obligé qu'il fut de quitter l'Égypte avec son beau-père et les autres, qui partirent en même temps, comme cela a été raconté. Il s'était rendu à Bagdad, et de là il avait envoyé à sa fiancée une somme de dix mille dinars et d'autres présents avec prière de le rejoindre. Mais elle ne partit point, et un fatwa rédigé d'après le rite malékite annula les fiançailles. Ismaïl Aga épousa alors Fatma Hanem et le mariage le mit en relief, car il habita la grande maison de son beau-père, Radouan katkhoda, située à l'Esbékiah. Il devint ainsi une personnalité influente. Il fut nommé lieutenant et katkhoda de

Mohammed bey Aboul Zahab, à l'avènement de celui-ci. Il conserva ses fonctions assez longtemps.

Ismaïl, voulut contracter un second mariage avec une concubine de son beau-père Radouan katkhoda, la dame Saloun, qui était devenue la femme de son frère Aly bey, et par conséquent sa belle-sœur. Aly bey était mort en la laissant veuve, mais elle refusa de consentir à ce second mariage. Ismaïl bey alla s'en ouvrir à son maître, Mohammed bey Aboul Zahab. Celui-ci fit comprendre à Ismaïl bey que si la dame Saloun refusait de l'épouser, c'était par égard pour sa première femme. Cette première femme, en effet, était la fille du patron de la dame Saloun. Mohammed bey Aboul Zahab consentit néanmoins à faire une démarche auprès d'elle en faveur d'Ismaïl bey. Il se rendit alors dans la maison de Aly Aga, katkhoda des chawiches. Cette maison était voisine de celle qu'habitait la dame Saloun à Darb el Sadat. Il lui fit demander sa main pour Ismaïl bey, par Aly Aga. Devant cette démarche, la dame Saloun ne put se refuser plus longtemps à ce second mariage, qui fut suivi de près de la mort de Fatma Hanem.

Ismaïl bey vendit sa maison de l'Ezbékiah à son maître Mohammed bey Aboul Zahab, et il en reconstruisit à grands frais une nouvelle à côté de celle de Saboundji. Il y annexa la maison située à Bab el Haoua et connue sous le nom de maison de El Charaïbiah. Il occupa longtemps cette nouvelle demeure, où il contracta encore un mariage avec une esclave de Mohammed bey, son maître. Il vendit ensuite cette maison à Ayoub bey el Kébir, mais il continua toutefois à l'habiter.

Lors de son expédition en Syrie pour combattre El Zaher Omar, Mohammed bey envoya à la Sublime Porte Ismaïl bey, avec des présents et une requête dans laquelle il demandait d'être nommé Wali d'Egypte et de Syrie. La Porte accéda à sa demande et le firman d'investiture fut signé et remis à Ismaïl bey, mais, au moment de son départ, on apprit la mort de Mohammed bey. Ismaïl bey revint au Caire et tout fut annulé.

Ismaïl vécut très heureux jusqu'au moment où éclata la discorde entre Ismaïl bey, Youssouf bey et les gens de Mohammed bey. On sait que ces derniers furent défaits. C'est alors qu'Ismaïl bey le nomma sandjak, lui accorda beaucoup d'influence, flatta ses instincts et lui fit entrevoir que son désir était de lui abandonner tout le pouvoir. Il crut à toutes ces belles promesses et accepta la mission de massacrer Youssouf bey, ce qu'il fit, comme on le sait, avec Hassan bey el Djeddaoui.

Ismaïl bey el Saghir pensa alors qu'il pouvait donner libre cours à toute son ambition et décider souverainement sur toutes choses. Mais Ismaïl bey le surprit dans sa maison et le massacra de la manière que l'on sait.

Ismaïl bey était un homme d'action et d'expérience; il était d'un caractère tenace et très énergique, avec cela il avait de la modestie et de belles manières. Il aimait les gens de science. Il avait les chrétiens en grande aversion. Pendant qu'il était katkhoda de Mohammed bey Aboul Zahab, il leur fit beaucoup de mal ; ainsi, il se faisait délivrer des fatwas où il était constaté que les chrétiens avaient manqué à leurs engagements et s'étaient écartés de la règle de conduite qu'ils avaient promis de suivre à l'époque d'Amrou. Il le fit crier dans les rues, il leur interdit de monter à âne et de mettre de beaux habits. Il leur défendit aussi d'acheter des esclaves et d'employer jamais des musulmans à leur service. Il prescrivit le voile blanc pour la coiffure de leurs femmes, etc., etc. Il se conduisit de la même manière à leur égard lorsqu'il fut nommé sandjak.

Il avait grande confiance dans le cheikh Mohammed el Djohari, un brave homme qu'il cherchait toujours à contenter, en lui accordant tout ce qu'il demandait.

Est décédé aussi l'émir Kassem, katkhoda des Azab. Il était mamlouk de Mohammed bey Aboul Zahab : il était devenu katkhoda des Azab et émir el Bahrein. C'était un homme d'un très grand courage. Il s'écarta de ses compagnons par mépris pour leurs actes. Il les combattit même par les armes et il fut tué. Que Dieu lui pardonne !

FIN DU TOME TROISIÈME.

CONCORDANCE

DU

CALENDRIER GRÉGORIEN AVEC LE CALENDRIER DE L'HÉGIRE

POUR LES ANNÉES DONT IL EST FAIT MENTION DANS CE TOME

L'année 1182 de l'hégire a commencé le 18 mai 1768
Id. 1183 id. id. 7 id. 1769
Id. 1184 id. id. 27 avril 1770
Id. 1185 id. id. 16 id. 1771
Id. 1186 id. id. 4 id. 1772
Id. 1187 id. id. 25 mars 1773
Id. 1188 id. id. 14 id. 1774
Id. 1189 id. id. 4 id. 1775
Id. 1190 id. id. 21 février 1776
Id. 1191 id. id. 9 id. 1777

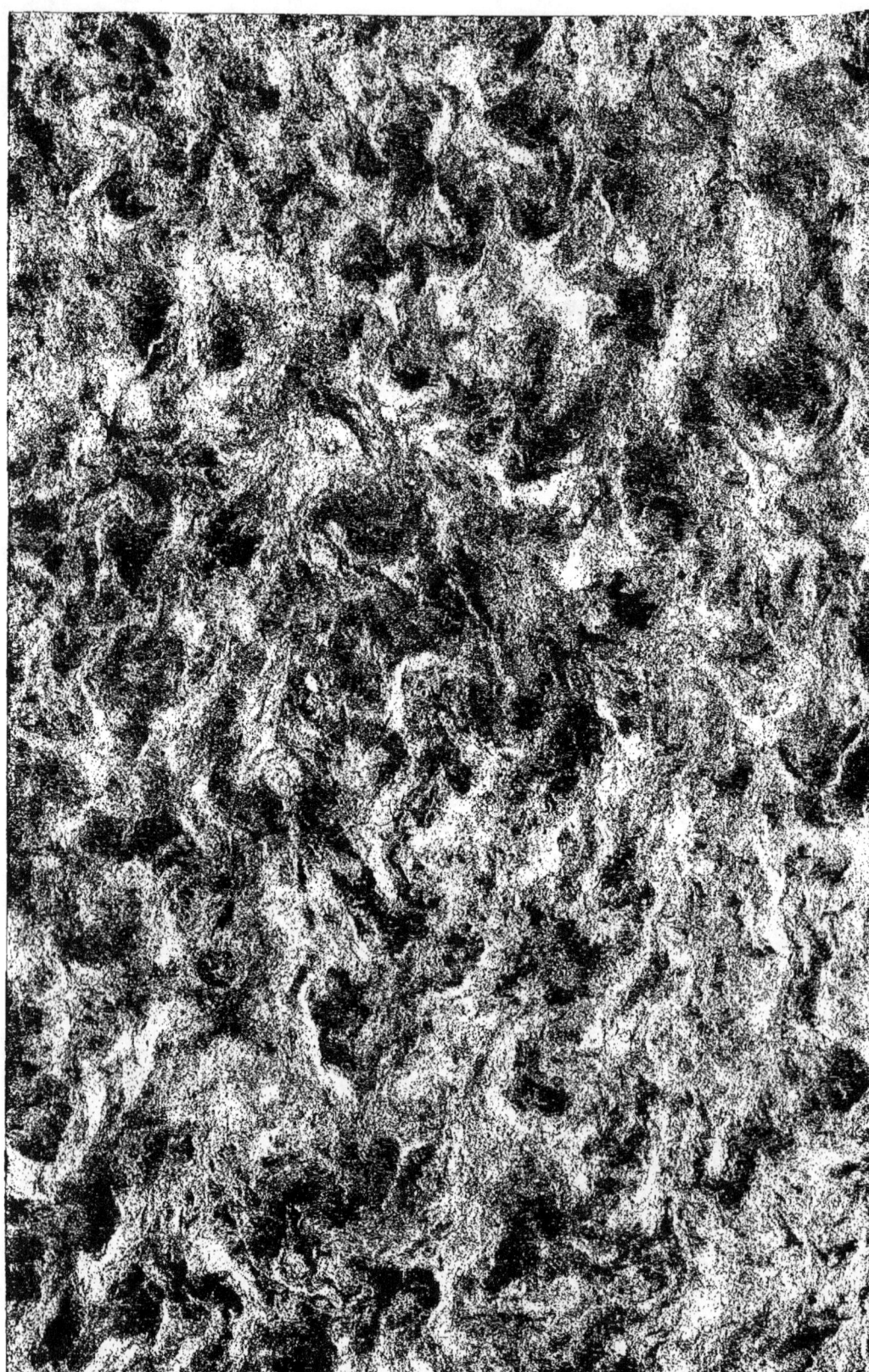

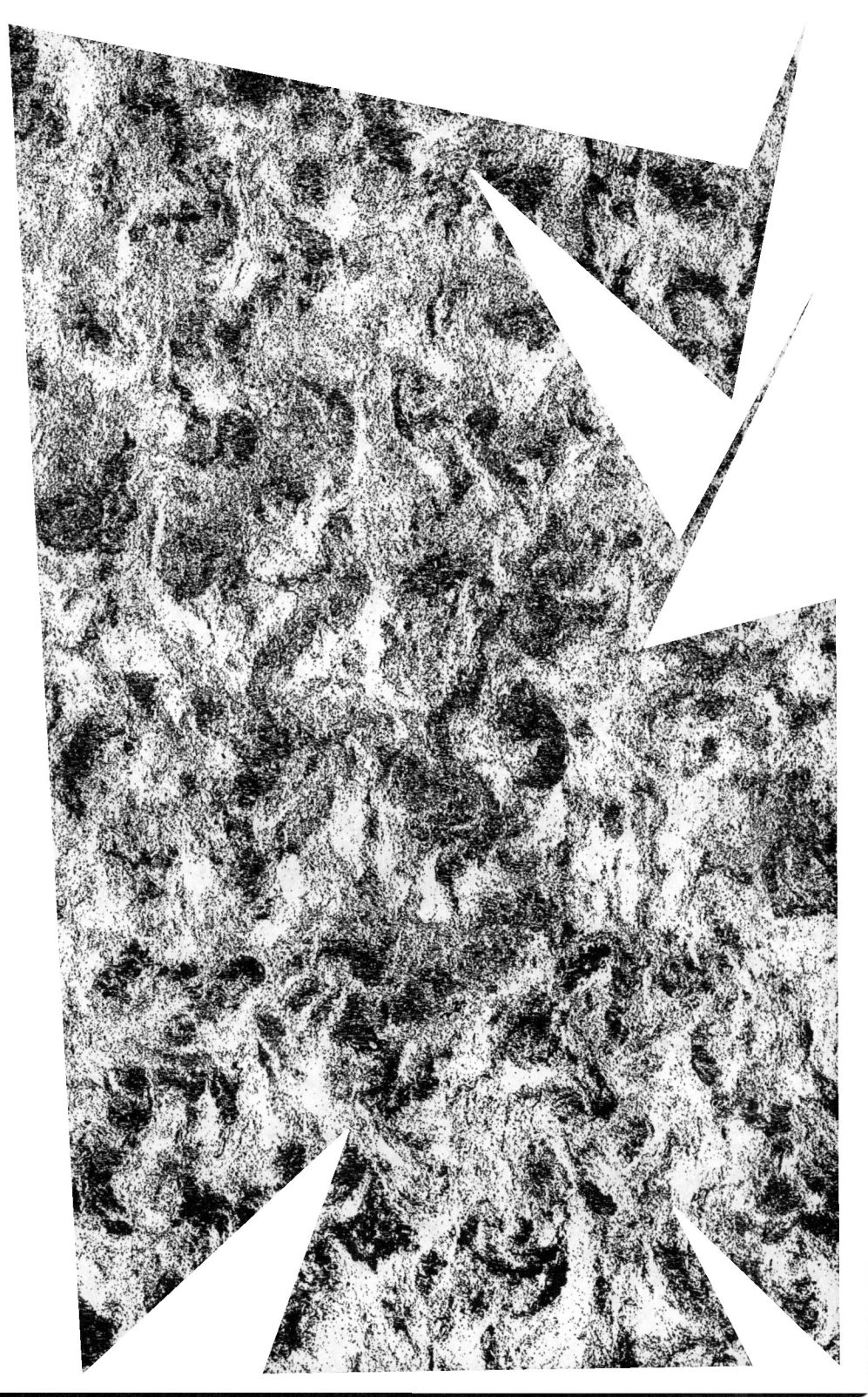

www.ingramcontent.com/pod-product-compliance
Lightning Source LLC
Chambersburg PA
CBHW071412150426
43191CB00008B/893